Allgemeine Volkswirtschaftslehre

IV

Gesamtbeschäftigung, Konjunkturen, Wachstum

von

Dr. Andreas Paulsen

o. Prof. an der Technischen Hochschule Berlin

5. Auflage

Sammlung Göschen Band 1172

Walter de Gruyter & Co. · Berlin 1968

vormals G. J. Göschen'sche Verlagshandlung · J. Guttentag, Verlagsbuchhandlung · Georg Reimer · Karl J. Trübner · Veit & Comp.

Die Gesamtdarstellung umfaßt folgende Bände:

Band I: Grundlegung, Wirtschaftskreislauf
(Slg. Göschen Bd. 1169)

Band II: Haushalte, Unternehmungen, Marktformen
(Slg. Göschen Bd. 1170/1170a)

Band III: Produktionsfaktoren
(Slg. Göschen Bd. 1171/1171a)

Band IV: Gesamtbeschäftigung, Konjunkturen, Wachstum
(Slg. Göschen Bd. 1172)

 — Archiv-Nr. 7520683. — Satz und Druck: Paul Funk, Berlin 30. — Printed in Germany.

Inhaltsverzeichnis

Kap. I. Höhe des Sozialprodukts und Beschäftigungsmenge

§ 1. Begriffe und Methoden in Übersicht

1. Ökonomische Größen und ihre Beziehungen

Die analytische Wirtschaftsheorie untersucht zu erklärende Wirtschaftsgrößen, indem durch Funktionen oder Gleichungen dargestellt wird, von welchen anderen Größen sie bestimmt werden.

Die Beziehungen zwischen den Elementen bzw. den Variablen der Funktionen können sein: Identitäten gemäß Definitionen, z. B. Definitionen von Einkommen Y, Verbrauch C und Investierung I so, daß $Y = C + I$;

Technische Abhängigkeiten, z. B. der Ausstoßmenge q eines Gutes x von den Einsatzmengen von Gütern und Leistungen a, b, ... n so, daß $q_x = f(a, b, \ldots n)$;

Institutionelle Abhängigkeiten, z. B. der Höhe der Einkommensteuer T_{dir} von der Höhe des persönlichen Einkommens Y_p so, daß $T_{dir} = f(Y_p)$;

Durch ökonomische Entscheidungen bestimmte Abhängigkeiten („Verhaltensfunktionen"), z. B. der nachgefragten Menge n eines Gutes x von der Höhe des Preises p dieses Gutes so, daß $n_x = f(p_x)$.

Die ökonomischen Größen können auf einen Zeitpunkt bezogene Bestandsgrößen oder auf eine Periode bezogene Stromgrößen sein. Entsprechend können Größenbeziehungen solche zwischen Bestandsgrößen (z. B. Bestand an Wertpapieren als Teil des Gesamtvermögens), Stromgrößen (z. B. Gewinn und Umsatz einer Periode) und zwischen Bestands- und Stromgrößen (z. B. Kapitalbestand und Einkommen) sein. Die Bestandsgrößen verändern sich durch die auf sie bezüglichen Stromgrößen (z. B. der Bestand an Barmitteln durch Einnahmen- und Ausgabenstrom).

Bildung von Größenbeziehungen gemäß den Regeln der Mathematik sind „Instrumente" der Analytik und von „Theoremen" zu unterscheiden. Besteht etwa zwischen zwei unbenannten Variablen die Funktion $x = f(y)$, so können Beziehungen wie x/y, dx/dy, $dx/dy : x/y$ etc. gebildet werden. Solche „Leerformen" können inhaltlich bestimmt werden; ist z. B. x Verbrauch und y Einkommen einer Periode, so ist die Funktion die sogenannte „Verbrauchsfunktion", die oben gebildeten Beziehungen sind Verbrauchsrate, marginale Verbrauchsrate, Einkommenselastizität des Verbrauchs. Die so geordneten Größen können empirisch-statistisch festgestellte sein (etwa Nettosozialprodukt und Verbrauch der BRD im Jahre 1962). Die theoretische Analytik verwendet hypothetische Werte, um im Sinne eines gedanklichen Experimentes zu Ergebnissen zu gelangen, die zwar „irreal" sein mögen, darum aber nicht für die Erkenntnis der Realität „irrelevant". Z. B. kann im obigen Beispiel etwa $x/y = dx/dy$ gesetzt werden, damit Elastizität $= 1$, um sich daraus ergebende Folgerungen für andere Beziehungen zu untersuchen. — „Theoreme" im eigentlichen Sinne liegen vor, wenn die Beziehungen („Postulate", „Axiome") oder die Ableitungen aus ihnen reale Verhältnisse adäquat wiedergeben sollen, daher auch durch reale Interpretation bestätigt („verifiziert") oder widerlegt („falsifiziert") werden können. Das „Popper-Kriterium" verweist darauf, daß Theoreme nur falsifiziert werden können, da die Möglichkeit nie ausgeschlossen werden kann, daß neue Realaussagen gefunden werden, die einem verifizierten Theorem widersprechen. (Karl Popper, The Logic of Scientific Discovery, London 1959).

2. Mikro- und Makroökonomik

Grundlage mikroökonomischer Betrachtungsweise ist die Behandlung eines wirtschaftlichen Sachverhaltes durch Funktionen, die sich auf das Verhalten eines Wirtschaftssubjektes beziehen, z. B. der Nachfrage eines Haushaltes nach Zucker als abhängig von Preis, Einkommen etc. Die Gesamtnachfrage nach Zucker auf dem betrachteten Markt ist die Summe der einzelnen Nachfragen, sie wird in partieller Analyse dem Gesamtangebot an Zucker auf diesem Markt gegenübergestellt.

Makroökonomische Analyse zielt auf die Erfassung eines „Gesamtsystems"; die dabei verwendeten Größen sind „Aggregate" als Teile des Ganzen, etwa Gesamtwert der Produktion von Verbrauchsgütern als Teil des gesamten Produktwertes der Periode, gesamtes Lohneinkommen als Teil des Gesamteinkommens, etc.

Die Betrachtungsweisen sind nicht scharf getrennt und ergänzen sich. Der Begriff „Preisniveau" ist z. B. makroökonomisch, ist aber gewonnen aus den mikroökonomischen Einzelpreisen, „Konjunktur" ist ein makroökonomischer Begriff, aber konjunkturelle Erscheinungen liegen auch in mikroökonomischen bzw. partiellen Bereichen vor.

Auch zwischen Aggregaten werden funktionale Beziehungen gebildet, die auf „Verhaltensfunktionen" beruhen. Das beruht u. a. auf der Erfahrung, daß für das Verhalten einer großen Zahl von Menschen eine gewisse Typik festgestellt werden kann: das am individuellen Wirtschaftserfolg ausgerichtete Verhalten wird bei Ausrichtung an gleichen Daten der wirtschaftlichen Umwelt mehr oder weniger gleichsinnig ablaufen.

So besteht zwischen den makroökonomischen Größen Geldmenge M und Preisniveau P kein direkter Wirkungszusammenhang; wird gleichwohl eine Funktion $P = f(M)$ gebildet, so mit der Begründung, daß die Wirtschaftssubjekte ihr Verhalten als Anbieter und Nachfrager in bestimmter Weise von der verfügbaren Geldmenge abhängig machen, dabei auch andere Preise fordern und gewähren.

„Weil die Reaktionen von Aggregaten von Menschen in gleichen Situationen wahrscheinlich gleich sind, ist es möglich, zu verallgemeinern und sich auszudrücken, als ob eine einfache Ursache-Wirkung-Beziehung vorliege, und dies mit einem hohen

Grad von Wahrscheinlichkeit zu tun." (B. S. Keirstead, The Theory of Economic Change. Toronto 1948. S. 27).

Das sogenannte „Aggregationsproblem" behandelt die Frage, wie Mikro-Beziehungen (Verhalten einzelner Wirtschaftssubjekte) zur Bildung von Makro-Beziehungen (zwischen Aggregaten) zu behandeln sind.

3. Statik, komparative Statik, Dynamik

„Statisch" soll eine Betrachtungsweise heißen, bei der die Zeit nicht einbezogen ist. Die Werte der in statischen Funktionen verbundenen Variablen sind also nicht „datiert" bzw. beziehen sich auf die gleiche Periode. Beziehungen zwischen Variablen, deren Werte in verschiedenen Perioden gelten, sind „dynamische" Funktionen.

Werden die Perioden als t, t + 1 etc. bezeichnet, so ist eine Funktion $x = f(y)$ statisch, eine Funktion $x_{t+1} = f(y_t)$ dynamisch.

Funktionen, die Veränderungsraten in der Zeit ausdrücken, sind notwendig dynamisch, wie $\frac{dx}{dt} = f(\frac{dy}{dt})$.

In „komparativ-statischer" Betrachtung wird untersucht, wie sich die Gleichgewichtswerte statischer Funktionen verändern, wenn einer parametrischen Konstanten (einer unter die ceteris-paribus-Klausel einbezogenen Größe) ein anderer Wert beigelegt wird.

Die „dynamische" Betrachtung behandelt Wirtschaftsabläufe in der Zeit. Sie berücksichtigt dabei die zeitliche Dauer der Prozesse und zeitliche Unterschiede („Verzögerungen", „lags") in den Größenveränderungen der Variablen.

a) Ein „stationärer" Wirtschaftsablauf ist gekennzeichnet durch Konstanz aller Variablen in der Zeit. Die komparativ-statische Betrachtungsweise zeigt eine Folge von Gleichgewichtszuständen, aber nicht den Ablauf, der von einem zum nächsten Zustand führt. Die dynamische Betrachtung folgt dem wirtschaftlichen Geschehen entlang der Zeitachse. Komparativ-dynamisch ist der Vergleich wirtschaftlicher Abläufe bei unterschiedlichen Werten der angenommenen Parameter (etwa: verschiedene Wachstumsrate der Bevölkerung).

b) „Perioden-Analyse" („Sequenz-Analyse") heißt eine Betrachtungsweise, die Querschnitte durch den Zeitablauf legt, aber (im Unterschied zur komparativen Statik) mit den Querschnitten nicht verschiedene Gleichgewichtszustände erfaßt. Die „Periode" ist jeweils bestimmt durch die „dynamischen" Funktionen, die Perioden miteinander verbinden. Etwa: das in der Periode t den Haushalten zugeflossene Einkommen bestimmt die Plangrößen für die Verbrauchsausgaben und Sparungen in der Periode $t + 1$; was die Höhe des in $t + 1$ gebildeten Einkommens und damit die Planung für $t + 2$ beeinflußt, etc.

Eine dynamische Funktion legt durch die Datierung der Variablen eine nicht umkehrbare zeitliche Folge fest: die Veränderung der unabhängigen Variablen läuft der der abhängigen zeitlich voran. In diesem Sinne kann von einem Wirkungszusammenhang in kausalem Sinne gesprochen werden. Für das wirtschaftliche Verhalten hat die Beziehung „finale" Bedeutung: Setzung der Ursache zwecks Erreichung der gewünschten Wirkung.

4. Gleichgewicht

Der Ausdruck Gleichgewicht wird zuweilen verwendet, um eine bestimmte Wirtschaftslage als ausgeglichen, frei von Störungen und daher vorteilhaft zu charakterisieren. In der Wirtschaftsanalytik handelt es sich um die Lösungswerte einer Gleichung bzw. eines Gleichungssystems, immer auf die Variablen dieses Systems eingeschränkt.

Definiert ist Gleichgewicht als „eine Konstellation ausgewählter miteinander verbundener Variabler, die so aneinander angepaßt sind, daß in dem Modell, das sie bilden, keine inhärente Tendenz zur Veränderung besteht". — Gleichsinnig: „wechselseitige Kompatibilität einer Gruppe miteinander verbundener Variabler mit bestimmten Werten." (Fr. Machlup, Equilibrium and Disequilibrium: Misplaced Concreteness and Disguised Politics. In: Economic Journal. Bd. 68. 1958. S. 9/10, Abdr. in: Machlup, Essays on Economic Semantics. Englewood Cliffs, N.J. 1963).

Gibt es Lösungswerte des Gleichungssystems, so „existiert" ein Gleichgewicht, welches durch die Lösungswerte „bestimmt" ist. Von den Verhaltensfunktionen im Modell hängt ab, ob eine Tendenz zum Gleichgewicht vorliegt. Das Gleichgewicht ist „stabil", wenn bei Störungen die Tendenz zum ursprünglichen Gleichgewicht zurückführt (die Gleichgewichtswerte unverändert bleiben); „labil", wenn dies nicht der Fall ist.

In Bezug auf den Wirtschaftsplan eines Wirtschaftssubjekts (Unternehmung, Haushalt) wird von Gleichgewicht gesprochen, wenn die getroffenen Entscheidungen angesichts der gegebenen Plandaten den höchst erreichbaren wirtschaftlichen Erfolg (Gewinnmaximierung, Nutzenmaximierung) sichern, dieser also durch keine Änderung des Verhaltens verbessert werden kann. Der Wirtschaftsplan und damit das Verhalten werden unverändert bleiben, solange sich die Plandaten nicht ändern.

In die Wirtschaftspläne müssen „erwartete" Daten (z. B. künftige Preise) einbezogen werden. Weichen diese Plangrößen (ex ante-Größen) von den sich realisierenden Größen (ex post-Größen) ab, so wird das Wirtschaftssubjekt „Überraschungen" erleben, seinen Wirtschaftsplan revidieren und sein Verhalten ändern. Gleichgewicht setzt also voraus, daß geplante und realisierte Größen übereinstimmen. Abweichungen der realisierten von den erwarteten Größen werden auch auftreten, wenn die Wirtschaftspläne der einzelnen Wirtschaftssubjekte nicht miteinander kompatibel sind oder wenn nicht vorhersehbare „zufällige" Ereignisse Einfluß auf die Wirtschaft haben (z. B. Wetter, Naturkatastrophen, politische Geschehnisse).

5. Modellanalyse

„Modellanalyse" heißt die Untersuchung einer Gruppe von Funktionen bzw. Gleichungen, welche ein ökonomisches System im ganzen oder in einem Bereich formalisiert. Die Gleichungen sollen also die Struktur des Bereichs „isomorph" wiedergeben, indem sie die Beziehungen zwischen den „Elementen" des Bereichs als bestimmt und möglichst quantitativ bemeßbar ausdrücken.

Ein Modell wird gebildet durch eine Reihe von „Definitionen" der im Modell verwendeten Elemente und eine

Reihe von „Postulaten" („Axiomen"), mit denen Beziehungen der oben bezeichneten Art („Identitäten", „Verhaltensfunktionen" etc.) zwischen den Variablen als Funktionen oder Gleichungen ausgedrückt werden. Aus diesen „heuristischen" Annahmen werden nach logischen bzw. mathematischen Regeln Folgerungen („Deduktionen") entwickelt, mit denen der Gehalt der Annahmen entfaltet wird, aus den gesetzten Beziehungen weitere gebildet werden, die innere Widerspruchslosigkeit der Annahmen (es darf nicht ein Satz und seine Negation aus dem gleichen System ableitbar sein) geprüft wird etc. Diese Ableitungen können dann ihrem Gehalt nach „interpretiert" werden, wobei ihre „Relevanz" für den zu untersuchenden Wirtschaftsbereich ersichtlich wird.

Ein System von r funktionalen Beziehungen $f_i (u_1, \ldots, u_n; a_1, \ldots, a_m) = O, (i = 1, \ldots, r)$, welches n Variable $u_1, \ldots, u_n$, und m Parameter $a_1, \ldots, a_m$ enthält, wird geprüft, ob sich für die gegebenen Werte der Parameter Werte der Variablen finden lassen, welche die Gleichungen befriedigen. Gibt es nur eine einzige Gruppe von Lösungswerten, so ist das System „determiniert".

Anders ausgedrückt: ist der Wert irgendeiner der Variablen bekannt, so sind dadurch auch die Werte aller anderen Variablen bestimmt. Sind u_k $(k = 1, \ldots, n)$ die Lösungswerte der Variablen, so sind sie Funktionen der Parameter, d. h. $u_k = f (a_1 \ldots, a_m)$.

Das heißt, die Gleichgewichtswerte der „endogenen" Variablen passen sich an die „gesetzten" Werte der „exogenen" Größen an.

Variable, denen gegenüber das Modell invariant ist, d. h. deren veränderte Größe die Modellvariablen nicht beeinflussen, können ignoriert werden.

Welche Werte als „exogen" behandelt werden, hängt ab vom Ziel der Untersuchung, z. B. der jeweiligen Abgrenzung des Bereichs der „partiellen" Analyse.

Modelle sind daher nicht charakterisiert als Abgrenzung eines wirtschaftlichen von einem nicht-wirtschaftlichen Bereich oder wirtschaftlich relevanter von wirtschaftlich nicht relevanten Größen. Je nach dem Ziel der Untersuchung werden vielmehr „endogene“ Variable, die sich wechselseitig bestimmen, methodisch unterschieden von „exogenen“ Größen, die zwar endogene bestimmen, aber nicht durch sie bestimmt werden. — So kann etwa die Geldmenge M als „exogen“ gegeben und daher konstant behandelt werden ($M = \overline{M}$), in anderen Modellen kann sie als von Zins i, Umsatzvolumen U etc. funktional abhängig behandelt werden ($M = f(i, U \ldots)$).

Ist die Zahl der Variablen größer als die Zahl der sie bestimmenden Gleichungen, so ist das System „unterbestimmt“ und hat entsprechend viele „Freiheitsgrade“, d. h. durch Setzung der möglichen unendlich vielen Werte für diese Variablen ergeben sich unendlich viele Lösungswerte des Gleichungssystems.

Ein Modell ist dynamisch, wenn in ihm dynamische Funktionen vorhanden sind. Von ökonometrischen Modellen wird gesprochen, wenn in den verwendeten Gleichungen und Größen statistisch gewonnene Daten der Empirie Verwendung finden.

Modelle ermöglichen „bedingte Voraussagen“, weil ihre Geltung abhängig ist von den gesetzten Postulaten. Die Ableitungen aus den Postulaten sind also nicht durch Berufung auf die Empirie zu widerlegen, sondern nur als Verstöße gegen logische bzw. mathematische Regeln; andererseits können die Postulate auf ihre innere Widerspruchslosigkeit, aber auch auf ihre „Plausibilität“ hin geprüft und widerlegt werden (etwa: wird Netto-Sparen als „Einkommensverwendung“ definiert, so können Abschreibungen nicht als Teil des Sparens behandelt werden; die Behandlung des Arbeitsangebots als monoton steigende Funktion des Lohnes widerspricht nicht der Logik, ist aber nicht plausibel).

6. Methodik der Behandlung von Entwicklungsprozessen

Zweifellos ist die wirtschaftliche Entwicklung keine bloße Abfolge wirtschaftlicher Zustände, sie ist vielmehr

Teil des allgemeinen Geschichtsprozesses, so daß der Gesamtzustand der Vergangenheit die wirtschaftliche Gegenwart und Zukunft beeinflußt. Insofern bedeutet die Aussonderung der „wirtschaftlichen" Bedingungen und Vorgänge durch die Wirtschaftswissenschaft immer eine Abstraktion.

Eine bloße Beschreibung der beobachteten Vorgänge würde entweder über bloße Chronologie nicht hinauskommen oder müßte doch mindestens die Erklärung der festgestellten Zusammenhänge und Uniformitäten in der Entwicklung, etwa des Auftretens zyklischer Schwankungen, schuldig bleiben. Diese kann nur durch theoretische Durchdringung der Sachverhalte gewonnen werden. Sie muß aber dynamisch sein, weil die statische bzw. komparativ-statische Behandlung nur Zustände darstellen kann, nicht aber, wie der eine Zustand sich aus dem vorhergehenden ergibt und den nachfolgenden beeinflußt, bzw. in welcher Weise die Anpassung der ökonomischen Größen an veränderte Bedingungen erfolgt.

Hierbei ist grundlegend die Frage, welche Datenänderungen als „wirtschaftsendogen" behandelt werden, nämlich im theoretischen Systemzusammenhang als abhängige Variable durch andere Systemgrößen bestimmbar. Es kann

1. das wirtschaftliche Geschehen als Anpassungsprozeß an einen wirtschaftsexogenen „Datenkranz" angesehen werden, so daß Veränderungen der Bevölkerungsgröße, der Technik, der Politik, der Verbrauchsgewohnheiten etc., also nicht ökonomisch erklärbare Voraussetzungen des wirtschaftlichen Prozesses, als auslösende Impulse des wirtschaftlichen Vorganges angesehen werden, der sich demnach auf Ausgleichsbewegungen als Reaktionen beschränkt;

2. die Herausstellung wirtschaftsendogener Veränderungsimpulse unternommen werden, so daß selbst bei unveränderten exogenen Größen ein Entwicklungsprozeß ablaufen würde, wie etwa bei positiven Nettoinvestierungen durch erhöhtes Angebot an Kapitalleistungen.

a) Der Gegensatz dieser beiden Formen ist keineswegs scharf, da es offensichtlich darauf ankommt, welche Daten als wirtschaftsexogen bestimmt angenommen werden, d. h. sich nicht selbst „anpassen", sondern die Anpassung bewirken.

b) Als Beispiel für die Behandlung dieses Problems: J. Schumpeter, Theorie der wirtschaftlichen Entwicklung (5. Aufl. Berlin 1952, S. 95): „Unter ‚Entwicklung' sollen also nur solche Veränderungen des Wirtschaftslebens verstanden werden, die die Wirtschaft aus sich selber heraus zeugt, nur eventuelle Änderungen der ‚sich selbst überlassenen', nicht von äußerem Anstoß getriebenen Volkswirtschaft." — Schumpeter schließt die „kontinuierliche Entwicklung" im Sinne bloßer Anpassung an Datenänderungen aus, die er vielmehr zur ‚Statik' rechnet; die Entwicklung auslösende Initiative von Unternehmern zur Durchsetzung neuer Faktorkombinationen behandelt er als endogen.

c) Sir Roy Harrod („Second Essay in Dynamic Theory", Economic Journal 1960, Juni, S. 277) definiert „dynamische Theorie" als Teil der „Wachstumstheorie": „ ... es wäre zweckmäßig, ‚dynamische Theorie' für die Beziehungen zwischen den Raten der Zunahme (oder Abnahme) gewisser Größen in einer wachsenden Wirtschaft zu verwenden. Die Theorie des wirtschaftlichen Wachstums würde einen weiteren Umfang haben und die dynamische Theorie in diesem Sinne einschließen. Sie würde auch solche Sachverhalte behandeln wie die soziologischen Effekte des ökonomischen Fortschritts, den Beitrag der sozialen Struktur dazu, den Beitrag der Erziehung sowohl allgemein wie technologisch, das Bedürfnis nach politischer Sicherheit, den Nutzen größerer oder geringerer staatlicher Intervention in den verschiedenen Phasen, die Entwicklung der moralischen Normen, und so weiter."

§ 2. Preisbildung und Sozialprodukt

1. Grundlagen

Zu behandeln sind die Bestimmungsgründe für die Höhe des Sozialprodukts und deren Veränderungen in der Form zyklischer Schwankungen (Konjunkturbewegungen) und in eigentlichen Wachstumsvorgängen. In einer verkehrswirtschaftlichen Ordnung sind Höhe und Zusammensetzung des Sozialprodukts zunächst zu untersuchen als Ergebnis der „automatischen" Steuerung des Wirtschaftsgeschehens durch die Preisbildung.

Nach ihrer Ausstattung mit Arbeitskräften, sachlichen Produktionsmitteln und technischen Verfahren wird eine Volkswirtschaft eine mehr oder weniger genau bestimmbare Gesamtkapazität haben: die Produktmenge in einer Periode ist durch diese gegebene Kapazität begrenzt. Dieser möglichen Höhe des Gesamtangebots steht die Höhe der Gesamtnachfrage gegenüber. Die Frage ist, ob diese dem maximal möglichen Gesamtangebot entspricht, ob sie darunter bleibt oder sie übersteigt. Bezeichnet man den Zustand der Ausnutzung der gesamten Kapazität als „Vollbeschäftigung", ist also gefragt, ob die Verkehrswirtschaft ständig auf Erreichung der Vollbeschäftigung tendiert.

Die Beantwortung dieser Frage ist offenkundig auch wichtig für eine auf Vollbeschäftigung einschl. der Ausnutzung aller Möglichkeiten für das Wachstum des Sozialprodukts ausgerichtete staatliche Wirtschaftspolitik. Zugleich bietet sie Maßstäbe für die Beurteilung der beschäftigungsmäßigen Wirkungen aller speziellen Wirtschaftspolitik, z. B. der Agrarpolitik, Finanzpolitik, Sozialpolitik etc. Durch eine Verstärkung der automatischen Steuerungskräfte, namentlich des wirksamen Wettbewerbs und der Beweglichkeit der Preisbildung, könnte demnach auch die Wirtschaftspolitik, soweit sie nicht sozialpolitische und ähnliche Ziele verfolgt, sich selbst überflüssig machen, wenn und soweit diese Automatik in ausreichendem Maße auf Vollausnutzung der produktiven Möglichkeiten tendiert.

Die sog. klassische und neoklassische Wirtschaftswissenschaft hat im allgemeinen ausdrücklich oder stillschweigend eine ausreichend wirksame Tendenz des Systems zur Vollbeschäftigung angenommen. Eine wirtschaftspolitische Untätigkeit wurde damit nicht notwendig gefordert, aber es wurde nicht zu den Aufgaben des Staates gezählt, auf einen ausreichend hohen Beschäftigungsstand der Wirtschaft hinzuwirken. Dieser Glaube an die Selbststeuerungskräfte der verkehrswirtschaftlichen Ordnung wurde nachhaltig erschüttert durch die Weltwirtschaftskrise um 1930, einer Zeit, in der bis zu 25 % der verfügbaren Arbeitsmenge tatsächlich nicht eingesetzt werden konnte. Nach manchen Vorläufern gelangten die Theoreme von John Maynard Keynes (A Treatise on Money. London 1930. The General Theory of Employment, Interest, and Money. London 1936), welche ausdrücklich die ausreichend wirksame Selbststeuerung der Wirtschaft auf Vollbeschäftigung hin bestritten, zu umfassender Wirkung.

Zur Bedeutung der Keynes'schen „General Theory" ist zu beachten:

a) Wenn auch, durch die Zeitverhältnisse bedingt, für Keynes das Problem der Unterbeschäftigung (Arbeitslosigkeit) in den Vordergrund rückte, betreffen seine theoretischen Erörterungen doch die Bestimmungsgründe für die Beschäftigungsmenge überhaupt und sollen in gleicher Weise gültig sein für den Zustand der Überbeschäftigung mit der Begleiterscheinung der Inflation.

b) Das Keynes'sche System ist im Prinzip statisch bzw. komparativ-statisch gebaut. Es hat sich aber seither als wichtiger Beitrag für dynamische Systeme erwiesen.

c) Die von Keynes entwickelten analytischen Methoden und manche der von ihm aufgestellten Funktionen sind in ihrer Verwendung von der Übernahme des Systems im ganzen unabhängig.

d) Das Keynes'sche System ist im Zuge der allgemeinen theoretischen Entwicklung nicht in dogmatischer Starrheit erhalten geblieben, es bleibt aber der einflußreichste Beitrag für die seitherige Entwicklung der Wirtschaftstheorie und wirtschaftswissenschaftlich fundierten Wirtschaftspolitik.

2. Das Systemgleichgewicht im Preisausdruck

In älteren theoretischen Lehrmeinungen wurden als selbständige Probleme scharf unterschieden:

1. Die Erklärung der Tauschraten zwischen den einzelnen Gütern aus den jeweiligen Angebots- und Nachfrageverhältnissen auf den einzelnen Märkten, deren Ausdruck in Preisen das Verhältnis der Güterpreise zueinander, die „Preisstruktur", ergibt;

2. die Erklärung des Geldwertes als Ausdruck der allgemeinen Kaufkraft des Geldes, gemessen am „Preisniveau“ der Güter.

Hat sich etwa eine Tauschrelation zwischen den Gütern A und B so gebildet, daß eine Einheit des Gutes A gegen 4 Einheiten des Gutes B ausgetauscht wird, so ist der Geldpreis des Gutes A viermal so hoch wie der des Gutes B. Ob diese Preisrelation ausgedrückt wird als Preis von 1,— DM, 10,— DM oder 100,— DM der Einheit des Gutes A, und entsprechend 0,25 DM, 2,50 DM oder 25,— DM der Einheit des Gutes B, ändert nichts an der Preisrelation, sondern ist abhängig vom allgemeinen Wert bzw. der Kaufkraft des Geldes.

Für die Bestimmung des Systemgleichgewichts soll es nach dieser Lehrmeinung nur auf die Bildung der Preisrelationen ankommen, während das Preisniveau als Bestimmung des „multiplikativen Faktors“ selbständig hinzukommt.

„Im allgemeinen Problem der Preisbildung bleibt ein multiplikativer Faktor aller Preise unbestimmt. Die Bestimmung dieses Faktors und damit die endgültige Lösung des Preisbildungsproblems gehört der Geldtheorie an.“ (G. Cassel, Theoretische Sozialökonomie. 5. Aufl. Leipzig 1932, S. 137.)

Der Geldwert bzw. das Preisniveau wurde durchweg nach Gesichtspunkten erklärt, die aus der „Quantitätstheorie“ entwickelt wurden, nämlich als Verhältnis der gesamten als Kaufkraft wirksamen Geldmenge im Verhältnis zur gesamten angebotenen Gütermenge.

In der Gleichung $M \cdot V = P \cdot T$ wurde eine kausale Beziehung zwischen M (Geldmenge) und P (Preisniveau) angenommen, und zwar aufgrund folgender Voraussetzungen:

a) Die durchschnittliche Umlaufsgeschwindigkeit V der gesamten Geldmenge ist durch die Zahlungsgewohnheiten und -einrichtungen bedingt und konstant, weil es kein „Horten“ im Sinne der Aufstockung (bzw. „Enthorten“ durch Abbau) der Kassenhaltung gibt.

b) Die Umsatzmenge T ist bestimmt durch das Produktionsvolumen, welches bei Ausnutzung der gesamten Produktionskapazität erreichbar ist, entspricht also dem Vollbeschäftigungsniveau.

c) Da die Quantitätsgleichung ex post notwendig gültig, weil eine Identität ist, muß sich bei veränderten Größen von M und Konstanz der Größen V und T die Größe P proportional zu M ändern.

Nach dieser Lehrmeinung wird also das Gleichgewicht durch die Bildung der realen Tauschraten zwischen den auf den Märkten angebotenen und nachgefragten Gütern und Diensten erreicht. Diese Tauschraten werden in Geldgrößen, nämlich in Preisen, zwar ausgedrückt, aber durch das Dazwischentreten des Geldes nicht geändert. Das gilt namentlich für das Preisniveau als abhängig von der Geldmenge. Kurz: Geld ist nur ein „Schleier" über den realen Vorgängen und beeinflußt regelmäßig nicht die Gleichgewichtsbedingungen. — Diese Problemstellung und Lösung wird von der neueren Theorie nicht mehr angenommen.

3. Bestimmung eines makroökonomischen Ungleichgewichts

Es gibt keinen totalen Markt, auf dem sich das gesamte Angebot und die gesamte Nachfrage begegnen und auf dem daher ein Ungleichgewicht unmittelbar erkennbar wäre. Gleichgewichtslose Situationen bestehen vielmehr auf den Einzelmärkten für Güter und Leistungen. Sie lösen aber Veränderungsimpulse aus, und zwar einmal im Verhältnis von Angebot und Nachfrage auf dem betreffenden Markt, dann durch die Interdependenz der Märkte in der Form von Ausgleichsbewegungen zwischen den Märkten. Eine makroökonomische (totale) Ungleichgewichtssituation muß also dahin bestimmt werden, daß Ungleichgewichtssituationen auf einzelnen Märkten sich nicht wechselseitig aufheben, bzw. keine ausreichende Tendenz zu Verlagerungen zwischen den Märkten in Richtung auf einen Ausgleich besteht.

Zur exakteren Bestimmung dieses Ungleichgewichts sei davon ausgegangen, daß ein Angebotsüberschuß an Gütern und Diensten bei gegebenen Preisen wertgleich ist einem

Nachfrageüberschuß nach Geld. Daher kann ein allgemeines Ungleichgewicht als absoluter Überschuß im Angebot bzw. in der Nachfrage nach Geld ausgedrückt werden, wobei unterstellt ist, daß Geld nur zum Kauf von Gütern verwendet bzw. nur durch Verkauf von Gütern beschafft wird. Diese letzte Einschränkung, die eine veränderte Höhe der Kassenhaltung ausschließt (nämlich Nachfrage nach Geld zum Aufbau und Angebot von Geld aus Abbau der Kassenhaltung), wird dann im folgenden als realitätsfremd aufzugeben sein.

Mit $S_1, S_2, \ldots, S_n$ seien bezeichnet die Angebots- bzw. (mit entgegengesetztem Vorzeichen) Nachfrageüberschüsse auf den Märkten der Güter 1 bis n mit den Preisen $p_1, p_2, \ldots, p_n$.

Bei ausgeglichenem Markt des Gutes i würde also $S_i = 0$ sein $(i = 1, 2, \ldots, n)$.

Demnach sind die Werte der Überschüsse auf den einzelnen Märkten, die zugleich die Differenz zwischen der Menge des auf diesen Märkten angebotenen und nachgefragten Geldes ausdrücken, bezeichnet durch $p_1S_1, p_2S_2, \ldots, p_nS_n$.

Die Summierung dieser Werte ergibt:

$$X = p_1S_1 + p_2S_2 + \ldots + p_nS_n.$$

X ist der positive oder negative Wert des Überschusses der Nachfrage nach Gütern bzw. des Angebots von Geld auf allen Märkten. Totales Ungleichgewicht liegt daher vor, wenn $X \neq 0$.

4. Say's Theorem

Das Say'sche Theorem (Jean Baptiste Say, Traité d'Economie Politique, 1803) verneint die Möglichkeit eines Überschusses im Gesamtangebot („Überproduktion") mit der Behauptung, daß jedem zusätzlichen Angebot auf Märkten notwendig eine entsprechende zusätzliche Nachfrage gegenüberstehen müsse, weil ja der Anbieter tauschen will, also in Höhe seines Angebots auch nachfragt (vgl. Bd. I, Kap. V, § 4, Ziff. 3). Dieser Auffassung schlossen sich ausdrücklich oder stillschweigend die meisten Klassiker an (Ricardo, James Mill, McCulloch, Senior, J. St. Mill); widersprochen wurde ihr u. a. durch Malthus und Marx.

a) John St. Mill, Principles of Political Economy (1848). Book III, Sect. 2, Ch. XIV: „Ist es möglich, daß es ein Defizit der Nachfrage nach allen Gütern mangels Zahlungsmitteln geben könnte? Wer das annimmt, kann nicht erwogen haben, was denn das Etwas ist, welches Zahlungsmittel für Güter darstellt. Es sind einfach Güter. Die Zahlungsmittel einer jeden Person für die Produkte anderer Personen sind die Produkte, die sie selbst besitzt. Alle Verkäufer sind unvermeidlich und ex vi termini Käufer. Könnten wir plötzlich die Produktionskräfte eines Landes verdoppeln, so hätten wir das Güterangebot auf jedem Markt verdoppelt, aber mit demselben Schlage hätten wir die Kaufkraft verdoppelt. Jedermann würde eine doppelte Nachfrage wie ein doppeltes Angebot mitbringen, jedermann könnte doppelt so viel kaufen, weil er doppelt so viel im Tausch anzubieten hätte ...

Es ist absurd anzunehmen, daß alle Dinge in ihrem Wert fallen und folglich alle Produzenten ungenügend entschädigt werden könnten."

b) Im Ausdruck der Gleichung aus Ziff. 3 würde das Say'sche Theorem lauten:

$$\Sigma p_i S_i = 0; (i = 1, 2, \ldots, n).$$

c) Für das gleichgewichtige Wachstum hat Mill folgende Fassung: „Jedes Wachsen der Produktion, wenn es ohne Fehleinschätzung auf alle Produktarten in der Proportion verteilt wird, die das private Interesse diktieren würde, schafft sich seine eigene Nachfrage, oder besser: bedeutet sie." (J. St. Mill, Essays in Some Unsettled Questions of Political Economy. Neudruck London 1948, S. 73.)

Die Gültigkeit dieses Theorems könnte zwar für eine hypothetische Tauschwirtschaft ohne Geldverwendung, d. h. mit ausschließlichem realen Tausch, gezeigt werden. Für eine Geldwirtschaft aber gilt es nur, wenn das Geld lediglich als Tauschmittel verwendet wird. Das kann formal wie folgt abgeleitet werden:

Für alle einzelnen Märkte gelten die Identitäten:

Wert des Güterangebots ≡ Nachfrage nach Geld
Geldangebot ≡ Wert der Nachfrage nach Gütern

Daher für die Summe aller Märkte: Wert des Güterangebots + Angebot von Geld ≡ Nachfrage nach Geld + Wert der Nachfrage nach Gütern (sog. ‚Walras-Identität').

Wäre nun in jeder entsprechend bemessenen Periode Angebot von Geld = Nachfrage nach Geld, so ergäbe sich in der Tat das Say'sche Theorem in der Form: Wert des Güterangebots = Wert der Nachfrage nach Gütern. Indessen setzt die Gleichheit von Angebot und Nachfrage in bezug auf Geld voraus, daß Geld in jeder Periode nur durch Verkauf von Gütern beschafft und in gleicher Menge für Kauf von Gütern verausgabt wird.

Gleichsinnig kann das Say'sche Theorem dahin ausgedrückt werden, daß bei ausschließlicher Verwendung des Geldes als Tauschmittel bei gegebener Geldmenge und Umlaufsgeschwindigkeit sich die gesamte Geldmenge als gleicher Wert der Nachfrage nach Gütern insgesamt auf den Märkten befinden muß. Beansprucht demnach ein einzelner Markt durch Preis- und Mengenänderungen weniger Kaufkraft als bisher, so muß die hier freigesetzte Kaufkraft notwendig zusätzlich auf irgendeinem anderen Markt erscheinen, aber es kann nicht die monetäre Größe der gesamten Nachfrage vermindert werden.

Vorausgesetzt ist weiter, daß volle Preisbeweglichkeit besteht sowie daß ferner alle Einflüsse, die zu einem Ungleichgewicht auf Märkten tendieren, einen von Wirtschaftssubjekten beachteten Einfluß auf die reale Kaufkraft der Geldmenge haben. (Vgl. Kap. II, § 4, Ziff. 5 u. 6.)

5. Systemgleichgewicht und Vollbeschäftigung

Wenn gemäß dem Say'schen Theorem das Systemgleichgewicht bestimmt wäre durch das Gleichgewicht der realen Tauschrelationen, denen die Preisrelationen entsprechen, wenn weiter bei diesen Gleichgewichten auf keinen Märkten Überschüsse im Angebot und der Nachfrage vorliegen könnten, weil das die Tausch- bzw. Preisrelationen entsprechend verändern würde, wenn ferner nach der klassischen Auffassung die Geldmenge nur das Preisniveau bestimmt, nicht aber die Preisrelationen beeinflußt, so wird ein Zustand der Unterbeschäftigung von Produktionsfaktoren (gleich Überschuß im Angebot von Faktorleistungen) nicht von Dauer sein können, weil dann ausgleichende Veränderungen der Preisrelationen eintreten müßten.

Aber die Voraussetzungen können nicht als gültig anerkannt werden. Zwei Gründe sind hervorzuheben:

1. Eine Veränderung der Geldmenge muß notwendig auch die Preisrelationen beeinflussen, denn diese Veränderung wird unter keinen Umständen alle Märkte gleichzeitig und in gleicher Stärke so beeinflussen, daß alle Preise sich völlig proportional verändern.

2. Die gesamte Geldmenge ist nicht gleich der „wirksamen Nachfrage", da Geld nicht notwendig nur durch Verkauf von Gütern beschafft und in gleicher Höhe zum Kauf von Gütern verwendet wird, d. h. regelmäßig als Tauschmittel umläuft. Vielmehr wird Aufbau und Abbau der Kassenhaltung selbständig geplant, und die Gleichheit der vorhandenen mit der geplanten Höhe der Kassenhaltung gehört zu den Gleichgewichtsbedingungen des Gesamtsystems. (Vgl. Kap. II, § 4, Ziff. 4.) Es kann daher Angebot von Gütern bzw. Nachfrage nach Geld vorliegen, dem keine wertgleiche Nachfrage nach Gütern bzw. Angebot von Geld entspricht.

Dadurch wird es möglich, daß

1. das gesamte Güterangebot die gesamte Nachfrage nach Gütern übersteigt, weil die Verkaufserlöse nicht zur Nachfrage nach Gütern werden, sondern zu erhöhter Kassenhaltung bzw. „Geldvernichtung" (Tilgung von Bankschulden) verwendet werden, mit dem Ergebnis fallender realer Größen der Produktion: „Unterbeschäftigung";

2. die gesamte Güternachfrage das gesamte Güterangebot übersteigt, weil die Höhe der nachfragenden Geldmenge nicht durch das Güterangebot begrenzt wird (und daher diesem gleich sein muß), sondern aus Abbau der Kassenhaltung bzw. Geldschöpfung zusätzlich gespeist wird, mit dem Ergebnis steigender realer Größe der Produktion, spätestens aber nach Erschöpfung der vorhande-

nen Produktionskapazität bei steigendem Preisniveau („Überbeschäftigung", „echte Inflation").

Diese Bewegungen können anhalten, solange die bewirkenden Faktoren, also die Überschüsse im Angebot oder in der Nachfrage, bestehen („kumulative Prozesse"). Daher kann das Say'sche Theorem nicht als Antwort auf die Frage nach der Höhe der Gesamtproduktion bzw. der gesamten Beschäftigung angenommen werden.

Zu beachten ist, daß die theoretische Frage nach der Funktionsfähigkeit eines durch freie Preisbildung gesteuerten Systems zu unterscheiden ist von der andern Frage, ob das System tatsächlich ein ausreichendes Maß an freier Preisbildung aufweist. Es besteht Übereinstimmung, daß insofern die Voraussetzungen der klassischen Theoreme nicht mehr gegeben sind: in zunehmendem Maße sind manche Preise nicht mehr Variable, welche die Veränderung einer Angebots-Nachfrage-Situation unbeeinflußt widerspiegeln, sondern werden durch Fixierung zu „parametrischen Konstanten".

§ 3. Wirksame Nachfrage und Höhe des Sozialprodukts

1. Angebotskapazität und Nachfrage

Gilt das Say'sche Theorem nicht, so liegt nicht notwendig eine ausreichende Nachfrage vor, um ein der Gesamtkapazität entsprechendes Gesamtangebot absetzbar zu machen. Die Nachfrage folgt selbständigen Bestimmungsgründen, die damit zugleich den Grad der Ausnutzung der Produktionskapazität beeinflussen. Die in der Kreislaufbetrachtung aufgewiesenen Zusammenhänge verbieten indessen die Isolierung der Nachfrage vom Angebot, weil ja die Einkommensbildung von der Höhe des Sozialprodukts abhängt, damit auch der Teil der gesamten Nachfrage, welcher von der Höhe des Einkommens abhängig ist. Die Analyse wird auf die bereits verwendeten Einkommensgleichungen (Bd. I, Kap. IV, § 3) zurückgreifen können.

Hierbei wird zunächst eine geschlossene Wirtschaft ohne staatliche Aktivität zugrundegelegt. Ferner wird vorläufig die Ausstattung der Wirtschaft mit Kapital als gegeben angenommen, was bedeutet, daß nur der Einkommen bildende Effekt der Investierungen beachtet wird, nicht aber deren Wirkung für die Produktionskapazität.

2. Bestimmung der Beschäftigungsmenge

Unter den getroffenen Voraussetzungen hängt der Grad der Beschäftigung der verfügbaren Produktionsfaktoren, insbesondere der Arbeit, von der Nachfrage der privaten Unternehmungen ab, die wieder abhängig ist von deren Ertragserwartungen. Wenn die Ausstattung mit Realkapital als gegeben unterstellt wird, läßt sich die Abhängigkeit der gesamten Beschäftigungsmenge von den Ertragserwartungen der Unternehmer durch eine „gesamte Nachfragekurve" darstellen.

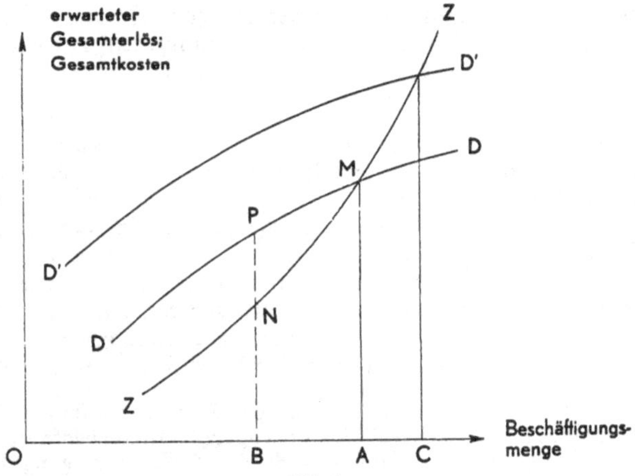

Abb. 1

In Abbildung 1 ist DD die gesamte Nachfragekurve der Unternehmungen nach Faktorleistungen: bei den auf der Ordinate angegebenen Gesamterlösen wird die auf der Abszisse angegebene Menge an Faktorleistungen von ihnen beschäftigt. Die Kurve verringert mit zunehmender Beschäftigungsmenge ihre Steigung, weil der Anteil des Verbrauchs am wachsenden Einkommen und damit die erwartete Nachfrage nach Verbrauchsgütern geringer werden, damit auch die (abgeleitete) Nachfrage nach Investitionsgütern. — ZZ stellt die Gesamtkosten der diesen Beschäftigungsmengen entsprechenden Produktion dar. Die Steigung dieser Kurve wird durch zunehmende Stückkosten bei erhöhter Produktionsmenge zunehmen. ZZ bestimmt also als Kostenkurve, welcher Produktionserlös erwartet werden muß, damit die betreffende Beschäftigungsmenge geboten wird.

Der Schnittpunkt M beider Kurven bestimmt die tatsächliche Beschäftigung und damit die Produktionsmenge. Bei dieser Beschäftigungsmenge OA ist der von den Unternehmern erwartete Gesamterlös gleich den Kosten dieser Produktionsmenge. Einer Beschäftigungsmenge OB entspräche z. B. ein erwarteter Gesamterlös BP, während schon ein Gesamterlös von BN ausreichend wäre, weil er bei dieser Beschäftigungsmenge Kostendeckung gewährt. Daher würde die Nachfrage nach Faktorleistungen zunehmen.

Die Nachfragehöhe gemäß dem Schnittpunkt der beiden Kurven wird als „wirksame Nachfrage“ („effective demand“) bezeichnet: Sie bestimmt die Nachfrage der Unternehmungen nach Faktorleistungen in bezug auf den erwarteten Gesamterlös aus der Produktion. Das bei dieser Produktionsmenge gebildete Einkommen ist gleich dem Wert der erwarteten Gesamtnachfrage; es liegt also ein Gleichgewicht vor, da keine Veranlassung zur Ausweitung oder Einschränkung der Produktmenge besteht.

Ob die durch den Schnittpunkt der Kurven bestimmte Gesamtbeschäftigung mit „Vollbeschäftigung“ zusammenfällt, ist noch völlig offen. Es könnte z. B. die Vollbeschäftigung OC sein. Sie wäre erreicht, wenn die Nachfragekurve der Unternehmungen bei gestiegenen Ertragserwartungen durch D'D' dargestellt würde, da dann der Schnittpunkt mit der Kurve ZZ auf der Höhe der Vollbeschäftigung läge.

Es ist also im Gegensatz zum Say'schen Theorem nicht unterstellt, daß stets Vollbeschäftigung vorliegt. Es müssen daher jetzt die Komponenten der Gesamtnachfrage nach ihren Bestimmungsgründen näher untersucht werden.

3. Zusammensetzung der Nachfrage, Einkommensgleichungen

Die Aufgliederung erfolgt unter Verwendung der bereits vorher verwendeten Einkommensgleichungen (vgl. Bd. I, Kap. IV, § 3). Es wird — unter den vereinfachenden Voraussetzungen — die beschäftigungsbestimmende Nachfrage, die zugleich die Höhe des Sozialprodukts Y ergibt, als Nachfrage nach Verbrauchsgütern C einerseits, nach Investitionsgütern I andererseits angenommen:

$$Y = C + I.$$

Nach einer vorläufigen Annahme soll das gesamte Einkommen Haushalten zufließen. Der Teil der Einkommen, der nicht für den Kauf von Verbrauchsgütern verwendet wird, gilt definitorisch als Sparen, was zu der zweiten Einkommensgleichung führt:

$$Y = C + S.$$

Die aus diesen beiden Gleichungen folgende Feststellung, daß in jeder Periode die Nettoinvestierung gleich dem Nettosparen ist, also

$$I = S,$$

besagt zunächst nur, daß produzierte Güter, welche nicht in der gleichen Periode an Haushalte verkauft sind und daher nicht als verbraucht gelten, den Beständen zuwachsen, also reale Vermögensbildung darstellen, der notwendig ein Zuwachs an „Ansprüchen" im Wert dieses Vermögens, d. h. Sparen, entsprechen muß.

Die Gleichungen gelten für jede Einkommenshöhe und für jede Periode. Sie sagen also nichts über eine Gleichgewichtslage aus. Da diese von den Wirtschaftsplänen der Wirtschaftssubjekte abhängig ist, nämlich — in statischer Betrachtung — vorliegt, wenn die Wirtschaftssubjekte durch ihr Verhalten keine Veränderung der die Einkommensbildung bestimmenden Nachfrage nach C und I durchführen, so daß sich das Einkommen in gleicher Höhe wie bisher bildet, muß die Gleichgewichtsanalyse durch Einführung von „Verhaltensfunktionen“ durchgeführt werden, d. h. solchen, welche die Höhe der Nachfrage nach Verbrauchsgütern, dazu auch der nach Investitionsgütern, bestimmbar machen. Die Durchführung dieser Analyse geschieht im nächsten Kapitel zunächst durch die Einführung der „Verbrauchsfunktion“. (Vgl. Bd. II, Kap. II.)

Kap. II. Bestimmung des Systemgleichgewichts

§ 1. Modell der makroökonomischen Gleichgewichtsbestimmung

1. Bildung des Modells

Das makroökonomische Modell zur Bestimmung des Systemgleichgewichts behandelt in seiner vereinfachten Form nur die Beziehungen zwischen den drei Aggregaten Gesamteinkommen, Verbrauch und Investierung. Das Modell besteht aus den drei Gleichungen:

$$C = \underset{\smile}{C}(Y) \qquad (1)$$
$$I = \bar{I} \qquad (2)$$
$$Y = C + I \qquad (3).$$

Nach Gleichung (3) ist die Höhe des Einkommens einer Periode gleich der Höhe der Nachfrage nach Verbrauchsgütern und Investitionsgütern. Die Nachfrage nach Verbrauchsgütern ist (bei angenommener Konstanz der Preise) durch die Verbrauchsfunktion mit der Höhe des Einkommens (in statischer Betrachtung: der gleichen Periode) verbunden, ist also als abhängige Variable der Höhe des Einkommens behandelt (Gleichung 1). Die Nachfrage nach Investitionsgütern wird in bestimmter Größe als gegeben angenommen, d. h. jene Variablen, welche ihrerseits die Höhe der Investitionsnachfrage bestimmen, werden zunächst nicht in das Modell einbezogen (Gleichung 2).

Durch Einsetzung von (1) und (2) in (3) ergibt sich:

$$Y = C(Y) + \bar{I} \qquad (3a).$$

2. Investieren, Sparen und Gleichgewichtseinkommen

In diesem Modell ist deduktiv das Gleichgewichtseinkommen zu bestimmen. Nach Gleichung (3) ist:

$$Y - C(Y) = \bar{I} \qquad (3b).$$

Der Teil des Einkommens der Periode, welcher nicht „Verbrauch" ist, wird als „Sparen" definiert:

$$Y = C + S \qquad (4),$$

daher auch: $Y = C(Y) + S(Y) \qquad (4a),$

und $Y - C(Y) = S(Y) \qquad (4b).$

Dies in (3b) eingesetzt, ergibt die Gleichgewichtsbedingung:

$$S(Y) = \bar{I} \qquad (5).$$

Die von der Höhe des gesamten Einkommens abhängige Höhe des geplanten Sparens muß also im Gleichgewicht der Höhe der realisierten Investierungen gleich sein.

Nach den Gleichungen (3) und (4) gilt jederzeit die „Identität" I = S, die durchaus zu unterscheiden ist von der Gleichgewichtsbedingung der Gleichung (5). In dieser ist I in der gegebenen Höhe als geplant und realisiert angenommen. S = S(Y) macht die Höhe des geplanten Sparens abhängig von der Höhe des Einkommens. Also muß zur Erfüllung der Gleichgewichtsbedingung das Einkommen die Höhe haben, daß das bei dieser Höhe geplante Sparen als realisierte Größe der realisierten Größe der Investierungen gleich ist.

Bei Ungleichgewicht wird die Identität I = S durch Auftreten „ungeplanten Sparens" herbeigeführt:

$$S_{gepl} + S_{ungepl} = \bar{I}.$$

Wird (im Gegensatz zur Modellannahme) auch I als Variable behandelt, so gilt jederzeit die Gleichheit:

$$I_{gepl} + I_{ungepl} = S_{gepl} + S_{ungepl}.$$

Die Gleichgewichtsbedingung aber lautet:

$$I_{ungepl} = S_{ungepl} = 0; \text{ daher}$$
$$I_{gepl} = S_{gepl}.$$

Daß die Gleichgewichtsbestimmung für I und S als Gleichgewichtsbestimmung des Gesamteinkommens behandelt werden kann, ergibt sich aus folgendem: Um ein Einkommen von gegebener Höhe unverändert, d. h. im Gleichgewicht zu halten, müssen cet. par. für Investierungen Ausgaben in einer Höhe getätigt werden, welche der Differenz zwischen dem Einkommen und den Verbrauchsausgaben entsprechen; diese Differenz ist das Sparen als „ausfallende" Nachfrage. Entspricht das realisierte, der Investierung notwendig gleiche Sparen nicht dem geplanten, so veranlaßt das „ungeplante" Sparen die Einkommensempfänger zu einer Änderung ihres Verhaltens; es liegt daher kein Gleichgewicht vor.

Die Differenz zwischen Investieren und Sparen als Merkmal eines Ungleichgewichts und Impuls für eine Änderung der Höhe des Gesamteinkommens kann in einer anderen Form durch eine Perioden-Analyse (nach D. H. Robertson) aufgezeigt werden. Hierbei werden folgende Einkommensgleichungen zugrunde gelegt:

1. Das „verdiente" Einkommen Y_1 der Periode 1 steht als „verfügbares" Einkommen in der Periode 2 der Verwendung für Verbrauch und Sparen zur Verfügung: $Y_1 = C_2 + S_2$;

2. Das „verdiente" Einkommen Y_2 der Periode 2 entsteht in Höhe der Verbrauchsausgaben und Investitionsausgaben dieser Periode: $Y_2 = C_2 + I_2$.

Durch Subtraktion ergibt sich: $Y_2 - Y_1 = I_2 - S_2$.

Demnach: $Y_2 > Y_1$, wenn $I_2 > S_2$;
$Y_2 < Y_1$, wenn $I_2 < S_2$;
$Y_2 = Y_1$, wenn $I_2 = S_2$.

§ 2. Die Funktionen der Einkommensverwendung und der Multiplikator

1. Thema

Zu untersuchen ist jetzt die Veränderung des Gleichgewichtseinkommens bei veränderter Höhe der Investierungen. Werden die Veränderungsgrößen mit ΔY, ΔI, ΔS bezeichnet, so kann das neue Gleichgewichtseinkommen, bewirkt durch ΔI, nicht durch $\Delta Y = \Delta I$ bestimmt sein, denn die Gleichgewichtsbedingung lautet $S(Y) = I$, daher $\Delta S_{gepl} = \Delta I$. Von der Form der Sparfunktion hängt es ab, welche durch ΔI ausgelöste Veränderung des Einkommens erforderlich ist, damit das Sparen als geplante Größe der Größe der Investierungen gleich wird. Zur Veränderung des Einkommens durch ΔI kommen Veränderungen des Verbrauchs ΔC als des zweiten einkommensbestimmenden Faktors hinzu.

Um den Unterschied zur Klassik zu bezeichnen: verändert sich die Höhe von I, so nimmt das geplante Sparen nicht dadurch den gleichen Wert von I an, daß der Verbrauch sich im gleichen Wert von I, aber entgegengesetzt verändert, daher das Gesamteinkommen unverändert bleibt und sich nur in einem geänderten Verhältnis auf C und I bzw. S verteilt.

Die Differenz zweier Gleichgewichtseinkommen ist durch einen multiplikativen Faktor mit einer Veränderung der Höhe der Investierungen verbunden: $\Delta Y = k\Delta I$, wobei k als „Multiplikator", ΔI als „Multiplikand" fungieren. Die Größe des Multiplikators ist jetzt zu bestimmen.

2. Verbrauchsfunktion und Sparfunktion

Die statische Verbrauchsfunktion $C = C(Y)$ (vgl. Bd. II, Kap. II, § 1) macht die Höhe der Verbrauchsausgaben abhängig von dem in der gleichen Periode erzielten Einkommen; die Form der Funktion bestimmt die Art dieser Abhängigkeit. Da die Differenz (positiv oder negativ) zwischen Einkommen und Verbrauchsausgaben als „Sparen" bzw. „Entsparen" definiert wird, ist mit der Höhe des Verbrauchs auch die des Sparens gemäß der Sparfunktion $S = S(Y)$ bestimmt ($S = Y - C$).

a) Im hier verwendeten Modell wird alles Einkommen durch Haushalte bezogen, so daß das Sparen der Unternehmungen (in Form nicht verteilter Gewinne) und des Staates (Haushaltsüberschüsse) unberücksichtigt bleibt.

b) Alle Faktoren, welche neben der Höhe des Einkommens die geplante Höhe des Verbrauchs und Sparens beeinflussen (wie Einkommensverteilung, Preisniveau, Höhe des Zinses, Einkommens- und Preiserwartungen, Bestände der Haushalte an liquiden und illiquiden Vermögen etc.), werden als unverändert („ceteris paribus") angenommen.

In der hier durchzuführenden Modellbehandlung werden folgende Annahmen für die Formen der Funktionen getroffen:

a) Die marginale Verbrauchsquote $\frac{dC}{dY}$ ist positiv, d. h., der Verbrauch ändert sich in gleicher Richtung wie das Einkommen, aber sie ist kleiner als 1, d. h., der Verbrauch ändert sich nicht um den vollen Betrag der Einkommensveränderung. Der Rest wird durch die marginale Sparquote $\frac{dS}{dY} = 1 - \frac{dC}{dY}$ erschöpft. Demnach:

$$0 < \frac{dC}{dY} < 1. \text{ Ebenso } 0 < \frac{dS}{dY} < 1$$

b) Die marginalen Quoten sind konstant, d. h. die Gleichungen von Verbrauch und Sparen sind linear; und der Verbrauch hat auch bei einem Einkommen von null einen positiven Wert $\left(\frac{dC}{dY} < \frac{C}{Y}\right)$. Die Form der Verbrauchsgleichung ist also: $C = a + b\,Y$, wobei a den einkommensunabhängigen Teil des Verbrauchs, b die konstante marginale Verbrauchsquote $\frac{dC}{dY}$ darstellt. Die Form der Spargleichung ist daher $S = Y - C = Y\,(1 - b) - a$. Wenn also $Y = 0$, ist $C = a$, $S = -a$.

d) Die erheblichen Unterschiede der Verbrauchsquoten zwischen Arbeits- und Gewinneinkommen (z. B. in den Niederlanden mit 0,85 gegen 0,40 berechnet) können bei unveränderter Einkommensverteilung unbeachtet bleiben.

In der geometrischen Darstellung (Abb. 2) bestimmen die Koeffizienten b bzw. (1—b) die Neigungen der Kurven zur Abszisse, d. h. ihre Steigung: wenn Y sich um eine Einheit ändert, verändert sich C um b Einheiten, S um (1—b) Einheiten. Die Größe von a bzw. —a bestimmt die Schnittpunkte der Kurven mit der Ordinate in ihrem positiven bzw. negativen Teil. (Zur Form der Darstellung vgl. auch Bd. II, Kap. II, § 1.)

In Abb. 2 wird das Einkommen OA (= AH) mit S = 0 als „Basiseinkommen" bezeichnet: das Einkommen ist gleich dem Wert des Verbrauchs der Haushalte. Im Bereich OA ist $\frac{C}{Y} > 1$, in A = 1, rechts von A < 1, dagegen ist $\frac{dC}{dY} = \frac{\Delta C}{\Delta Y}$ constant.

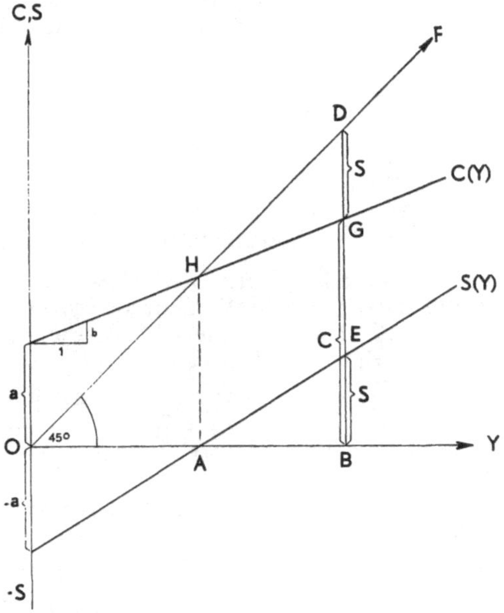

Abb. 2

Ein Einkommen in Höhe von OB (= BD) mit C = BG kann nur Gleichgewichtseinkommen sein, wenn dem bei diesem Einkommen geplanten Sparen BE (= GD) Investierung entspricht, d. h. $S_{gepl} = I = DG$.

3. Der Multiplikator, allgemeines Prinzip

Bei der Bestimmung der Gleichgewichtseinkommen findet das sog. Multiplikatorprinzip Anwendung. Zunächst wird seine allgemeine Form dargestellt.

Jede Gleichung der Form $X = yX + Z$ kann in den Ausdruck $X = \frac{1}{1-y} Z$ umgeformt werden. Wird y als Koeffizient von X als konstant angenommen, so läßt sich eine Beziehung zwischen Veränderungsgrößen ΔZ und ΔX bilden:

$$X + \Delta X = \frac{1}{1-y} Z + \frac{1}{1-y} \Delta Z$$

$$\Delta X = \frac{1}{1-y} \Delta Z$$

Hier ist $\frac{1}{1-y}$ der „Multiplikator", dessen angenommene Konstanz es erlaubt, aus der Veränderungsgröße des „Multiplikanden" ΔZ die Veränderungsgröße ΔX zu ermitteln. Ist $y \leqq 1$, so ist ΔX ein Mehrfaches von ΔZ; es liegt eine „multiplikative" Beziehung vor.

Die Verwendung dieser „Leerformel" in der ökonomischen Analyse setzt voraus, daß die Größen und Größenbeziehungen solcher Gleichungen ökonomisch sinnvoll interpretiert werden können.

Dabei ist die mathematische Gültigkeit der Beziehung, daß von drei Gliedern einer Gleichung jeweils zwei die dritte „bestimmen", kein Theorem (der sog. „logische" Multiplikator). Soll aber ΔX durch ΔZ ‚erklärt' werden, so handelt es sich um ein Theorem, weil die dazu erforderliche Konstanz des Gliedes $\frac{1}{1-y}$ (die Behandlung von y als Parameter, nicht als Variable) als eine Aussage über einen realen Sachverhalt gemeint ist, daher auch durch die Empirie widerlegbar ist.

Im Grenzfall $y = 0$ ist offenbar $\Delta X = \Delta Z$, der Multiplikator $\frac{1}{1-y}$ hat den Wert 1. Je mehr sich y dem Wert 1 nähert, umso größer ist der Multiplikator; im Grenzfall $y = 1$ wird er $= \infty$.

y als Koeffizient von X kann auch ausgedrückt werden als $y = \frac{Y}{X}$, daher bei angenommener Konstanz von y durch $\frac{Y}{X} = \frac{\Delta Y}{\Delta X} = \frac{dY}{dX}$ · Entsprechend kann der Multiplikatorausdruck geschrieben werden: $\frac{1}{1-\frac{dY}{dX}}$ ·

Auf „multiplikative" Wirkungen, welche einen primären Veränderungsimpuls verstärken, war schon in älteren Theoremen hingewiesen worden. Die Formalisierung des Prinzips geschah durch R. F. Kahn (The Relation of Home Investment to Unemployment. Economic Journal. 1931) in bezug auf die Höhe der Gesamtbeschäftigung als Effekt staatlicher Arbeitsbeschaffung. Bei J. M. Keynes (The General Theory of Employment, Interest, and Money. 1936) wird der Multiplikator verwendet zur Bestimmung des Gesamteinkommens bei „autonomer" Erhöhung der Investierungen. — Seitdem ist das Prinzip zu vielfacher Verwendung gelangt. Das sei an einem konstruierten Beispiel erläutert. Angenommen, bei der Produktion von Kohle müßte Kohle selbst als Eigenverbrauch eingesetzt werden, und zwar in einem konstanten Verhältnis a zur Produktmenge Q. Die Gesamtmenge ist dann: $Q = aQ + D$, wobei D die für Marktabsatz verfügbare Menge ist. Soll der Marktabsatz um ΔD erhöht werden, so ist die erforderliche Erhöhung der Produktmenge bestimmt durch:

$$\Delta Q = a\Delta Q + \Delta D$$

$$\Delta Q = \frac{1}{1-a} \Delta D$$

mit $\frac{1}{1-a}$ als „Multiplikator".

4. Einkommens-Multiplikatoren

Bei der Gruppe der Einkommens-Multiplikatoren handelt es sich um die Bildung des Gesamteinkommens unter dem Einfluß einkommensunabhängiger (autonomer) Größen als Multiplikanden und einkommensabhängiger Größen, die den Multiplikator bestimmen. Die Eingliederung der Größen in die eine oder andere Gruppe muß möglichst realitätsbezogen sein, so daß etwa eine Aufteilung der komplexen Größe „Investierung" in „autonome" und „einkommensabhängige" Investierungen vorgenommen werden kann (vgl. unten: Supermultiplikator). Die adäquate Darstellung der Realität wird aber öfters hinter den Zweck einer adäquaten Formulierung eines speziellen Theorems zurückgestellt werden müssen.

Alle Multiplikatoren dieser Art verwenden die multiplikative Verstärkung einer primären Einkommensveränderung durch die oben behandelte konstante marginale Verbrauchsquote $\frac{dC}{dY} = b$. In der Restgröße (1—b) sind alle einkommensbezogenen Verwendungen des Einkommens enthalten, welche diesen multiplikativen Effekt vermindern, z. B. mY als Importquote bezogen auf Einkommen, tY als Quote der Direktbesteuerung des Einkommens, sY als Sparquote aus Einkommen. Daher ist die Größe des Multiplikators abhängig von b bzw. (1—b).

Die multiplikative Wirkung von b verstärkt den Einfluß von Zunahmen wie von Abnahmen in der Größe der autonomen Bestimmungsgründe des Einkommens; der Multiplikator ist also für Veränderungen des Einkommens nach beiden Richtungen wirksam.

Methodisch muß regelmäßig unterschieden werden zwischen der Verwendung des Multiplikatorprinzips in komparativ-statischer und in Ablaufsbetrachtung. Ist durch die Gleichung $Y = bY + I$ ein Gleichgewichtseinkommen bestimmt, so kann damit ein anderes Einkommensgleichgewicht verglichen werden, daß sich bei Veränderung des parametrischen Wertes von I (oder auch b) ergibt. Wird diese Veränderung in der Multiplikatorform $\Delta Y = \frac{1}{1-b} \cdot \Delta I$ ausgedrückt, so ist darin keine Aussage darüber enthalten, ob und wie sich der Ablauf von einem zum anderen Zustand vollzogen hat. Wenn der Ablauf als Veränderung in der Zeit untersucht werden soll, so muß dem durch entsprechende Formalisierung des Modells Rechnung getragen werden (Verzögerungen, Auftreten ungeplanter Größen).

5. Analytik eines Einkommens-Multiplikators

Eine geschlossene Wirtschaft ohne staatliche Aktivität sei dargestellt durch das Gleichungssystem:

$$Y = C + I \qquad (1)$$

$$C = a + bY \qquad (2)$$

$$I = \bar{I} \qquad (3)$$

Durch Einsetzung von (2) und (3) in (1) und einfache Umformung erhält man:

$$Y = bY + a + \bar{I} \qquad (4)$$

$$Y = \frac{1}{1-b} (a + \bar{I}) \qquad (4a)$$

In Gleichung (4) sind drei Parameter vorgegeben: b (Höhe der einkommensabhängigen Verbrauchsausgaben, d. h. marginale Verbrauchsquote), a (Höhe der einkommensunabhängigen Verbrauchsausgaben) und $\bar{I}$ (Höhe der autonomen Investierungen). Im Folgenden wird untersucht, welche Wirkung die Veränderung jeweils eines Parameters (bei Konstanz der beiden anderen) für die Höhe des Einkommens Y hat.

A. Veränderte Größe von I

Eine Veränderung von I um ΔI verändert die Gleichung (4) zu

$$Y + \Delta Y = \frac{1}{1-b} (a + I + \Delta I) \qquad (5)$$

$$Y + \Delta Y = \frac{1}{1-b} (a + I) + \frac{1}{1-b} \Delta I \qquad (5a)$$

(4) von (5a) subtrahiert ergibt

$$\Delta Y = \frac{1}{1-b} \Delta I \qquad (6)$$

$\frac{1}{1-b}$ ist der Multiplikator, oft bezeichnet mit k, so daß $\Delta Y = k \Delta I$.

b ist in diesem Modell der (konstante) marginale Verbrauchsquotient $\frac{dC}{dY}$, daher (1—b) der marginale Sparquotient $\frac{dS}{dY}$. Der Multiplikator $k = \frac{1}{1-b}$ kann also gleichsinnig geschrieben werden: $\frac{1}{1 - \frac{dC}{dY}} = \frac{1}{\frac{dS}{dY}}$.

Die Beziehung kann auch direkt durch Differenzierung der Gleichung (4) nach I gewonnen werden:

$$\frac{dY}{dI} = \frac{dC}{dY} \cdot \frac{dY}{dI} + 1$$

$$\frac{dY}{dI} \left(1 - \frac{dC}{dY}\right) = 1$$

$$dY = \frac{1}{1 - \frac{dC}{dY}} \cdot dI$$

Die geometrische Darstellung (Abb. 3) vergleicht ein Basiseinkommen Y_1 (I = S = 0) mit einem Einkommen Y_2 (I = S = 10). Die Verbrauchsfunktion C (Y) ist linear, die marginale Verbrauchsquote $\frac{dC}{dY}$ hat den gleichbleibenden Wert 0,6. Daher ist der Multiplikator 2,5, d. h., bei einer Veränderung der Investierung um 10 verändert sich das Gleichgewichtseinkommen um 25.

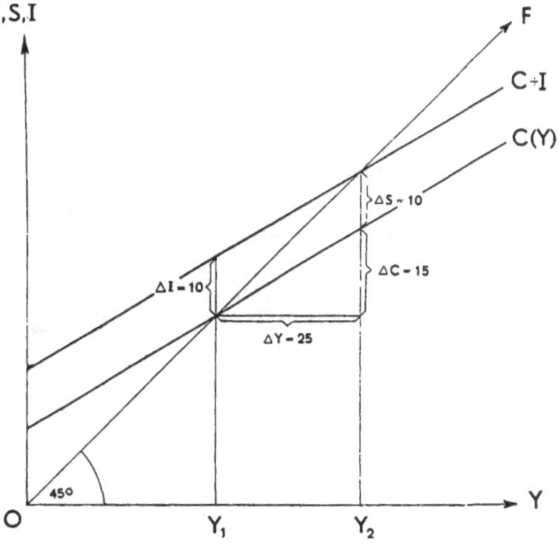

Abb. 3

Dasselbe kann mit Verwendung der Sparfunktion gezeigt werden (Abb. 4). Vom Basiseinkommen Y_1 (S = I = 0) aus erfolgt eine Investierung in Höhe von OI. Dann ist Y_2 neues Gleichgewichtseinkommen, weil bei diesem das durch die Funktion S (Y) dargestellte geplante Sparen der Investierung gleich ist.

Der Multiplikator ergibt sich aus:

$$\frac{\Delta I}{\Delta Y} = \operatorname{tg}\alpha; \; \Delta Y = \Delta I \cdot \frac{1}{\operatorname{tg}\alpha}.$$

Da $\Delta I = \Delta S$, gilt : $\operatorname{tg}\alpha = \frac{\Delta S}{\Delta Y}$, und (bei linearer S(Y)-Kurve) $\operatorname{tg}\alpha = \frac{dS}{dY}$. Daher wie oben:

$$\Delta Y = \frac{1}{\frac{dS}{dY}} \cdot \Delta I.$$

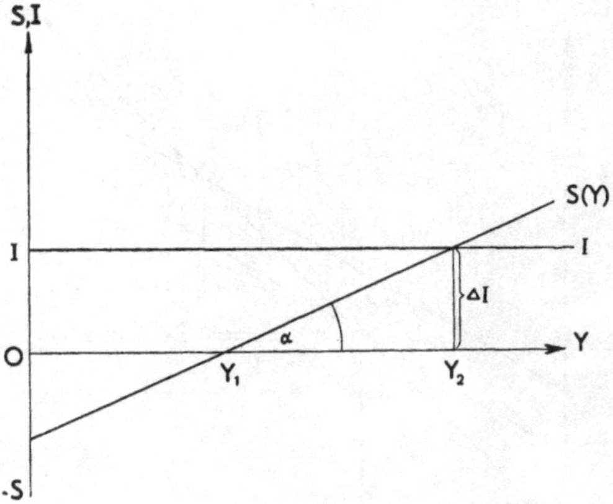

Abb. 4

Multiplikatoreffekte veränderter Staatseinnahmen und -ausgaben, sowie veränderter Höhe der Exporte und Importe werden später behandelt (vgl. Kap. III, § 2, Kap. IV, § 2). —

B. Veränderte Größe von b

b ist der marginale Verbrauchsquotient $\frac{dC}{dY}$ und (1—b) der marginale Sparquotient $\frac{dS}{dY}$. Bei gegebennen Größen drücken sie die Steigung der C- bzw. S-Kurve aus (Abb. 3 und 4), eine Veränderung des parametrischen Wertes bedeutet also veränderte Steigung. Im Multiplikatorausdruck ist zu erkennen, daß dessen Wert umso größer ist, je größer die marginale Verbrauchsquote, bzw. je kleiner die marginale Sparquote.

Z. B.: $\frac{dC}{dY} = 0{,}6,\ \frac{dS}{dY} = 0{,}4,\ k = 2{,}5.$

$\frac{dC}{dY} = 0{,}8,\ \frac{dS}{dY} = 0{,}2,\ k = 5.$

Grenzfälle:

$\frac{dC}{dY} = 1,\ \frac{dS}{dY} = 0,\ k = \infty.$

$\frac{dC}{dY} = 0,\ \frac{dS}{dY} = 1,\ k = 1.$

C. Veränderte Größe von a

Verändert sich in der Verbrauchsgleichung $C = a + bY$ der einkommensunabhängige Faktor a bei Konstanz der marginalen Verbrauchsquote b, so verändert sich nicht die Steigung, aber die Lage der Kurve, was (analog zu Abbildung 3) durch Parallelverschiebung auszudrükken ist. Der Multiplikator ergibt sich entsprechend der obigen Ableitung durch $\Delta Y = \frac{1}{1-b} \Delta a.$

6. Komparative Statik und Ablaufsanalyse

Die vorstehende Analyse bestimmte die Gleichgewichtswerte von Y bei unterschiedlichen Werten der Parameter I, b und a; sie ist also komparativ-statisch. Zwei Argumente sind jetzt zu unterscheiden:

1. Ein Ungleichgewicht von Y ist definiert durch die Feststellung, daß die jederzeit geltende Gleichheit $I = S$ durch das Auftreten ungeplanter Größen herbeigeführt ist. Da I als Parameter behandelt wird, d. h. als in bestimmter Höhe realisiert, muß im Ungleichgewicht ungeplantes Sparen vorliegen.

2. Die Reaktion der Wirtschaftssubjekte auf die Differenz geplanter und realisierter Größen löst eine Bewegung des Systems aus, die zum statischen Gleichgewicht führt und dort ihr Ende findet.

Auf die Unterscheidung zwischen statischem bzw. komparativ-statischen und „dynamischen" Gleichgewicht ist zu achten. Die dynamische Ablaufsanalyse (vgl. Kap. VI) behandelt nicht die Bewegung zu einem statischen Gleichgewicht als einem unverändert bleibenden Zustand, sondern fortgesetzten Prozeß, dessen „Stetigkeit" an einem „dynamischen Gleichgewicht" („moving equilibrium") als Bezugsgröße gemessen werden kann.

Aus Argument 1 folgt keineswegs zwingend die Geltung von Argument 2: statt zum ‚Ruhezustand' des Gleichgewichts kann die Bewegung auch kumulativ vom Gleichgewicht weg führen. Die Ablaufsanalyse (Prozeßanalyse) untersucht dies.

In den Gleichgewichtszuständen der komparativen Statik ist vollständige Anpassung der realisierten und geplanten Größen erreicht. Die Gliederung des Ablaufs in Perioden muß daher unterstellen, daß die Anpassung der realisierten an die geplanten Größen sich „verzögert". Wird — wie hier — unterstellt, daß ein ΔI unverzögert realisiert wird, so muß es sich wegen der ebenfalls unverzögert geltenden Gleichheit $\Delta I = \Delta S$ um verzögerte Anpassung der geplanten an die realisierte Größe des Zuwachses des Sparens, also um „ungeplantes" Sparen handeln.

Zur Darstellung wird angenommen, daß der Ausdruck des geplanten Sparens, die „Sparfunktion", diese Plangröße statt von der Höhe des Einkommens der betrachteten Periode von der der vorhergehenden Periode abhängig macht, daher auch die Verbrauchsfunktion die Höhe des geplanten Verbrauchs. Intuitiv einsichtig wird sein, daß dann Gleichheit der geplanten und realisierten Größen erst erreichbar ist, wenn das Einkommen der laufenden Periode dem der vorhergehenden gleich geworden ist, also: bei Erreichung des neuen statischen Gleichgewichtseinkommens.

Es sei unterstellt, daß der durch eine konstante Rate b bestimmte Verbrauch sich als Plangröße am Einkommen der vorhergehenden Periode Y_{t-1} orientiert, in dieser Plangröße aber in der Periode t auch realisiert werde. Mit Verwendung der

Symbole g bzw. r für Plangrößen bzw. realisierte Größen ist also die Verbrauchsgleichung:

$$C_t^{g,r} = b\, Y_{t-1}^{g,r}$$

(Ein konstantes Glied in der Verbrauchsgleichung hätte keinen Einfluß und kann daher zur Vereinfachung unberücksichtigt bleiben.)

Die Plangröße des Sparens muß dann die Differenz des Einkommens Y_{t-1} und der Plangröße des Verbrauchs sein.

$$S_t^g = (1-b)\, Y_{t-1}.$$

Ist nun $Y_t \neq Y_{t-1}$, und ist C in der geplanten, am Einkommen Y_{t-1} orientierten Höhe in der Periode t realisiert, so kann S in der geplanten Größe nicht realisiert worden sein. Vielmehr ist

$$S_t^r = Y_t - bY_{t-1}$$

Erweitert man die rechte Seite dieser Gleichung durch Subtraktion und Addition von Y_{t-1}, so ist:

$$\begin{aligned} S_t^r &= Y_t - Y_{t-1} + Y_{t-1} - bY_{t-1} \\ &= \Delta Y + (1-b)\, Y_{t-1} \\ &= \Delta Y + sY_{t-1} \end{aligned}$$

Das in t realisierte Sparen weicht also um die Höhe der Einkommensveränderung vom geplanten Sparen ab, bzw. das „ungeplante" Sparen ist gleich der Veränderung des Einkommens zwischen zwei Perioden.

Der angenommene Ablauf kann in der folgenden Tabelle dargestellt werden, wobei er in „Runden" zerlegt wird. Die Ziffern jeder Runde zeigen den in dieser Runde erreichten Stand der sich zum Gleichgewicht Y_2 hin entwickelten Veränderungsgrößen.

Folgende Annahmen werden getroffen: Gegenüber dem Einkommensgleichgewicht Y_1 erfolgt in der Runde 1 eine Erhöhung der Investierungen um 2 ($\Delta I = 2$), die sich in den folgenden Runden nicht verändert. Sie führt in Runde 1 zu einem entsprechenden Zuwachs des Einkommens ($\Delta Y = 2$) und ungeplantem Sparen ($\Delta S_u = 2$).

Der Zugang des Einkommens in Runde 1 wird in Runde 2 von den Verbrauchern mit der Rate c = 0,6 „geplant" verausgabt ($\Delta C = 1{,}2$), mit dem Rest „geplant" gespart ($\Delta S_g = 0{,}8$). Die jeweilige Differenz zwischen geplantem Sparen und Investieren ist „ungeplantes" Sparen ($\Delta S_u = 1{,}2$). Die Höhe des erreichten Einkommenszuwachses jeder Runde ist die Summe von ΔI und ΔC. Dieser Einkommenszuwachs wird in der folgenden Runde wieder für Verbrauch und Sparen verwendet und bestimmt so die Höhe des ungeplanten Sparens. — Im Endgleichgewicht bleibt der Einkommenszuwachs in der erreichten Höhe unverändert und wird geplant und realisiert auf Verbrauch und Sparen nach den Werten c = 0,6 und s = 0,4 aufgeteilt.

Tabelle

	ΔI	ΔC	ΔY	ΔS_g	ΔS_u
Gleichgewicht Y_1	0	0	0	0	0
Runde 1	2	0	2	0	2
„ 2	2	1.2	3.2	0.8	1.2
„ 3	2	1.92	3.92	1.28	0.72
„ 4	2	2.352	4.352	1.568	0.432
„ 5	2	2.6112	4.6112	1.7408	0.2592
.	.	.	.	.	.
.	.	.	.	.	.
.	.	.	.	.	.
Gleichgewicht Y_2	2	3	5	2	0

Etwa: von Runde 2 zu Runde 3 wächst Y um 0,72, dem entspricht das ungeplante Sparen in der Runde 3.

Die Analytik zeigt die Bestimmung des komparativen Gleichgewichts. Der Wert des Multiplikators $\frac{1}{s}$ ist bei der angenommenen Sparrate 0,4 gleich 2,5, daher ist bei $\Delta I = 2$ die Einkommensänderung $\Delta Y = 5$.

Auf ‚dynamische Multiplikatoren', die statt in komparativer Statik in dynamischen Ablaufsbetrachtungen wirksam werden, kann vorgreifend kurz verwiesen werden:

Es sei $C_t = bY_{t-1}$ realisiert, daher $S_t = (1-b) Y_{t-1}$ als realisierte Plangröße des Sparens — wie oben gezeigt — Gleichgewichtsbedingung, welche nur bei $Y_t = Y_{t-1}$ erreichbar ist. Als zusätzliche Annahme werde jetzt eingeführt, daß die Investierung in einer konstanten Rate je Periode wächst. Dann ist annahmegemäß auch ausgeschlossen, daß Y_t gleich Y_{t-1} werden kann. Also muß auch das realisierte Sparen stets größer sein als das (in Orientierung an das Einkommen der vorhergehenden Periode) geplante Sparen. Die Multiplikatoranalyse kann jetzt zeigen, daß diese Differenz zwischen realisiertem und geplantem Sparen konstant wird, was als Bedingung für ein „Wachstumsgleichgewicht“ gesetzt werden kann.

Als Beispiel soll ein geometrisch ansteigendes Investitionsvolumen angenommen werden. Eine solche Entwicklung wurde insbesondere von Hicks (A Contribution to the Theory of Trade Cycle, Oxford 1950) für die autonomen Investitionen unterstellt.

Es sei $C_t = b \cdot Y_{t-1}$, ferner $I_t = I_0 (1 + w)^t$, wobei I_0 die Investitionen in der Anfangsperiode O und w die Wachstumsrate der Investitionen darstellen. Somit ergibt sich als Bestimmungsgleichung für das Volkseinkommen

$$Y_t = b \cdot Y_{t-1} + I_0 (1 + w)^t.$$

Für die einzelnen Größen werden folgende Werte angenommen: $I_0 = 10$, $w = 1\,\%$, $b = 0{,}5$. Die folgende Tabelle zeigt den Zeitverlauf des Einkommens:

Periode t	$I_t = I_0 (1 + w)^t$	$C_t = b \cdot Y_{t-1}$	Y_t	$S_t^g = s \cdot Y_{t-1}$	S_t^u
0	10	0	10	0	10
1	11	5	16	5	6
2	12,1	8	20,1	8	4,1
3	13,3	10,05	23,35	10,05	3,25
4	14,7	11,67	26,37	11,67	3,03
5	16,2	13,185	29,98	13,185	3,015
.	.	.	.	.	.
.	.	.	.	.	.
.	.	.	.	.	.

Nun gilt stets (vgl. § 1, Ziff. 2):

$$I_t^{g,r} = S_t^g + S_t^u = S_t^r \quad \text{oder}$$

$$S_t^u = I_t^{g,r} - S_t^g = S_t^r - S_t^g$$

Aus der Tabelle wird ersichtlich, daß der Wert des ungeplanten Sparens, die Differenz zwischen realisiertem und geplantem Sparen, mit wachsendem t einem konstanten Wert in Höhe von 3 zustrebt.

7. „Zwangssparen" und Gewinnbildung

Das Gesamteinkommen der Faktorhaushalte ist die Summe der Faktorkosten bei der Produktion von Investitionsgütern und Verbrauchsgütern. Die Gesamtausgaben der Faktorhaushalte für Verbrauchsgüter sind deren Gesamteinkommen minus Sparen. Sind diese Verbrauchsausgaben größer als das Faktoreinkommen aus der Produktion von Verbrauchsgütern, also das Sparen kleiner als das Faktoreinkommen aus der Produktion von Investitionsgütern, so ist der Absatzwert der Verbrauchsgüter um die Differenz größer als deren Faktorkosten; die Differenz ist „Gewinn". Dieser Gewinn ist dem Wert der Investitionsgüter gleich, der nicht durch Sparen der Faktorhaushalte abgedeckt ist. Was diese also „zu wenig" gespart haben, schlägt sich als Gewinn und gespartes Einkommen der Unternehmungen bzw. Unternehmerhaushalte nieder.

Die Verbrauchsausgaben der Unternehmerhaushalte erhöhen in gleichem Wert ihren Gewinn, da damit die reale Menge an Verbrauchsgütern vermindert wird, deren Wert durch die Verbrauchsausgaben der Faktorhaushalte bestimmt wird.

Für diese Erscheinung ist die Bezeichnung „Zwangssparen" üblich geworden, weil das dem Investieren notwendig gleiche Sparen, sofern es nicht „freiwillig" durch die Haushalte erfolgt, in Form der Gewinnbildung „erzwungen", d. h. in den Sektor der Unternehmungen verlagert wird. Trotz der erhöhten Ausgaben erhalten die Haushalte real nicht mehr an Verbrauchsgütern, als die (nach Abzug der Investitionsgüterproduktion) bereitgestellte Verbrauchsgüterproduktion; ihre Mehrausgaben sind demnach Unternehmungsgewinne.

a) Bei gegebener Größe der Investierungen entscheidet also die Höhe des Sparens der Faktorhaushalte, ob sich die den Investierungen entsprechende Vermögensbildung in Haushalten oder in Unternehmungen bzw. Unternehmerhaushalten vollzieht; denn jedenfalls kommt es zur Bildung der der Investierungen entsprechenden Höhe der Ersparnisse.

b) Die Summe der Unternehmereinkommen ist gleich der Differenz zwischen der Nettoinvestierung und dem Sparen der Nicht-Unternehmer (vermehrt um den Verbrauch der Unternehmerhaushalte). (Vgl. Bd. III, Kap. VII, § 2, Ziff. 5.)

Die Bildung solcher Gewinne wird die Unternehmungen ceteris paribus veranlassen, die Produktion auszudehnen; erst bei ihrem Wegfall ist Systemgleichgewicht erreicht. Das ist ersichtlich gleichbedeutend mit der Aussage, daß im Gleichgewicht die Plangrößen von Investieren und Sparen übereinstimmen; dann werden Verbrauchsgüter mit dem gleichen Anteil des Gesamteinkommens nachgefragt, wie er bei der Verbrauchsgüterproduktion entstanden ist, und „Gewinne" entstehen nur in dem normalen Umfang einer ausreichenden Entschädigung der Unternehmerleistung, die in den kalkulierten Kosten der Produktion berücksichtigt ist.

Ist umgekehrt die Investierung der Periode kleiner als das Sparen der Faktorhaushalte, so entstehen bei den Unternehmungen Verluste, die als „Entsparen" den Sparüberschuß der Faktorhaushalte ausgleichen und die Tendenz zur Verringerung der Produktion und des Gesamteinkommens auslösen.

8. Der Supermultiplikator

Der Supermultiplikator erweitert die bisherige Annahme autonomer Investitionen durch die Einführung von einkommensabhängigen Investitionen. Die Analyse gestaltet sich wie folgt:

$C = a + b \cdot Y$ (1) sei die schon mehrfach verwendete Verbrauchsfunktion. $I = c + d \cdot Y$ (2) sei die Investitionsfunktion, wobei I die Investition, d die marginale

Investitionsneigung $\frac{dI}{dY}$ und c den einkommensunabhängigen, d. h. autonomen Teil der Investition, darstellen. In Abb. 5 sind beide Funktionen eingezeichnet.

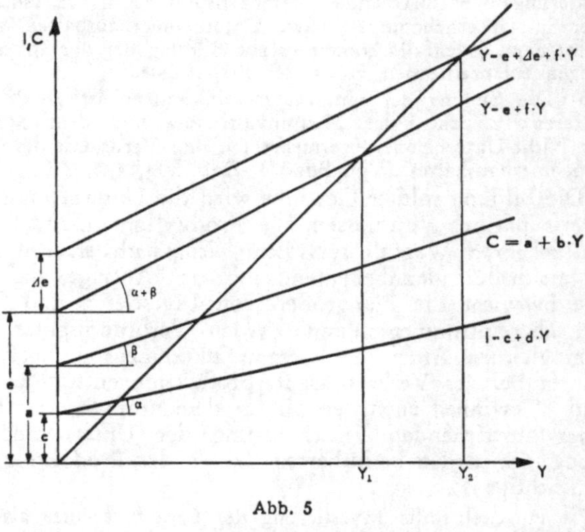

Abb. 5

Durch Addition der Verbrauchs- und Investitionsfunktion ergibt sich die gesamte Ausgabenfunktion, d. h. die Funktion der wirksamen Nachfrage:

$$C + I = a + c + (b + d) \cdot Y \qquad (3)$$

Wenn $a + c = e$ und $b + d = f$ gesetzt wird, ergibt sich für $Y = C + I$:

$$Y = e + f \cdot Y \qquad (4) \text{ oder}$$

$$Y = \frac{1}{1 - f} \cdot e \qquad (4a)$$

In (4) ist e eine parametrische Konstante, die in Abb. 5 die Lage der Ausgabenkurve $Y = e + f \cdot Y$ bezeichnet.

$f = b + d = \frac{dC}{dY} + \frac{dI}{dY}$,die Summe aus marginaler Konsum- und Investitionsquote, stellt die marginale Ausgabenquote dar, die die Neigung der Ausgabenkurve bestimmt. In Abb. 5 ist

$$tg\alpha = \frac{dI}{dY} = d$$

$$tg\beta = \frac{dC}{dY} = b$$

$$tg\alpha + tg\beta = \frac{dI}{dY} + \frac{dC}{dY} = f$$

Y_1 sei Gleichgewichtseinkommen. Erfährt nun der autonome Teil e der gesamten Ausgaben eine Steigerung um Δe, so wird ein neues Gleichgewichtseinkommen Y_2 erreicht. Graphisch stellt dies eine Parallelverschiebung der Ausgabenkurve dar. Es ergibt sich

$$\Delta Y = \frac{1}{1-f} \cdot \Delta e$$

Die Erhöhung von e um Δe kann auf einer Erhöhung der autonomen Investitions- oder der autonomen Verbrauchsausgaben, oder beider, beruhen. $\frac{1}{1-f}$ stellt die einfachste Form des Supermultiplikators dar.

Die Analyse ist komparativ-statisch. Bei Einführung von „Verzögerungen" und der Interpretation der Investitionsfunktion als Akzelerator führt die weitergehende dynamische Analyse zum Bau von Modellen, bei denen Multiplikator und Akzelerator miteinander verbunden werden. Die Dynamisierung der Modelle wurde insbesonders von Hicks durchgeführt (A Contribution to the Theory of the Trade Cycle. Oxford 1950.

§ 3. Erweiterung des Modells der Gleichgewichtsbestimmung

1. Bedeutung und Behandlung der Investierungen

Da die Verbrauchsfunktion die Nachfrage nach Verbrauchsgütern als abhängige Variable der Höhe des Einkommens behandelt, ist nicht diese Nachfrage, sondern die nach Investitionsgütern der operative Faktor für die Einkommensbestimmung von der Nachfrageseite her.

Obwohl der Anteil der Investierungen an der Gesamtproduktion nicht groß ist, werden Schwankungen in der Höhe der Investierungen durch den Multiplikatoreffekt überproportional auf die Höhe des Gesamteinkommens übertragen.

Bei dieser Bedeutung der Investierungen ist es erforderlich, die Bestimmung ihrer Höhe als Variable in das Modell hineinzunehmen. Dazu sind die Größen zu bestimmen, von denen die Investition abhängig ist. Deren Erfassung ist schwierig, weil zwei Gruppen von Komponenten für die Investitionsentscheidungen wirksam sind:

1. Objektive Gegebenheiten, wie Verfügbarkeit von Geldkapital, von Faktorleistungen, Kosten der Investitionsgüter etc.,

2. subjektive Entscheidungen, abhängig von Erwartungsgrößen, Risikobereitschaft, allgemeinem „Wirtschaftsklima" etc.

So können (z. B. in Zeiten der Depression) die objektiven Voraussetzungen vorliegen, aber die subjektive Bereitschaft kann fehlen und (in Zeiten der Hochkonjunktur) umgekehrt. In der Analyse wird vor allem die Höhe des Marktzinses als objektiver Faktor berücksichtigt, während die subjektiven Bedingungen ihren Niederschlag finden in dem „erwarteten" Grenzertrag der Investierungen, wobei die Faktoren dieser Erwartungsbildung sowie der relative Einfluß der objektiven und subjektiven Bedingungen auf die Investitionsentscheidungen wissenschaftlich weiter zu klären bleiben. (Vgl. Bd. III, Kap. IV.)

2. Einbeziehung des monetären Zinses

Allgemein sind die Investierungen durch die Investitionsfunktion I = I (r, i) bestimmt, wobei r der erwartete Grenzertrag der Investierungen ist, i der monetäre Zins (vgl. Bd. III, Kap. IV, § 3, Ziff. 4). Da die subjektiven Faktoren, welche Einfluß auf den erwarteten Grenzertrag r haben, unberücksichtigt bleiben sollen, wird die (mit zunehmender Höhe der Investierungen fallende) Kurve der erwarteten Grenzerträge als gegeben angenommen. So wird nur die Abhängigkeit der Höhe der Investierungen vom monetären Zins [I = I (i)] behandelt, zumal diese bei manchen der Theoreme über den Ausgleich von Investieren und Sparen (vgl. § 4) bedeutsam ist.

Auch andere objektive Faktoren zur Bestimmung der Investitionshöhe bleiben zunächst unberücksichtigt; die wichtige Abhängigkeit gemäß dem Akzelerationsprinzip wurde oben („Supermultiplikator“) bereits erwähnt und wird später behandelt.

Unverändert bleiben die sonstigen Annahmen und Vereinfachungen des Modells einer geschlossenen Wirtschaft ohne staatliche Aktivität und mit gegebener Ausstattung an Produktionsmitteln.

a) Die letzgenannte Annahme bedeutet vor allem, daß in dieser Betrachtung nur der „Einkommenseffekt“ (Multiplikatoreffekt) der Investierungen berücksichtigt wird, nicht der „Kapazitätseffekt“, d. h. die durch Investierungen veränderte Größe des Produktionsfaktors Realkapital.

b) Einflüsse etwaiger Änderungen des Preisniveaus bzw. des Geldwertes müssen vor allem berücksichtigt werden, wenn das Gleichgewicht des Gesamteinkommens über dem Vollbeschäftigungsniveau liegt (inflatorische Preiserhöhungen), möglicherweise auch, wenn die Beschäftigung sinkt. Auch diese Fragen werden an anderer Stelle aufgenommen werden.

3. Bestimmung des Gleichgewichts: Gleichgewichtszins

Die vorher (Bd. III, Kap. IV) dargestellte Bildung des monetären Zinses beruht darauf, daß eine gegebene Geldmenge gleich der Summe aller Kassenhaltungen ist, daß dies aber nicht notwendig Übereinstimmung der geplanten mit der tatsächlichen Kassenhaltung als Gleichgewichtsbedingung erfüllt. Wenn die Wirtschaftssubjekte die von ihnen geplante Höhe der Kassenhaltung zu realisieren suchen, so beeinflußt das die Güterpreise und den Zinssatz; — dieser Einfluß wird im nächsten Paragraphen in der Fassung des „Pigou-Effekts" und „Keynes-Effekts" eingehender dargestellt.

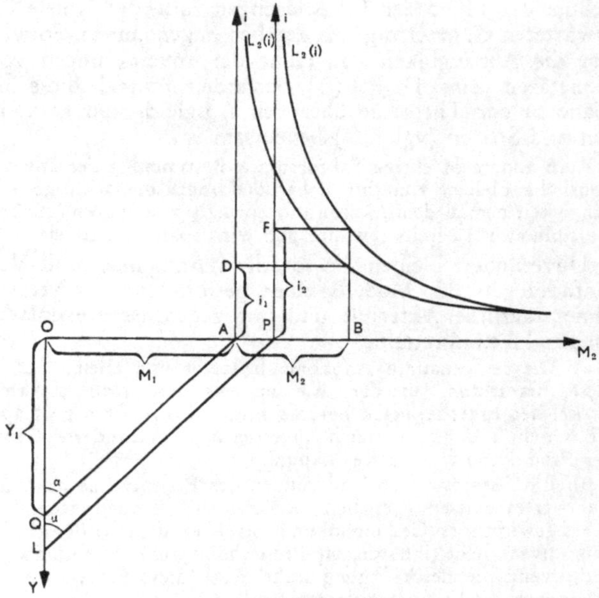

Abb. 6

Die geplante und im Gleichgewicht auch realisierte Höhe der gesamten Kassenhaltung ist durch den Bedarf an „Transaktionsmitteln" einmal abhängig von der Höhe des Gesamteinkommens. Ist diese gegeben, so ergibt sich als Differenz zwischen der gesamten und der für den Transaktionsbedarf benötigten Geldmenge jene Geldmenge, die zur Befriedigung des „Spekulationsmotivs“ durch Halten passiven Geldes zur Verfügung steht. Der monetäre Zins verändert sich so, daß diese Restgröße mit der geplanten Höhe der spekulativen Kassenhaltung, damit auch die gesamte Geldmenge mit der gesamten geplanten Kassenhaltung übereinstimmt. Diese Zusammenhänge werden in Abb. 6 darstellt.

OB = M sei die gesamte konstante Geldmenge, OA = M_1 der Bedarf an Transaktionskasse, AB = M — M_1 = M_2 die für die Kassenhaltung aus dem Spekulationsmotiv verfügbare Geldmenge. Nun gilt: $M_1 = k \cdot Y$ und $M_2 = L_2$ (i) (vgl. Bd. III, Kap. V, § 2, Ziff. 2 u. 3). k wird dargestellt durch den Tangens des Winkels α:

$$\mathrm{tg}\alpha = k = \frac{M_1}{Y_1}$$ Die Kurve L_2 (i) zeigt die Abhängigkeit der spekulativ gehaltenen Geldmenge M_2 vom monetären Zins i. Es stellt sich ein Zinssatz von i_1 = AD ein, bei dem die geplante mit der realisierten Höhe der spekulativen Kassenhaltung übereinstimmt. Dieser im Falle der Abb. 7 relativ niedrige Zinssatz beeinflußt wieder über die Zinselastizität der Investierungen deren Höhe und so die Höhe des Gesamteinkommens, damit auch den Bedarf an Transaktionskasse auf Grund des Umsatzmotivs. Steigt das Einkommen z. B. von Y_1 = OQ auf Y_2 = OL, so wird mehr Transaktionskasse benötigt, so daß sich die Gerade QA parallel nach LP verschiebt, da k stets als konstant angenommen wird. Die neue Restgröße ist $M - M_1' = M_2'$, bzw. OB — OP = PB. Das Achsenkreuz i, M_2 verschiebt sich um AP nach rechts, wodurch die Liquiditätskurve im gleichen Ausmaß parallel verschoben wird. Der neue monetäre Zins i_2 ergibt sich in Höhe von FP: bei gegebener Geldmenge und gegebener Liquiditätsfunktion wird die geplante der gegebenen Geldmenge gleich.

Damit ist jedoch die auf den Zins bezügliche Gleichgewichtsbedingung für die Höhe des Gesamteinkommens noch nicht umrissen: Gleichgewicht des Einkommens besteht nur, wenn die Höhe der bei diesem Zinssatz geplanten Investierungen dem bei dieser Einkommenshöhe geplanten Sparen entspricht.

„Eine Gleichgewichtsbedingung ist erfüllt, wenn die geplante Höhe der Kassenhaltungen der gegebenen Geldmenge gleich ist, wenn der Grenzertrag des Kapitals gleich dem Zinssatz ist, und schließlich, wenn das Volumen der Investierungen gleich dem normalen oder geplanten Sparvolumen ist. Und diese Faktoren sind untereinander verbunden. Wenn etwa der Grenzertrag des Kapitals hoch genug ist, um ein Investitionsvolumen hervorzurufen, welches ausreicht, die normalen Ersparnisse auszugleichen, wie sie durch die Spargewohnheiten der Gesellschaft bestimmt sind (d. h. I = S im Gleichgewichtssinne), dann wird sich zeigen, daß die Geldmenge sich als gerade ausreichend erweisen wird, um den Wunsch des Publikums nach Kassenhaltung zu befriedigen." (A. H. Hansen, Monetary Theory and Fiscal Policy. New York 1940, S. 71 f.) — Es wird nochmals betont, daß hierbei die Kurven des Grenzertrags des Kapitals und der Liquiditätsneigung als gegeben angenommen sind.

4. Darstellung des erweiterten Systemgleichgewichts

Die Eckpfeiler des Keynes'schen Systems, die Verbrauchs- bzw. Sparfunktion, die Investitionsfunktion und die Liquiditätsfunktion lassen sich in einem Koordinationssystem darstellen, wobei

im 1. Quadranten die Sparfunktion
im 2. „ die Investitionsfunktion
im 3. „ die Nachfragefunktion nach Spekulationskasse (Liquiditätsfunktion)
im 4. „ die Nachfragefunktion nach Transaktionskasse

eingezeichnet werden.

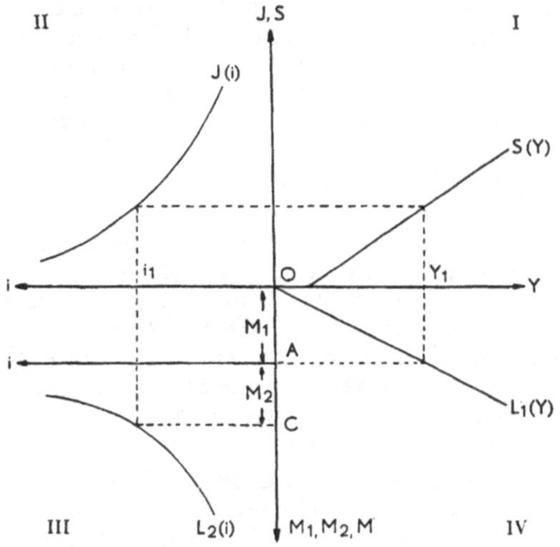

Abb. 7

Das System, das sich durch die beiden Gleichgewichtsbedingungen

$$S(Y) = I(i) \quad (I) \qquad \text{und} \qquad M = L(Y, i) \quad (II)$$

charakterisieren läßt, enthält somit zwei unabhängige Gleichungen, jedoch drei unabhängige Variable, nämlich Y, i und M, und damit einen Freiheitsgrad. (Die übliche Annahme der Konstanz der Geldmenge wird fallengelassen.) Um das System zu bestimmen, muß also der Wert einer Variablen autonom fixiert werden, wodurch das Modell als einfaches Muster eines „decision model" angesehen werden kann.

a) Fixiert die Zentralbank die Höhe des Zinssatzes (i_1) autonom, so bestimmt (I) via Spar- und Investitionsfunktion das Volkseinkommen in Höhe von Y_1 (vgl. 1. und 2. Quadrant). Bei einem Einkommen von Y_1 wird gemäß $M_1 = kY$ Transaktionskasse in Höhe von $M_1 = OA$ geplant (vgl. 4. Quadrant). Im 3. Quadranten läßt sich nun die Liquiditätsfunktion $M_2 = L(i)$ einzeichnen (die i-Achse geht durch den Punkt A). Bei gegebenem i_1 wird dadurch die Höhe der geplanten Spekulationskasse bestimmt. Die Gleichgewichtsbedingung $M = L(Y, i)$ (geplante gleich tatsächlich vorhandene Geldmenge) ist nur dann erfüllt, wenn die Zentralbank eine tatsächliche Geldmenge in Höhe von $M = M_1 + M_2$ (in der Zeichnung $OC = OA + AC$) zur Verfügung stellt.

b) Streben die wirtschaftspolitischen Instanzen als Zielvariable ein Volkseinkommen in Höhe von Y_1 an, so ist das System nur bestimmt, wenn den Variablen Zinssatz und Geldmenge bestimmte Werte beigeordnet werden. Zinssatz und Geldmenge werden Instrumente einer ein bestimmtes Einkommen anstrebenden Wirtschaftspolitik. Die Analyse gestaltet sich wie in a), nur daß nun von einem fixierten Y_1 ausgegangen wird.

c) Wird eine bestimmte Geldmenge $M_1 = OA$ vorgegeben, so sind die Gleichgewichtswerte des Zinssatzes (i_1) und Volkseinkommens (Y_1) sowie die Spekulationskasse ($M_2 = AC$) determiniert.

§ 4. Theoreme der Bildung des Systemgleichgewichts

1. Der Ausgleich von Investieren und Sparen

Die klassischen wie die neueren Bestimmungen des Systemgleichgewichts legen einheitlich dem Gleichgewicht von Investieren und Sparen innerhalb des Gesamtsystems besondere Bedeutung bei. Sie unterscheiden sich in bezug auf die das Gleichgewicht bewirkenden Faktoren: für die Klassik sind es Preisänderungen, namentlich solche des Zinses, für eine neuere, von Keynes beeinflußte Theorie ist es, wie vorstehend gezeigt wurde, die Veränderung der Höhe des Gesamteinkommens.

„Das Neue in meiner Behandlung von Sparen und Investieren liegt nicht in der Behauptung ihrer notwendigen Gleichheit, sondern in der Annahme, daß nicht der Zinssatz, sondern das Einkommensniveau (in Verbindung mit gewissen anderen Faktoren) die Gleichheit herbeiführt.“ (J. M. Keynes, in: Economic Journal, Vol. 47, 1937, S. 249.) — „Die traditionelle Analyse hat beachtet, daß Sparen vom Investieren abhängig ist, aber sie hat übersehen, daß das Einkommen vom Investieren abhängt, und zwar dergestalt, daß bei einer Änderung der Investierungen das Einkommen sich genau in dem Grade verändern muß, der nötig ist, die Veränderungen im Sparen gleich den Veränderungen im Investieren zu machen.“ (J. M. Keynes, The General Theory .... S. 184.)

Was das Verhältnis von Sparen und Investieren zum kritischen Punkt innerhalb des Gesamtsystems macht, ist der Umstand, daß es sich zwar um den einheitlichen Prozeß der Vermögensbildung durch Produktion handelt (so daß auch I und S immer gleich sind), daß sich aber dieser Prozeß auf die beiden Sektoren Unternehmungen und Haushalte und auf die beiden Vorgänge Investieren (im Sinne der Durchführung realer Produktion) und Sparen (im Sinne der Nichtverwendung von Einkommen zur Nachfrage nach Verbrauchsgütern) aufteilt. Sind somit die Planungen und Entscheidungen über das Ausmaß durchzuführender Investierungen und durchzuführenden Sparens getrennt, ist daher zu fragen, wie es zu einer Übereinstimmung im Sinne eines Gleichgewichts kommen kann.

In einer Volkswirtschaft ohne Nettoinvestieren und Sparen würde definitionsgemäß das gesamte in der Produktion erzielte Einkommen zur Nachfrage nach Verbrauchsgütern verwendet, also zu neuer Einkommensbildung in gleicher Höhe führen. Das besondere Gleichgewichtsproblem tritt bei Vermögensbildung auf durch die voneinander unabhängigen Investitionsplanungen der Unternehmungen und Sparplanungen der Haushalte.

2. Der Ausgleich über den Zins nach der klassischen Theorie

Es wurde gezeigt, daß bei einem Ausgleich über Einkommensänderungen das Systemgleichgewicht nicht notwendig mit dem Vollbeschäftigungsniveau zusammenfällt, womit die Geltung des Say’schen Theorems bestritten ist. Dem werden im folgenden einige Theoreme gegenübergestellt, welche eine ausreichend wirksame Tendenz der Preisbildung und namentlich der Zinsbildung unterstellen, das System zum Gleichgewicht bei Vollbeschäftigung tendieren zu lassen, wodurch sich also die Höhe der gesamten Nachfrage der Angebotsmenge, die durch die gegebene Produktionskapazität bestimmt ist, anpaßt.

Für den von der Klassik angenommenen Ausgleich von Investieren und Sparen durch die Zinsbildung ist, wie in Kap. I schon dargestellt, entscheidend, daß dem Geld nur passive Bedeutung beigelegt wurde, daher auch der Geldzins keine anhaltende Störung des realen Ausgleichs von Sparen und Investieren verursachen könne. Dem liegen folgende Erwägungen zugrunde:

In Höhe ihres Sparens enthalten sich die Haushalte der Nachfrage nach Verbrauchsgütern; diese Güter, bzw. die zu deren Erzeugung nicht beanspruchten Produktionsmittel, stehen damit der Versorgung derjenigen Produktionsfaktoren zur Verfügung, welche nicht Verbrauchs-, sondern Investitionsgüter erstellen. Immer gibt es Möglichkeiten, mit gegenwärtigen Faktorleistungen „mehrergiebige Produktionsumwege" einzuschlagen, d. h. „Zukunftsgüter" zu produzieren, die als Überschuß des Produktionswertes über die aufzubringenden Kosten einen „realen Zins" (Kapitalertrag) erbringen. Dieser mögliche Ertrag bestimmt den Umfang der Nachfrage der Unternehmungen nach Krediten, von denen als Verfügung über gegenwärtige Kaufkraft die Möglichkeit der „zeitbeanspruchenden" Produktion und Verwendung von Kapitalgütern abhängt. Das Angebot an solchen Krediten stammt aus erspartem Einkommen, bemißt also den Umfang, in welchem Faktoren nicht für die Befriedigung gegenwärtigen Verbrauchs beansprucht werden. Das Angebot an Sparen wird mit höherem Zins cet. par. höher sein, weil das eine größere Entschädigung für gegenwärtigen Verbrauchsverzicht bedeutet, während die Nachfrage nach Geldkapital mit tieferem Zins wächst, da dies die Durchführung von Investierungen mit tieferem Ertrag ermöglicht. Daher gibt es einen Schnittpunkt der Angebots- und Nachfragekurve, welcher den Gleichgewichtszins bestimmt: jenen, bei dem das gesamte zu diesem Zins vorliegende Angebot von Ersparnissen mit der gesamten zu diesem Zins vorliegenden Nachfrage nach Krediten zur Durchführung von Investitionsvorhaben übereinstimmt. Dieser Zins ist zwar monetär ausgedrückter Zins, aber im Grunde identisch mit der Rate des mit dieser Investitionsmenge marginal zu realisierenden realen Ertrages und dem realen Mehr an künftigen Gütern, das der marginale Sparer für den Verzicht auf gegenwärtigen Güterverbrauch beansprucht.

Die Überführung gesparten Einkommens in Investierungen erfolgt nach dieser Lehrmeinung ohne Beeinflussung der Höhe der Gesamtproduktion, da die Spar- und Investitionsentschlüsse nur die Aufteilung der Produktion in Gegenwarts- und Zukunftsgüter bestimmen. Auch wird das allgemeine Preisniveau nicht verändert, im besonderen bedarf es keines Fallens der Löhne, um die Umsetzung der Arbeiter zwischen den Sektoren der Verbrauchs- und Investitionsgüterproduktion zu vollziehen, da ja die Gesamtnachfrage nach Arbeit nicht fällt und die Zinsveränderung als Veränderung der Produktionskosten der Investitionsgüter ausreichend ist.

Der zur Aufnahme zusätzlichen Angebots von Ersparnissen erforderliche Zinsfall wird als gering angesehen, selbst wenn nicht durch technische Neuerungen, Bevölkerungsvermehrung etc. ohnehin ein Zusatzbedarf an Kapitalgütern besteht, welcher die Nachfragekurve hebt.

Diese in ihren allgemeinsten Zügen dargestellte Lehrmeinung, die im einzelnen viele Abweichungen, Weiterentwicklungen und Sonderformen aufweist, unterstellt, daß

1. das Geld nur als Tauschmittel verwendet, also weder gehortet noch enthortet wird,

2. als Kreditquelle nur die Ersparnisse aus Einkommen zur Verfügung stehen,

3. diese das Ausmaß der für Investierungen verfügbaren Faktoren unverfälscht widerspiegeln,

4. Sparen und Investieren ausreichend zinselastisch sind, um den Zins als Ausgleichsfaktor wirkam zu machen.

3. Natürlicher Zins, Marktzins und der Wicksell'sche Prozeß

Eine wesentliche, namentlich für die Konjunkturtheorie bedeutsame Weiterentwicklung vom klassischen Ansatz aus geschah durch Knut Wicksell (Geldzins und Güterpreise. Jena 1898, ähnlich schon: Henry Thornton, Nature of the Paper Credit of Great Britain. 1802). Der Marktzins kann vom „natürlichen Zinssatz", von ihm verstanden als jener, der im klassischen Sinne das Angebot von Ersparnissen mit der Nachfrage nach Krediten für Investitionszwecke ausgleicht, abweichen, weil die Banken nicht einfach die ihnen anvertrauten Ersparnisse als Kredit weiterreichen, sondern durch Kreditschöpfung und -vernichtung den Umfang des Kreditangebotes und den Marktzins zu variieren vermögen. Das löst nach Wicksell einen „kumulativen Prozeß" („Wicksell'scher Prozeß") in Aufwärts- oder Abwärtsbewegung aus, der anhält, bis der Unterschied zwischen natürlichem und Marktzins beseitigt ist. Auf dem Boden der Klassik bleibt Wicksell durch die Annahme, daß dieser Prozeß nur das Preisniveau bzw. den Geldwert betrifft, während das Beschäftigungsniveau — abgesehen von Anpassungsverzögerungen — durch das Vollbeschäftigungstheorem bestimmt ist.

Wollen die Banken zusätzliche Kredite über die Ersparnisse hinaus unterbringen, so müssen sie den Marktzins senken. Da nun der Zinssatz für die Rentabilität der Investierungen mitbestimmend ist, werden zusätzliche Investierungen lohnend und von den Unternehmungen eingeleitet, ohne daß — im Gegensatz zu Krediten aus erspartem Einkommen — auch reale Produktionsfaktoren in entsprechendem Umfang freigestellt sind. Vielmehr halten die Verbrauchsgüterproduzenten ihre Faktoren fest, da sie ja keine Abnahme, sondern sogar durch Lohnerhöhungen in den Investitionsgüterindustrien eine Zunahme der Nachfrage erleben. Im Wettbewerb um die zu knappen Faktoren steigen deren Preise, und zwar fortgesetzt, weil die auf Grund der erhöhten Einkommen wachsende Nachfrage eine fortgesetzte Abwälzung auf erhöhte Güterpreise ermöglicht. Diese Bewegung hält an, solange der Geldzins unter dem natürlichen Satz liegt, und Investitionen einen höheren Ertrag als den Zins versprechen. Sie endet, weil die Banken im Prozeß der fortgesetzten Geldschöpfung durch den wachsenden Bedarf an Bargeld — gedacht ist an Goldgeld bzw. goldgedeckte Noten — ihre Reserven verlieren, daher zur Abwehr den Zins heraufsetzen müssen. Dann nimmt die Geldnachfrage ein Ausmaß an, welches mit dem echten Sparen übereinstimmt, der kumulative Prozeß geht bei höherem Preisniveau zu Ende. — Würden die Banken zwecks Anreicherung ihrer Reserven den Geldzins über dem natürlichen Satz halten, so verläuft ein entsprechender Prozeß in entgegengesetzter Richtung in Form ständigen Preisfalles, bis die Banken wegen der fortgesetzten Aufstockung ihrer Reserven den Zinssatz senken. — Die Einzelheiten des von Wicksell sorgfältig analysierten Vorgangs bleiben hier unbehandelt.

Bei Wicksell hat also der „natürliche" bzw. „reale" Zins für das System die Leitbedeutung, er ist entscheidend und bestimmt das Systemgleichgewicht. Der monetäre Zinssatz kann zwar von ihm abweichen, aber nicht auf die Dauer, und er kann die Gleichgewichtslage des Systems in realen Größen nicht verändern.

4. Kaufkraft des Geldes und Planung der Kassenhaltung

Im Wicksell'schen Prozeß wird unterstellt, daß der Bedarf an Geld mit dem Bedarf an Tauschmitteln gleichzusetzen ist. Neuere Ausgleichstheoreme suchen zu zeigen, daß auch die Planung derjenigen Kassenhaltung, welche die Verwendung des Geldes als Mittel zur Vermögenshaltung berücksichtigt, mit dem Ausgleichstheorem, d. h. der angenommenen Tendenz zum Gleichgewicht mit Vollbeschäftigung, zu vereinbaren sei. (Vgl. zur Planung der Kassenhaltung: Bd. III, Kap. V, § 2.)

Ist M die gesamte Geldmenge, so kann diese mit dem Gesamtumsatz einer Periode, ausgedrückt durch $\Sigma p_i q_i$ $(i = 1, 2, \ldots, n)$, verbunden werden durch die Gleichung: $M = k\Sigma p_i q_i$, bzw. $k = \frac{M}{\Sigma p_i q_i}$ (sog. „Marshall'sches k"), wobei p_i und q_i die Preise bzw. Mengen der Güter $i = 1, 2, \ldots, n$ bezeichnen und k die durchschnittliche Kassenhaltung bezogen auf den Umsatzwert ausdrückt. k ist identisch mit dem reziproken Wert der Umlaufsgeschwindigkeit des Geldes. Ist M gegeben, so verändert sich k entgegengesetzt zur Höhe des Gesamtumsatzes, wird also größer, wenn der Gesamtumsatz kleiner wird. Das heißt: bei kleinerem Umsatzwert und gleicher Geldmenge muß die Umlaufgeschwindigkeit des Geldes geringer, die durchschnittliche Kassenhaltung bezogen auf den Umsatzwert größer sein.

Das ist zunächst nur der Ausdruck der notwendigen Gleichheit der Summe aller Kassenhaltungen mit der gegebenen Geldmenge. Es wird aber die Höhe der Kassenhaltung von den Wirtschaftssubjekten selbständig geplant, und es wird unternommen, durch Auf- oder Abbau der Kassenhaltung die geplante Höhe zu realisieren. Nun kann aber bei gegebener Geldmenge der Betrag der Einheiten an Zahlungsmitteln in einer Kasse nur in dem Maße erhöht, wie andere Kassen verringert werden, und umgekehrt. Gleichen sich diese individuellen Planungen im Saldo nicht aus, so führt der Überschuß des Angebots von bzw. der Nachfrage nach Geld zur Kassenhaltung zu überschüssiger Nachfrage nach bzw. überschüssigem Angebot von Gütern, wodurch die Güterpreise steigen bzw. fallen. Demnach: allgemeine Tendenz zum Aufbau der Kassenhaltung führt zum Fallen des Preisniveaus bzw. steigendem Geldwert, allgemeine Tendenz zum Abbau der

Kassenhaltung zum Steigen des Preisniveaus bzw. fallendem Geldwert. Ohne daß sich die Geldmenge zu ändern braucht, verändert sich also die Kaufkraft, d. h. der „reale Wert" der gegebenen Geldmenge unter dem Einfluß der geplanten Höhe der Kassenhaltungen.

Nun wird unterstellt, daß die Wirtschaftssubjekte keiner unbegrenzten „Geldillusion" unterliegen, d. h. daß sich ihre Planung der Höhe ihrer Kassenhaltung nicht orientiert an einer starren Geldmenge, sondern auf die Kaufkraft einer bestimmten Geldmenge bezogen ist.

Der Ausdruck Geldillusion wurde von Irving Fisher (The Money Illusion. London 1928) geprägt als „fehlendes Begreifen, daß der Dollar oder irgendeine andere Geldeinheit im Werte zunimmt oder schrumpft."

Ändert sich also der Geldwert, so verändert sich die Höhe der geplanten Kassenhaltung gemessen an der Zahl der gehaltenen Geldeinheiten. Wenn bei unveränderten Umsatzmengen z. B. alle Preise fallen, wird vorher für die Durchführung der Transaktionen benötigtes Geld überschüssig und erscheint in den Kassen als passives Geld. Hierbei hat die erwartete Entwicklung des Geldwertes Bedeutung: es wird jeweils als Vermögenshaltung dasjenige gewählt werden, dessen Werterhöhung erwartet wird, so daß bei erwarteter Erhöhung des Geldwertes Güter verkauft, bei erwarteter Preiserhöhung, also Geldwertsenkung, Güter gegen Geld gekauft werden. Ist die Erwartung allgemein und gleichsinnig, so wird durch das entsprechende Verhalten die Realisierung der gehegten Erwartung gefördert, wobei diejenigen Wirtschaftssubjekte benachteiligt sind, welche am längsten an der Geldillusion festhalten. Dieser Umstand trägt wesentlich zur Entwicklung kumulativer Prozesse bei. Indessen kann die Bewegung nicht unbegrenzt in einer Richtung verlaufen, es kann der Geldwert weder unendlich groß noch unendlich klein werden. Hieran knüpfen die Ausgleichstheoreme an.

5. Pigou-Effekt und Keynes-Effekt

Wenn Preise und Löhne mit ausreichender Beweglichkeit auf unzureichende Nachfrage reagieren, d. h. fallen, so erhöht sich der reale Wert einer gegebenen Kassenhaltung. Ist die geplante nun orientiert am realen Wert des Geldes, so wird ein Teil der Kassenhaltung „überschüssig" und wird abgebaut werden: entweder durch zusätzliche Nachfrage nach Gütern („Pigou-Effekt") oder durch zusätzliche Nachfrage nach Wertpapieren und Bankguthaben („Keynes-Effekt"). Somit tritt eine der fallenden Nachfrage entgegengesetzte Tendenz auf, welche die rückläufige Bewegung der Preise zum Stoppen und zur Umkehr bringt; in strenger Modellbetrachtung: bis das System Vollbeschäftigung aufweist. Hierfür ist allerdings Voraussetzung, daß das Preisniveau zum Fallen tendiert, solange überhaupt überschüssiges Angebot an Arbeitsleistungen oder Gütern vorliegt (in der Fassung gemäß Kap. I, § 2, Ziff. 3: solange $X \neq 0$).

Der „Pigou-Effekt" („real-balance effect") (A. C. Pigou, Employment and Equilibrium. 2. Aufl. London 1949 [1941]) argumentiert mit der durch Abbau der Kassenhaltung verursachten zusätzlichen Nachfrage auf den Gütermärkten und zieht die Tatsache in Betracht, daß der Vermögenszuwachs der Haltung von barer Kasse durch die Wertsteigerung des Geldes Einfluß auf die Sparneigung hat.

Wird gemäß den verwendeten Einkommensgleichungen das Ungleichgewicht als im Verhältnis zum Sparen zu geringes Investieren bestimmt, so wird mit der genannten Annahme die Sparfunktion verändert: die Höhe des geplanten Sparens ist abhängig von der Höhe des Einkommens, außerdem aber von dem realen Wert des Geldes, ausgedrückt durch die Relation Geldmenge M zu Preisniveau P. Die Sparfunktion wäre demnach $S = S\left(Y, \frac{M}{P}\right)$. Zwar wird auch der reale Wert der gehaltenen Obligationen, welche der Summe nach bestimmte Ansprüche auf Geld verkörpern, geändert, jedoch ist zu beachten, daß dem erhöhten Wert der Forderungen ein entsprechend erhöhter Wert der Verpflichtungen der Schuldner aus den Obligationen entspricht. Faktisch wird sich also der Netto-Effekt vor allem auf die bare Kassenhaltung beziehen, da der (durch die Zentralbank vertretene) Staat als „Schuldner" (bzw. die Steuerzahler) aus dem umlaufenden Geld keine derartige Vermögensrechnung aufstellen. Der so durch Geldwertsteigerung den Kassenhaltern zuwachsende Vermögenswert wird sie veranlassen, ihr Sparen aus Einkommen zu reduzieren, d. h. ihre wirksame Nachfrage nach Gütern zu erhöhen.

Der „Keynes-Effekt" (so bezeichnet, weil Keynes diesen Effekt untersucht, ihn indessen nicht für ausreichend zur Sicherung der Vollbeschäftigung hält) fußt auf der Annahme, daß der Geldzins den Wunsch des Publikums nach Kassenhaltung als Form der Vermögensanlage („Spekulationsmotiv") mit der dafür verfügbaren Geldmenge in Übereinstimmung bringt (vgl. Bd. III, Kap. V). Der Rückgang der Preise bei vorliegendem Überschußangebot vermindert den Bedarf an Kassenhaltung für Transaktionszwecke, macht also Geld für „passive" Kassenhaltung verfügbar, so daß bei gegebener Liquiditätsneigung der Zins fallen muß, weil die Kassenhalter verstärkt Wertpapiere nachfragen.

Wird das überschüssig gewordene Geld zur Rückzahlung von Bankkrediten verwendet oder in Bankdepositen angelegt, so werden die Banken liquider und senken den Geldzins.

Sofern nun die Investierung nicht zinsunelastisch ist, wird der fallende Zins die Investierungen erhöhen, daher zusätzliche Nachfrage auf den Märkten für Güter und Arbeitsleistungen bewirken.

Analog für eine inflatorische Preisbewegung: sie erhöht den Bedarf an Transaktionsmitteln, wird daher (wenn die Vermehrung der Geldmenge hinter der Preissteigerung zurückbleibt) den Zins erhöhen. Das könnte die Investierungen drosseln und damit die Inflation bremsen, wenn die Investierungen ausreichend zinselastisch wären.

a) Beide Effekte sind nur unter Modellbedingungen ausreichend wirksam. In der Realität ist die vorausgesetzte Reagibilität der Preise und Löhne nicht vorhanden.

b) Die Argumentation ist statisch, d. h., es wird namentlich die Erwartungsbildung für die Wirksamkeit der Tendenzen ausschlaggebend sein. (Vgl. Elastizität der Preiserwartungen. Bd. II, Kap. VI, § 3, Ziff. 4.) Die angenommene Reaktion auf eine Erhöhung des Geldwertes als Zunahme des realen Vermögens setzt voraus, daß der Fall der Preise als dauernd anhaltender neuer Geldwert erwartet wird. Die Frage, wie der Gleichgewichtszustand wäre, wenn das Niveau der Löhne und Preise tiefer wäre, als es der Fall ist, kann nicht gleichgesetzt werden der anderen, wie die Wirtschaft auf eine Preis- und Lohnsenkung reagiert. (Vgl. Bd. III, Kap. II, § 4.)

c) Im besonderen gilt für den Keynes-Effekt, daß durchweg die Investierungen stärker durch die Bildung der Erwartung über den Grenzertrag der Investierungen bestimmt sind als durch den Zins. (Vgl. Bd. III, Kap. IV, § 3.)

d) In bezug auf die Investierungen wirkt sich ferner aus, daß der monetäre Zins nach der anzunehmenden Form der L_2-Kurve (Bd. III, Kap. V, § 2) nicht unter einen Mindestsatz herabzudrücken ist, während die erwarteten Grenzerträge zusätzlicher Investierungen insbesondere bei fallenden Preisen negativ werden können, dies namentlich auch durch die Wirkung des Akzelerators.

e) Erwartete Preissteigerung erhöht andererseits die erwartete Rendite einer Investierung r und ermöglicht damit einen Ertrag, der höher ist als der gegebene Geldzins i. Wenn bei Investierung einer Geldsumme P für ein Jahr ohne Preissteigerung die Rendite r erwartet wird, die gleiche Geldsumme zum Marktzins i angelegt werden könnte, so ist Gleichgewicht bei $P\,(1 + r) = P\,(1 + i)$. Bleibt der Geldzins i unverändert, wird aber eine Preissteigerung für das investierte Gut von P auf P' erwartet, so wird die Gleichgewichtsbedingung:

$$P\,\left(\frac{P'}{P} + r\right) = P\,(1 + i), \text{ woraus: } r + \frac{P' - P}{P} = i.$$

Der „reale“ Zins r wird um die Rate der Preissteigerung erhöht.

Die Argumente des Pigou-Effekts und Keynes-Effekts rechtfertigen daher nach allgemeiner Auffassung nicht die Annahme einer ausreichend wirksamen Tendenz des Systems zur Vollbeschäftigung, im besonderen nicht eine Wirtschaftspolitik, welche Depressionen durch allgemeinen Druck auf Preise und Löhne zu bekämpfen sucht.

6. Beschäftigungsmenge und Systemgleichgewicht

Die oben (§ 3, Ziff. 4) vorgenommene Darstellung des Systemgleichgewichts kann mit gewissen Veränderungen des Ansatzes von Keynes zu einer Form erweitert werden, die zuweilen als „Neo-Keynesianismus" bezeichnet wird. Zu den bisher behandelten Bedingungen, daß bei Systemgleichgewicht

1. Sparen und Investieren im Gleichgewicht sein müssen,
2. Geldmenge und geplante Höhe der Kassenhaltung gleich sein müssen,

wird hinzugefügt:

3. die zum realen Lohn angebotene Arbeitsmenge muß der zu diesem Lohn nachgefragten gleich sein.

Die Analyse bleibt kurzfristig, weil die Kapitalausstattung als gegeben angenommen wird. Die Höhe des Gesamteinkommens ist also nur Funktion der Einsatzmenge an Arbeit.

Die Bedingungen zu 1. und 2. können in gleicher Weise wie oben bestimmt werden durch

$$S(Y) = I(i) \qquad (1)$$
$$\text{und} \quad M = L(Y, i) \qquad (2)$$

Die sich hieraus ergebende Höhe des Einkommensgleichgewichts ist in der Abb. 8 im Quadranten I als sogenanntes „Hicks-Diagramm" dargestellt, statt der oben verwendeten Form mit vier Quadranten.

Jeder Punkt der I,S-Kurve bedeutet ein Gleichgewicht von I und S gemäß der obigen Gleichung S(Y) = I (i), also Kombinationen von Y und i, bei denen die Gleichgewichtsbedingung $I \overset{!}{=} S$ erfüllt ist.

Die L,M-Kurve ist durch die Gleichgewichtsbedingung $L \overset{!}{=} M$ bestimmt. Sie stellt bei gegebener Geldmenge M (in realer Kaufkraft $\frac{M}{P}$) die Kombinationen von Einkommenshöhe und Zins dar, bei denen die geplante Kassenhaltung zu Transaktions- und Spekulationszwecken gleich der vorhandenen Geldmenge ist (vgl. Bd. III, Kap. VI, § 3, Ziff. 4).

Gleichzeitige Erfüllung beider Bedingungen ist durch den Schnittpunkt R (i_1; Y_1) beider Kurven gegeben.

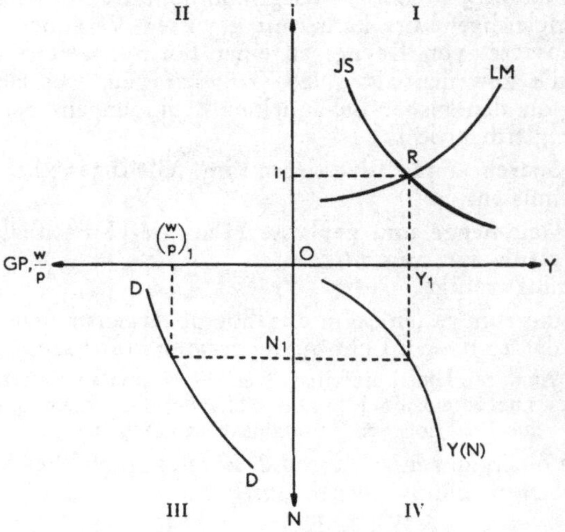

Abb. 8

Im Quadranten IV wird eine Produktionsfunktion $Y = f(N)$ eingezeichnet. Da die Kapitalausstattung als konstant unterstellt ist, wächst das Einkommen Y mit zunehmender Beschäftigungsmenge N, aber mit sinkender Zuwachsrate (Ertragsgesetz). Dem im Quadranten I ermittelten Gleichgewichtseinkommen Y_1 entspricht auf Grund der Produktionsfunktion eine bestimmte Beschäftigungsmenge N_1.

Der Quadrant III enthält eine Nachfragekurve für den Produktionsfaktor Arbeit (DD). Diese Kurve zeigt einen fallenden Verlauf, da die Nachfrage nach Arbeit durch das mit steigender Einsatzmenge abnehmende Grenzprodukt bestimmt ist. Im Gleichgewicht ist der reale Lohn ($\frac{w}{p}$) gleich dem Grenzprodukt. Dieses Gleichgewicht ist dann gegeben, wenn die ermittelte „gleichgewichtige" Beschäftigungsmenge N_1 angeboten und zum „Gleichgewichtslohn" $(\frac{w}{p})_1$ nachgefragt wird.

7. Zusammenfassung

Entgegen der klassischen Annahme, daß es nur die alternative Verwendung von Einkommen entweder zu Verbrauchsausgaben oder zu Investitionsausgaben gibt, muß die dritte Möglichkeit berücksichtigt werden, daß Einkommen zur Erhöhung der Liquidität bzw. des Kassenbestandes („Horten") verwendet wird. Damit ist die „automatische" Übereinstimmung aller Ersparnisse aus Einkommen mit realen Investierungen in Frage gestellt, und die einkommensbestimmende wirksame Nachfrage ist nicht notwendig gleich der Höhe des gebildeten und zur Nachfrage verfügbaren Einkommens.

Nun ist die Höhe der Nachfrage nach Liquidität abhängig von der Höhe des Geldzinses. Bei sehr hohem Zins wird keine zusätzliche Nachfrage nach „passiver" Kassenhaltung auftreten, weil die Kosten als „entgangener Zins" zu hoch sind und die Aussichten auf Gewinne der Nachfrage nach Gütern sowie (bei zu erwartender Zinssenkung) nach Obligationen Anreiz geben. In dieser Lage ist entsprechend der klassischen Annahme erhöhtes Sparen angemessenes Verhalten, weil es erhöhte Investierungen ermöglicht.

In einem Bereich tieferer Zinssätze variiert die Nachfrage nach Liquidität invers zum Zinssatz. Wächst hier die Sparneigung, d. h. fallen die Ausgaben für Verbrauchsgüter, so wird das den Zinssatz drücken und die Investierungen können zunehmen, soweit sie ausreichend zinselastisch sind. Es wird aber u. U. ein sehr erheblicher Fall des Einkommens in Kauf genommen werden müssen, bevor ein ausreichend gefallener Zinssatz in der Tat die Investitionsnachfrage anregt.

Schließlich wird bei sehr tiefem Zinssatz die Nachfrage nach Kassenhaltung unendlich elastisch, d. h., alles durch zusätzliches Sparen dem Kreislauf entzogene Geld wird durch erhöhte Kassenhaltung ohne Wirkung auf den Zins stillgelegt. Denn der Zinsertrag von Obligationen ist zu gering, verstärkte Nachfrage auszulösen, zumal im weiteren Verlauf Zinserhöhungen und damit Kapitalverluste durch Fall der Kurse der Obligationen zu erwarten sind. Wird in solcher Lage die Verbrauchsnachfrage durch zusätzliches Sparen gedrosselt, so kann der dadurch bewirkte Fall des Einkommens nicht durch zusätzliche Investierungen ausgeglichen werden.

Immer bleibt die Erwägung bedeutsam, daß sich der Einfluß des Sparens auf die Investitionsrate nicht allein durch die Veränderung des Zinssatzes erklären läßt, daß vielmehr zusätzliches Sparen abnehmende Nachfrage nach Verbrauchsgütern impliziert. Dies aber kann keineswegs Anreiz zur Durchführung solcher Investierungen sein, welche die Kapazität der Verbrauchsgütererzeugung erhöhen. Sind bereits unbenutzte Produktionskapazitäten vorhanden, so ist zusätzliches Sparen weder zur Bereitstellung weiterer Faktoren für die Investitionsgütererzeugung nötig, noch der Neigung zur Durchführung von Investierungen förderlich.

Kap. III. Staatliche Finanzwirtschaft und Sozialprodukt

§ 1. Prinzipien der Finanzwirtschaft

1. Allgemeines

Die Finanzwirtschaft des Staates und der sonstigen öffentlichen Körperschaften dient der Durchführung der vom Staat zu erfüllenden Gemeinschaftsaufgaben. Zunächst obliegt ihr die haushaltsmäßige Sicherung des „Einklangs von Bedarf und Deckung", d. h. die Beschaffung ausreichender Mittel für die Staatsausgaben. Durch ihre Mittelbeschaffung und -verwendung ist sie so stark in die Volkswirtschaft verflochten, daß sie unvermeidlich Höhe, Verteilung und Entwicklung des Sozialprodukts beeinflußt. Auf diese Auswirkungen beschränkt sich die folgende Darstellung; im übrigen wird auf die Lehrbücher der Finanzwissenschaft verwiesen.

Als fiskalische Prinzipien seien diejenigen verstanden, welche sich auf die haushaltsrechnerischen Gesichtspunkte beziehen und Regeln für die zugelassenen Arten der Mittelbeschaffung und -verwendung festlegen, dies namentlich mit dem Ziel möglichst geringer Belastung der Leistungsverpflichteten und möglichster Sparsamkeit in den Staatsausgaben.

Für die Bundesrepublik sind solche Normen in den Artikeln 112, 113, 115 und 116 des Grundgesetzes sowie in der Reichshaushaltsordnung in der Fassung von 1950 niedergelegt.

Wenn nach der klassisch-liberalen Lehre Normen solcher Art alle von der Volkswirtschaft an die Finanzwirtschaft zu stellenden Forderungen erschöpfen, so ist ausgeschlossen, sie zu einem Instrument der eigentlichen Wirtschaftspolitik zu machen: nicht-fiskalische Zwecke sollen im Sinne der „Neutralität" der Finanzpolitik gegenüber der marktmäßigen Gestaltung der wirtschaftlichen Ablaufsvorgänge nicht zulässig sein. Wirkungen solcher Art sind aber unvermeidlich, und ihre Nichtbeachtung macht die Finanzpolitik nicht „neutral". Bei Berücksichtigung dieser allgemein-wirtschaftlichen Bedeutung der Finanzpolitik kann sie bestimmt werden als „die Lehre von den produktions- und verteilungspolitischen Motiven, Methoden und Wirkungen finanzwirtschaftlicher Maßnahmen aller Art, soweit diese der Sicherung eines möglichst stetigen und — im Rahmen der durch die herrschenden Gerechtigkeitsideale bestimmten Grenzen — möglichst starken Wirtschaftswachstums bei hohem Beschäftigungsgrad sowie annähernd stabilem Geldwert zu dienen bestimmt sind". (F. Neumark, Wo steht die „Fiscal Policy" heute? In: Finanzarchiv Bd. 19. (1959) Hft. 1, S. 49.)

a) Das schon im vorigen Jahrhundert von Adolph Wagner aufgestellte „Gesetz der wachsenden öffentlichen, insbesondere Staatstätigkeit" ist namentlich seit den Kriegen verstärkt wirksam geworden. Der öffentliche Sektor ist ökonomisch vom „Anteilsystem zum Kontrollsystem" (F. K. Mann) verwandelt worden, insofern es sich nicht mehr um einen relativ bedeutungslosen, sondern um einen das Ganze wesentlich bestimmenden Teil der Gesamtwirtschaft handelt.

b) Im Jahre 1963 betrugen bei einem Volkseinkommen (Netto-Sozialprodukt zu Faktorkosten) von 288 Mrd. DM die Einnahmen des Bundes, der Länder und des Lastenausgleichsfonds aus Steuern 91,6 Mrd. DM.

Die Durchführung einer solchen Finanzpolitik fordert ihre Konformität mit den sonstigen wirtschaftspolitischen Maßnahmen, namentlich der Geldpolitik, und den Verzicht auf starre fiskalische Regeln (wie jährlicher Haushaltsausgleich, beschränkte Zulässigkeit staatlicher Kreditaufnahme), sofern diese die erstrebten allgemeinwirtschaftlichen Effekte der finanzwirtschaftlichen Maßnahmen unmöglich machen oder hemmen.

Solche Hemmungen können weiter sein:

a) Starkes Vorwiegen fiskalischer Prinzipien und geringer Einfluß der neueren wissenschaftlichen Erkenntnisse auf Parlament und Ministerien;

b) Mißtrauen der Öffentlichkeit gegen eine „planende" und „instrumentale" Finanzpolitik als Gefährdung der als höchstes Ziel betrachteten Begrenzung und Einschränkung der Besteuerung;

c) mangelnde Koordinierung der zahlreichen einzelnen öffentlichen Haushalte zu einer einheitlichen Finanzpolitik;

d) Förderung spezieller Interessen mit steuerlichen und ausgabedirigistischen Maßnahmen unter Zurückdrängung der gesamtwirtschaftlichen Orientierung und Systemkonformität.

Die Finanzpolitik bleibt dabei aber immer gehalten, sich an dem Prinzip der Bedarfsdeckung des Staates zu orientieren und sich im Rahmen der marktwirtschaftlichen Ordnung zu bewegen.

Das schließt z. B. eine Besteuerung aus, deren Ziel die Überführung privaten Einkommens an den Staat zwecks Konzentration der Vermögensbildung in öffentlicher Hand ist. Ferner sind finanzpolitische Methoden ausgeschlossen, die zum Instrumentarium einer Zentralverwaltungswirtschaft gehören, etwa die geplante inflatorische Geldentwertung zwecks Finanzierung öffentlicher Investierungen durch „Zwangssparen".

2. Funktionale und kompensatorische Finanzpolitik

Eine planvolle Gestaltung der Staatseinnahmen und -ausgaben mit dem Ziel der Einwirkung auf Produktion und Beschäftigung war früher kein anerkanntes finanzpolitisches Prinzip.

Bei Begrenzung der Steuern auf die Deckung unabweislicher Staatsausgaben und der staatlichen Anleihen auf „produktive" Verwendung war auch die Theorie der Finanzwirtschaft hauptsächlich mit dem Problem der Gerechtigkeit und Gleichmäßigkeit der Steuerbelastung, der Steuerüberwälzung etc. beschäftigt, behandelte aber weniger die Rückwirkungen auf das gesamtwirtschaftliche Geschehen. Anerkannt war nur das Bemühen um eine „antizyklische" Vergebung der öffentlichen Aufträge, soweit diese einem echten Staatsbedarf entsprachen.

Ein Wandel wurde angebahnt durch die große Depression der dreißiger Jahre und neuere wissenschaftliche Lehren.

Die radikalste finanzpolitische Folgerung aus der neueren Beschäftigungstheorie wird in der von Abba P. Lerner entwickelten Lehre der „funktionalen Finanzpolitik" („functional finance") gezogen, nämlich der ausschließlichen Ausrichtung der als Einheit betrachteten staatlichen Finanz- und Geldpolitik auf die gesamtwirtschaftlich gewollten Wirkungen unter Preisgabe der sog. fiskalischen Maximen.

„Der zentrale Gedanke ist, daß die fiskalische Politik der Regierung, ihr Geldausgeben und ihr Steuererheben, ihr Borgen und ihr Zurückzahlen von Schulden, ihr Schaffen und ihr Einziehen von Geld nur durchzuführen ist mit dem Blick auf die Ergebnisse dieser Maßnahmen für die Wirtschaft und nicht mit dem Blick auf irgendwelche starren traditionellen Regeln darüber, was gesund oder ungesund sei. Dieses Prinzip, nur nach den Wirkungen zu urteilen, ist auf vielen anderen Gebieten menschlicher Aktivität zur Anwendung gebracht worden, wo es als wissenschaftliche Methode im Gegensatz zu Scholastizismus bekannt ist. Das Prinzip, fiskalische Maßnahmen nach der Art zu beurteilen, wie sie in der Wirtschaft wirken (function), kann „functional finance" genannt werden." (A. P. Lerner, Functional Finance and the Federal Debt. (1943). Abgedr. in: Readings in Fiscal Policy. London 1955, S. 469).

Richtlinie soll die Beeinflussung der Höhe der gesamten wirksamen Nachfrage zur Sicherung des Vollbeschäftigungsniveaus sein. Steuern werden nicht an der Deckung des öffentlichen Bedarfs bemessen, sondern dienen der Regulierung der Höhe der privaten Nachfrage. Anleihen und Geld schafft und tilgt der Staat je nach der beschäftigungspolitisch erwünschten Beeinflussung des Zinses und der Liquiditätspräferenz und damit der Höhe der privaten Investierungen.

Der weniger radikale Gedanke einer „kompensatorischen Finanzpolitik" hat wissenschaftlich größere Anerkennung gefunden und beeinflußt auch die praktische Finanzpolitik. Diese Politik läuft — bei grundsätzlicher Anerkennung des Vorranges haushaltsmäßiger Gesichtspunkte der sparsamen Deckung des Ausgabenbedarfs — auf eine solche Gestaltung der Höhe der Staatseinnahmen und -ausgaben hinaus, daß Lücken bzw. Überschüsse der privaten Nachfrage möglichst „kompensiert" werden, um einen bestimmten Zustand der gesamten wirtschaftlichen Tätigkeit zu erreichen, bzw. vor Änderungen zu bewahren.

„Die erste finanzielle Verantwortung der Regierung (da niemand sonst diese Verantwortung übernehmen kann) ist, die Gesamtausgaben für Güter und Dienste in einem Lande weder größer noch kleiner werden zu lassen als jene Größe ist, bei der zu den gegebenen Preisen alle Güter, die produziert werden können, gekauft werden. Wird zugelassen, daß die Gesamtausgaben darüber hinausgehen, so wird Inflation erfolgen, und wenn sie darunter bleiben, folgt Arbeitslosigkeit. Die Regierung kann die Gesamtausgaben erhöhen, indem sie selbst mehr ausgibt oder indem sie die Steuern herabsetzt, so daß die Steuerzahler mehr Geld für Ausgaben behalten. Sie kann die Gesamtausgaben vermindern, indem sie selbst weniger ausgibt oder indem sie die Steuern erhöht, so daß die Steuerzahler weniger Geld für Ausgaben haben. Durch diese Mittel kann die Gesamtausgabe auf der geforderten Höhe gehalten werden, wo sie ausreicht, alle Güter zu kaufen, die von allen produziert werden, die arbeiten wollen, und die doch nicht Inflation bewirkt, weil (zu den gegebenen Preisen) mehr nachgefragt wird als produziert werden kann." (A. P. Lerner, Functional Finance and the Federal Debt. (1943). Abgedr. in: Readings in Fiscal Policy. London 1955, S. 469.)

Soweit beschäftigungspolitische Ziele der Finanzpolitik neben denen sparsamer und fiskalisch geordneter Haushaltsgestaltung anerkannt werden, kann das Prinzip des Haushaltsausgleichs und der nur begrenzt zulässigen Staatsverschuldung nicht beibehalten werden, denn der Ausgleich des Volumens der Gesamtnachfrage mit dem Produktionspotential, nicht der Ausgleich des Haushalts wird angestrebt. — Nicht nur die absolute Höhe, sondern auch die Zusammensetzung der privaten Ausgaben kann im Sinne solcher Ausgleichsfunktion beeinflußt werden, z. B. durch Verlagerung der Steuerlast zwischen direkten und indirekten Steuern zwecks Einflußnahme auf die Höhe der Verbrauchsausgaben und des Sparens.

Grundsätzlich kann aber die Finanzpolitik nicht als bloße Ausgleichspolitik in dem Sinne charakterisiert werden, daß sie Lücken und Überschüsse der Nachfrage des privaten Sektors zu kompensieren habe. Denn sie tritt nicht subsidiär zum Wirtschaftsgeschehen hinzu, sondern ist auch bei autonomer Gestaltung völlig in den Wirtschaftsablauf verflochten und kann selbst Ursache für Zustände des Ungleichgewichts sein.

3. Das Postulat des Haushaltsausgleichs

Einer geplanten Bildung von Überschüssen oder Defiziten des staatlichen Haushalts zwecks Einflußnahme auf die Gesamthöhe der wirksamen Nachfrage steht die vielfach auch rechtlich festgelegte Norm gegenüber, daß der in der Regel für ein Jahr aufgestellte Haushaltsplan („Etat") in Einnahmen und Ausgaben ausgeglichen zu sein habe. Gemeint ist ein struktureller (nicht nur rechnungsmäßiger) Ausgleich: die Deckung der „regulären" Ausgaben durch reguläre Einnahmen, namentlich Steuern; Begrenzung der Einnahmenbeschaffung durch Anleihen auf bestimmte, namentlich „produktive" Ausgabenzwecke („rentable" Investierungen); gelegentlich auch die weitergehende Forderung, daß Staatsschulden, die durch außergewöhnliche Umstände verursacht waren (z. B. Kriegsführung), möglichst bald wieder zu tilgen seien.

Die Begründung war bei den Klassikern teilweise politisch: Mißtrauen gegen den Staat und die Möglichkeit seines Ausweichens vor der parlamentarischen Kontrolle bei Steuergenehmigungen in Kreditaufnahmen, damit Ausdehnung der Staatstätigkeit. Ökonomisch wurde argumentiert, daß Staatsanleihen Kapital der „produktiven" Verwendung entzögen, Zinsbelastung den Haushalt unbeweglicher und die Staatsausgaben teurer mache u. ä. In neuerer Zeit wurde auf den zusätzlichen Charakter von durch Kreditschöpfung finanzierten Staatsanleihen und -ausgaben hingewiesen, da diesen nicht notwendig, wie bei durch Besteuerung finanzierten Ausgaben, eine Einschränkung der privaten Nachfrage gegenüberstehe, was zu inflatorisch überhöhter Gesamtnachfrage führen könne.

Hat die Finanzierung der staatlichen Ausgaben durch Besteuerung die Aufgabe, die private Nachfrage nach Produktionsmitteln bzw. Gütern in dem Maße einzuschränken, wie diese vom Staat beansprucht werden, so ist offenbar der Zustand der Vollbeschäftigung angenommen. Besteht dieser nicht, dann beeinträchtigt die Inanspruchnahme freier Faktoren durch den Staat nicht die privaten produktiven Möglichkeiten, diese werden im Gegenteil durch die einkommensbildenden Effekte der Staatsnachfrage erhöht. Der Finanzierung solcher Staatsausgaben durch öffentliche Anleihen statt durch Steuern stehen demnach insoweit keine grundsätzlichen Bedenken gegenüber; auch die Beanspruchung des Kapitalmarktes schmälert bei der angenommenen Lage nicht die Möglichkeiten privater Investierungen. Umgekehrt würde bei Überbeschäftigung die Entziehung von privater Kaufkraft durch geplante Bildung von Haushaltsüberschüssen gerechtfertigt sein. — Dem entgegen tendiert das Postulat des jederzeitigen Haushaltsausgleichs zu einer Verschärfung der konjunkturellen Ausschläge, wenn rückläufigen Steuereinnahmen in der Depression durch Einschränkung der Staatsausgaben und Erhöhung der Steuertarife, Überschüssen in der Hochkonjunktur durch deren Senkung oder erhöhte Ausgaben Rechnung getragen wird, zumal dies auch zu einer Minderung bzw. Erhöhung des privaten Nachfragepotentials führt.

Die Ausgleichsvorschrift hat nicht verhindern können, daß je nach der Wirtschaftslage Fehlbeträge bzw. Überschüsse im Haushalt entstehen, mit der Wirkung erhöhter Verschuldung einerseits, Bildung von Fonds andererseits. Haushaltstechnisch wird dann durch bestimmte Verfahren wie Rückgriffe auf Reserven und Bildung von Rücklagen der Ausgleich des Haushalts formal gewahrt.

Das Postulat kann aufgelockert werden, wenn der Ausgleich statt alljährlich über den Zyklus einer Konjunktur hinweg zugelassen wird: die in der Depression aufgenommenen Schulden sind aus den Überschüssen in der Hochkonjunktur wieder zu tilgen („anti-zyklischer Haushalt'). Die Durchführung dieses Prinzips setzt aber eine Regelmäßigkeit und Voraussehbarkeit des zyklischen Ablaufs voraus, welche praktisch nie gegeben ist.

Ein der Tendenz nach ähnlicher Vorschlag unterscheidet einen „Plafonds-" oder „Normaletat", aufgebaut auf Einnahmen und Ausgaben bei hoher, aber nicht inflatorischer Beschäftigungslage, von dem Zusatzbedarf bzw. Überschuß bei unregulärer Beschäftigungslage.

4. Finanzpolitik mit unausgeglichenem Staatshaushalt

Bei Verzicht auf alljährlichen Haushaltsausgleich können beschäftigungspolitische Wirkungen erzielt werden durch:

1. die Folgen der „passiven Konjunkturempfindlichkeit" der öffentlichen Einnahmen und Ausgaben, die so als „automatische Stabilisatoren" fungieren („built-in flexibility");

2. konjunkturausgleichende Veränderungen öffentlicher Einnahmen und Ausgaben, die vorher beschlossen sind und durch die Verwaltung durchgeführt werden, wenn bestimmte „Indikatoren" vorliegen („formula flexibility");

3. der vorliegenden Wirtschaftslage gemäß beschlossene Änderungen von Einnahmen und Ausgaben („discretionary measures").

Passiv konjunkturempfindlich und dabei konjunkturausgleichend sind die öffentlichen Haushalte, weil das Steueraufkommen in der Hochkonjunktur steigt, daher Kaufkraft verstärkt entzogen wird, während in der Depression gewisse Staatsausgaben steigen, namentlich soziale Leistungen, und die relative Belastung der Bruttoeinkommen durch direkte Steuern fällt. Die Wirkung für die Höhe der privaten Nachfrage ist davon abhängig, daß die sich bildenden Überschüsse des Staatshaushalts stillgelegt und nicht zu erhöhten Staatsausgaben verwendet werden, andererseits in Depressionen das Auftreten von Defiziten zugelassen und nicht durch erhöhte Steuern die gestiegenen Ausgaben gedeckt und die verminderten Einnahmen ausgeglichen werden.

a) „Eine bequemere und gegen Fehlentscheidungen besser gesicherte Methode der finanzwirtschaftlichen Konjunkturbeeinflussung im Sinne einer Dämpfung der Ausschläge läßt sich kaum denken. Keine Stelle braucht in Aktion zu treten, und die nachfragebeeinflussende Wirkung tritt erst ein, wenn tatsächlich eine Expansions- oder Kontraktionsbewegung im Gang ist." (H. Haller, Finanzpolitik. Grundlagen und Hauptprobleme. Tübingen/Zürich 1957, S. 153.)

b) Die automatische Flexibilität ist um so stärker, je weniger die voraussichtliche Konjunkturentwicklung bei der Aufstellung des Haushalts berücksichtigt wird, je größer der Anteil des Staatshaushalts am Sozialprodukt und im Staatshaushalt der Anteil der konjunkturempfindlichen Einnahmen und Ausgaben ist, ferner je progressiver die Einkommensbesteuerung ist (gemessen an der Differenz zwischen durchschnittlicher und marginaler Besteuerung) und je geringer die zeitliche Verzögerung zwischen Entstehen der Steuerschuld und der Steuererhebung ist.

Maßstab für den Grad der Flexibilität kann sein der Quotient aus Änderungen der Staatseinnahmen bzw. Staatsausgaben und Änderung des Volkseinkommens bzw. die Differenz zwischen Veränderung des Einkommens vor und nach Besteuerung.

Die Flexibilität kann verstärkt werden durch entsprechenden Umbau der Steuer- und Ausgabenstruktur. Gleichwohl wird sie bei konjunkturellen Schwankungen größeren

Umfangs nicht ausreichen. Es kann beschlossen werden, daß bei Vorliegen bestimmter Indikatoren (etwa festgelegter Prozentsatz der Arbeitslosigkeit, Index der Bautätigkeit etc.) gewisse Änderungen der Staatseinnahmen (etwa Erhöhung des steuerfreien Einkommens, Senkung der Steuertarife, der Beitragssätze der Sozialversicherung etc.) oder der Staatsausgaben (z. B. Durchführung vorbereiteter öffentlicher Bauvorhaben, erhöhte Unterstützungssätze für Arbeitslose) in Kraft treten („Quasi-Automatik").

Schließlich ist von diskretionären Maßnahmen zu sprechen, wenn durch besondere Beschlüsse Einnahmen und Ausgaben im Sinne konjunkturellen Ausgleichs geändert werden. In der Regel wird aber zur Beschlußfassung und zur Durchführung erheblicher Zeitaufwand erforderlich sein, was die Wirkung verzögert, vielleicht sogar verfehlen läßt.

5. Konjunkturgerechte und wachstumsgerechte Finanzpolitik

Werden Ausgleich konjunktureller Schwankungen und Förderung des langfristigen Wachstums als Ziele der Finanzpolitik aufgestellt, so ergibt sich zunächst aus der marktwirtschaftlichen Ordnung, daß die operative Bedeutung der marktwirtschaftlichen Impulse und Funktionen möglichst gewahrt und gefördert werden soll. Damit wird unterstellt, daß die Marktwirtschaft in ausreichendem Maße Wachstumsimpulse aufnehmen und mit ausreichender Stetigkeit verarbeiten kann, so daß die Wirtschaftspolitik eine solche Tendenz zwar unterstützen und sichern kann, aber sie nicht zu erzwingen braucht, was eine marktwirtschaftlich orientierte Wirtschaftspolitik überfordern würde.

Die Vermeidung konjunkturell und wachstumsmäßig nachteiliger finanzwirtschaftlicher Maßnahmen ist daher ein erstes Ziel. Es ist auszudehnen durch die Forderung, daß bei allen wirtschaftspolitischen Maßnahmen die konjunkturellen und wachstumsmäßigen Rückwirkungen zu beachten sind und insoweit die Wirtschaftspolitik einheitlich sein sollte.

Die marktwirtschaftlichen Anpassungen setzen ein Mindestmaß von Preisbeweglichkeit und Umsetzungen voraus. Diese dürfen nicht durch eine zu starre Fassung des Vollbeschäftigungspostulates gehindert werden, während andererseits anzuerkennen ist, daß Schwankungen größeren Ausmaßes bzw. allgemein depressive Zustände keine marktwirtschaftlich notwendige Ausgleichsfunktion erfüllen und daher eine Ausgleichspolitik des Staates rechtfertigen. Die Verhinderung depressiver Entwicklungen ist sowohl konjunktur- wie wachstumsgerecht.

Die Übereinstimmung der Stetigkeits- mit Wachstumspolitik wird in Zeiten der Hochkonjunktur zu einem besonderen Problem, da eine Bremsung inflatorischer Entwicklungen notwendig ist, diese aber nicht bis zur Behinderung des erreichbaren Wachstums gehen darf.

a) Im allgemeinen hat die Stetigkeitspolitik den Vorzug, weil die Inflationsgefahr dringender zu sein pflegt als die Gefahr einer Wachstumsstörung. Liegt aber ein Ungleichgewicht im Sinne überhöhter Nachfrage vor, so ist die Politik einer Senkung der Nachfrage abzuwägen gegen die Politik einer Erhöhung des Angebots; letztere ist vorzuziehen, wenn sie sich als möglich erweist.

b) Bleiben die Tarife einer progressiven Einkommensbesteuerung unverändert und wachsen die Staatsausgaben nicht in gleicher Proportion, so müssen im wirtschaftlichen Wachstum Haushaltsüberschüsse entstehen, deren Verwendung oder Abbau durch Steuersenkung nach konjunktur- und wachstumspolitischen Gesichtspunkten zu beurteilen ist.

§ 2. Die Beeinflussung der Kreislaufgrößen durch die Finanzwirtschaft

1. Übersicht

In der analytischen Behandlung des Sozialprodukts als bestimmt durch die Höhe der wirksamen Nachfrage sind zu unterscheiden:

1. die direkten Wirkungen der Gesamtgrößen der öffentlichen Einnahmen und Ausgaben als Teile des makroökonomischen Kreislaufs,

2. die Wirkungen der öffentlichen Einnahmen und Ausgaben auf die Höhe der privaten Verbrauchs- und Investitionsausgaben als Kreislaufgrößen.

Zunächst sind die Gleichungen der Bildung und Verwendung des Gesamteinkommens um die staatlichen Einnahmen und Ausgaben zu erweitern. Dabei sind zu unterscheiden:

1. Transferzahlungen, bei denen die Einnahme bzw. Ausgabe als einseitige Übertragung behandelt wird, wie Steuern als Einnahmen, Zinszahlungen als Ausgaben des Staates;

2. Austauschleistungen, wo einer Leistung eine Gegenleistung entspricht, wie Beschäftigung der Staatsbediensteten gegen Lohn und Gehalt oder Kauf von Gütern durch den Staat.

Zur Bildung des Sozialprodukts trägt der Staat bei durch seine einkommensbildende Nachfrage nach Arbeitsleistungen und Gütern, während die Transferzahlungen zwar die Höhe des persönlichen und des verfügbaren Einkommens und damit die davon abhängige einkommensbildende Nachfrage beeinflussen, nicht aber selbst einkommensbildend sind. (Vgl. Bd. I, Kap. III, § 1.)

Erwerbsbetriebe der öffentlichen Hand werden in diesem Zusammenhang nicht in den Sektor der Finanzwirtschaft einbezogen, sondern dem der privaten Erwerbsbetriebe zugerechnet. — Einnahmen des Staates aus Gebühren und ähnliches sind unerheblich und bleiben hier unberücksichtigt.

2. Erweiterung der Einkommensgleichungen

Für die Behandlung der Staatseinnahmen und -ausgaben in den Einkommensgleichungen (vgl. Bd. I, Kap. III, § 1) gelten folgende Prinzipien:

1. Direkte Steuern sind Einnahmen, aber nicht Einkommen des Staates, sondern Einkommensverwendung der Besteuerten, und zwar Transfer an den Staat; das verbleibende Einkommen der Besteuerten ist deren „disponibles" Einkommen.

2. Indirekte Steuern („Kostensteuern") sind Teile der Produktionskosten der Unternehmungen, werden aber nicht zu Einkommen von Wirtschaftssubjekten. Subventionen aus Staatsmitteln an Unternehmungen sind als „negative Kostensteuern" zu behandeln.

3. Die Leistungen des Staates können nicht mit Marktwerten eingesetzt werden, weil keine Produkte auf Märkten abgesetzt werden. Daher erfolgt ihre Bewertung nach dem „Leistungsprinzip": die staatliche „Wertschöpfung" als Beitrag zum Sozialprodukt ist (nach Abzug des Wertes der vom Staat bei Unternehmungen gekauften Sachgüter) gleich den vom Staat gezahlten Löhnen und Gehältern.

4. Demnach hat auch der Staat kein Einkommen in Form eines durch Produktion erworbenen Anspruchs auf Güter und Leistungen; auch die Begriffe Gewinn und Verlust sind auf seine Finanzgebarung nicht anwendbar.

Für die Eingliederung der staatlichen Einnahmen und Ausgaben in die Einkommensgleichungen ergibt sich hieraus (vgl. die kürzere Fassung Bd. I, Kap. IV, § 3, Ziff. 3):

Für die Einkommensbildung (Sozialprodukt zu Faktorkosten) wird die Nachfrage nach Verbrauchsgütern aufgeteilt in Nachfrage privater Haushalte C_{pr} und staatliche Verbrauchsausgaben C_{st}; zu letzteren rechnen vor allem die Lohn- und Gehaltsausgaben des Staates für die Staatsbediensteten. Welche Güterkäufe des Staates als Verbrauchsausgaben, welche als Investitionsausgaben behandelt werden, ist Sache der Konvention. Entsprechend werden die Investierungen aufgeteilt in I_{pr} und I_{st}. Subventionen, bezeichnet mit Z_{st}, erhöhen als Einnahmen der Unternehmungen das Volkseinkommen; Kostensteuern, bezeichnet mit T_{ind}, vermindern die Höhe des Sozialprodukts zu Faktorkosten. Demnach lautet die Gleichung für die Bildung des Nettosozialprodukts zu Faktorkosten:

$$Y_f = C_{pr} + C_{st} + I_{pr} + I_{st} + Z_{st} - T_{ind}. \qquad (1)$$

Verwandelt man diese Gleichung in:

$$C_{pr} + C_{st} + I_{pr} + I_{st} = Y_f - Z_{st} + T_{ind}, \qquad (1a)$$

so ist die linke Seite der Ausdruck für den Geldwert der Produktion von Verbrauchs- und Investitionsgütern, so daß sich für dieses Nettosozialprodukt zu Marktpreisen, bezeichnet mit Y_m, ergibt:

$$Y_m = Y_f + T_{ind} - Z_{st}. \qquad (2)$$

(Vgl. die Begriffsbestimmungen in Bd. I, Kap. III, § 1.)

In der Gleichung der Einkommensverwendung ist jetzt neben Verbrauch und Sparen der privaten Haushalte, bezeichnet mit C_{pr} bzw. S_{pr}, die Einkommensverwendung durch Zahlung direkter Steuern zu berücksichtigen:

$$Y_f = C_{pr} + S_{pr} + T_{dir}. \qquad (3)$$

Bei Einsetzung des obigen Ausdrucks (3) für Y_f in (1) ergibt sich:

$$C_{pr} + S_{pr} + T_{dir} = C_{pr} + C_{st} + I_{pr} + I_{st} + Z_{st} - T_{ind},$$

$$S_{pr} + T_{dir} + T_{ind} = C_{st} + I_{pr} + I_{st} + Z_{st},$$

$$S_{pr} + [T_{dir} + T_{ind} - (C_{st} + Z_{st})] = I_{pr} + I_{st}. \qquad (4)$$

Der in eckige Klammern gesetzte Teil der linken Seite der Gleichung ist die Differenz zwischen Steuereinnahmen des Staates und seinen Verbrauchs- und Subventionsausgaben; diese Differenz kann als (positives oder negatives) „Sparen“ des Staates S_{st} bezeichnet werden. Hieraus folgt:

$$S_{pr} + S_{st} = I_{pr} + I_{st}. \qquad (5)$$

Das ist die früher behandelte Gleichheit von Sparen und Investieren in jeder Periode unter Einbeziehung staatlichen Sparens und Investierens.

Ferner:

$$S_{pr} - I_{pr} = -(S_{st} - I_{st}). \qquad (5a)$$

Für die allgemeine Betrachtung gilt demnach, daß geplantes privates Sparen auch durch staatliches Investieren realisiert werden kann, wenn es an ausreichender privater Investitionsbereitschaft fehlt.

3. Multiplikatoreffekte von öffentlichen Ausgaben und Einnahmen

Veränderte Staatseinnahmen und -ausgaben beeinflussen die Höhe der privaten Einkommen, haben daher multiplikative Auswirkungen, die als Multiplikatoreffekte behandelt werden können. Die oben (Kap. II, § 2) dargestellten Ableitungen sind analog anzuwenden.

Wird der parametrische Wert der Staatsausgaben G durch ΔG verändert, so ergibt sich bei $C = a + bY$ als Verbrauchsfunktion die Multiplikatorbeziehung

$$\Delta Y = \frac{1}{1-b} \Delta G.$$

Die multiplikative Wirkung geänderter Transfereinnahmen (Steuern) und Transferausgaben des Staates beruht auf der Änderung des disponiblen Einkommens der Haushalte. Die Verbrauchsfunktion wird also auf das disponible Einkommen (nach Abzug der persönlichen Steuern und mit Hinzurechnung der Transfereinkommen) bezogen. Eine Änderung der Differenz zwischen persönlichen Steuern und Transfereinkommen als Gesamtgrößen bedeutet daher — da auf der Abszisse das disponible Einkommen verzeichnet ist — eine Verschiebung der Lage der Verbrauchsfunktion nach rechts oder links um diese Änderung, je danach, ob dadurch das disponible Einkommen größer oder kleiner geworden ist.

Während die Staatsausgaben für Güter und Dienste in gleicher Höhe einkommensbildend sind, zählen die Transferzahlungen nicht zum Sozialprodukt, sondern sie werden nur wirksam durch die Änderung der Verbrauchsausgaben der Empfänger von Transferzahlungen. Der Multiplikand ist nicht ΔTr, sondern $b\Delta Tr$. $\frac{b}{1-b}$ ist aber um 1 kleiner als $\frac{1}{1-b}$, d. h. als der Multiplikator einkommenswirksamer Staatsausgaben gleicher Veränderungsgröße.

Das disponible Einkommen ist:

$$Y_d = Y - T_{dir} + Tr,$$

wobei mit Tr die Transfereinkommen bezeichnet sind. Die Verbrauchsfunktion, bezogen auf das disponible Einkommen, ist daher:

$$C = a + bY - bT_{dir} + b\,Tr.$$

Gemäß der vorstehend für den Ausgabenmultiplikator durchgeführten Ableitung ergibt sich entsprechend aus:

$$Y = \frac{1}{1-b}(a - b\,T_{dir} + bTr + I + G)$$

für ΔY als „Steuermultiplikator":

$$\Delta Y = -\frac{b}{1-b}\,\Delta T_{dir};$$

als „Multiplikator staatlicher Transferzahlungen":

$$\Delta Y = \frac{b}{1-b}\,\Delta Tr.$$

Aus dem entgegengesetzten Vorzeichen des Multiplikators folgt, daß die Änderung der Differenz zwischen Höhe der Direktsteuern und den Transferausgaben für die Höhe des Einkommens wirksam wird.

Die Gleichheitsbedingung $I = S$ erweitert sich durch die Hinzunahme der direkten Steuern, der Transferzahlungen und der Staatsausgaben in folgender Weise:

Aus:	$Y = C + S + T_{dir} - Tr,$
und:	$Y = C + I + G$
ergibt sich:	$S + T_{dir} - Tr = I + G.$

Eine Gleichgewichtslage des Volkseinkommens impliziert, daß der Staat durch Steuern dem Einkommensstrom ebensoviel entzieht, wie er ihm durch Staatsausgaben wieder zuführt. Verändert nun der Staat seine Ausgaben und in gleichem Umfang die Höhe der eingehobenen Steuern, so verändert sich die Gleichgewichtslage des Volkseinkommens um die Höhe der veränderten Staatsausgaben und Steuereinnahmen, d. h. der Multiplikator ist (unabhängig von der Höhe der marginalen Verbrauchsquote) gleich 1. (Sog. „Haavelmo'sches Theorem". T. Haavelmo, Multiplier Effects of a Balanced Budget. In: Econometrica, Vol. 13, 1945.)

Das folgt aus der Gegenüberstellung des Multiplikators für Staatsausgaben einerseits, des Multiplikators für Steuereinhebungen andererseits. Verändern sich Staatsausgaben und Steuereinnahmen um den gleichen Betrag X, finanziert also der Staat zusätzliche Ausgaben durch zusätzliche Steuern gleicher Höhe, so ergibt sich nach den oben abgeleiteten Multiplikatorwirkungen

$$\Delta Y = \frac{1}{1-b} X + (-\frac{b}{1-b} X) = \frac{1-b}{1-b} X = 1X;$$

$k = 1.$

Werden aber zusätzliche Transferzahlungen durch zusätzliche Steuern finanziert, so ergibt sich durch die Kombination der beiden Multiplikatoren keinerlei Veränderung des Einkommens, wenn nicht die Empfänger der Transferzahlungen eine andere marginale Verbrauchsquote haben als die Steuerzahler.

4. Aufgaben und Grenzen der Besteuerung

Neben dem Einfluß der Gesamtgrößen der staatlichen Einnahmen und Ausgaben auf die Höhe des Sozialprodukts hat die Art und Höhe der Besteuerung Einfluß auf die Höhe der privaten Nachfrage und auf ihre Verteilung auf Verbrauch und Investierung. — Unter Verzicht auf die Behandlung von Einzelfragen werden im folgenden einige Grundzüge dargestellt.

Hauptaufgabe der Besteuerung ist die Beschaffung von Mitteln zur Finanzierung von Staatsausgaben. Als Entzug von Kaufkraft beeinflußt sie die Höhe und Zusammensetzung der privaten Nachfrage, was als zweite Funktion der Besteuerung anzusehen ist. Zum dritten kann sie eingesetzt werden, um die marktmäßig bewirkte Verteilung des Einkommens und Vermögens sowohl im Sinne sozialen

Ausgleichs wie unter beschäftigungspolitischen Aspekten zu verändern.

Transferiert der Staat durch Besteuerung Einkommen an andere Einkommensempfänger (zur Deckung von Verpflichtungen aus Staatsschulden, nämlich Zinszahlungen, oder zur Durchführung sozialer Zwecke wie Renten) oder beschafft sich der Staat durch Besteuerung Einnahmen zur Durchführung eigener Ausgaben (wie Besoldung der Staatsbediensteten, öffentliche Bauten etc.), so hat das in jedem Fall Nebenwirkungen hinsichtlich der Höhe der privaten Beschäftigung und Nachfrage. Solche Wirkungen können gegebenenfalls zur eigentlichen Zweckbestimmung werden (z. B. Besteuerung zwecks Stillegung eines inflatorisch wirkenden Kaufkraftüberhanges). Der rein fiskalische Grundsatz, daß stets das geringste, zur Deckung der unabweislichen Ausgaben notwendige Ausmaß der Besteuerung zu erstreben sei, wird hinfällig, wenn die beschäftigungspolitischen Effekte der Besteuerung beachtet und instrumental verwendet werden sollen.

„Was immer in Gestalt der indirekten Steuern und der Arbeitgeberbeiträge bei den Unternehmungen erhoben wird und dort die Kosten erhöht, was immer an direkten Steuern und Arbeitnehmerbeiträgen von den Brutto-Einkommen der Haushalte oder der Unternehmungen abgezweigt wird und deren verfügbares Einkommen und somit deren Ausgaben schmälert, das fließt bei ausgeglichenem Staatshaushalt indirekt durch die Personalausgaben und direkt durch die Ausgaben für Sachbeschaffung wieder in den Strom der Gesamtausgaben zurück. ... Obgleich somit durch die Erhebung und Verausgabung der Steuern der Kreislauf stets geschlossen bleibt, werden je nach den Quellen der erhobenen Steuern und nach den Empfängern, welchen sie bei der Verausgabung zufließen, unterschiedliche Wirkungen auf Vermögensbildung und Wachstumsrate ausgeübt.“ (C. Föhl, Kreislaufanalytische Untersuchung der Vermögensbildung in der Bundesrepublik und der Beeinflußbarkeit ihrer Verteilung. Tübingen 1964, S. 18).

Dem konjunktur- und beschäftigungspolitischen Einsatz der Besteuerung sind aber sehr fühlbare Grenzen gesetzt, und zwar nicht nur durch die Unabweislichkeit der primären Besteuerungsfunktion, dem Staat Mittel zur Durchführung seiner Aufgaben zu verschaffen. Hierbei kann zwar der Staat zwischen Besteuerung und Anleihen variieren, er kann auch die Besteuerungslast verlagern, etwa zwischen indirekten und direkten Steuern. Kurzfristig aber und in rascher Anpassung an sich verändernde Wirtschaftslagen ist das nur in begrenztem Umfang möglich, so daß eine Änderung der Struktur der Besteuerung nur langfristig möglich ist. Ferner sind die Auswirkungen der Besteuerung auf die Leistungsimpulse zu beachten, was von der Finanzwissenschaft stets im Blick auf die Ergiebigkeit der Steuern anerkannt wurde: diese wächst nicht proportional zur Erhöhung des Steuersatzes, weil die „Steuerwiderstände" zunehmen, die Kosten der Steuereinholung steigen und die Zahl der Steuerfälle abnimmt. Schließlich besteht die Grenze, daß Art und Höhe der Besteuerung mit der gesetzten Wirtschaftsordnung vereinbar sein müssen: der Staat kann grundsätzlich nicht anstreben, durch seine Finanzwirtschaft die Wirtschaftssubstanz und die Lenkung des wirtschaftlichen Geschehens zu übernehmen.

5. Steuerliche Beeinflussung privater Verbrauchs- und Investitionsausgaben

Beschäftigungspolitische Ziele der Steuerpolitik können sein: Beeinflussung der Gesamthöhe der privaten Nachfrage einerseits, Einflußnahme auf die Verteilung der Ausgaben auf Verbrauchs- und Investitionsgüter bzw. der Einkommensverwendung für Verbrauch und für Sparen andererseits. Beides ist praktisch untrennbar, da mit der Veränderung der Gesamtgröße eine solche der Verteilung, mit der Veränderung der Verteilung eine solche der Gesamtgröße verbunden sein wird.

Allgemein gültige Regeln können nicht aufgestellt werden, da die Voraussetzungen und die Zusammenhänge sich von Fall zu Fall unterscheiden. Gewisse Prinzipien lassen sich aber nennen:

1. Regelmäßig ist eine „gezielte", d. h. diskriminierende oder subventionierende Finanzpolitik schwieriger und ungewisser als die globale Beeinflussung der Höhe der Nachfrage; letztere ist „marktgerechter", weil sie das Preis- und Kostengefüge nicht verzerrt und dadurch dem marktwirtschaftlichen Ausgleich der Angebots- und Nachfrageverhältnisse die beherrschende Stellung einräumt.

2. Maßnahmen, welche die unterschiedliche Höhe der Einkommen ausgleichen, werden cet. par. die Höhe des Verbrauchsanteils eines gegebenen Gesamteinkommens erhöhen (etwa Verlagerung der Besteuerung von indirekter Verbrauchsbesteuerung auf progressive Besteuerung des Einkommens). Der Einfluß auf die Investitionshöhe ist nicht mit Gewißheit vorhersehbar; dem kurzfristig wirksamen drosselnden Einfluß durch die Minderung der Gewinneinkommen steht gegebenenfalls gegenüber die Wirkung erhöhter Verbrauchsausgaben als Anreiz zu abgeleiteten Investierungen.

Maßnahmen im entgegengesetzten Sinne, d. h. zur Drosselung des Verbrauchs und Erhöhung der Gewinneinkommen zwecks Belebung der Investierungen sind praktisch so wenig möglich wie eine gezielte Politik der Erhöhung der Einkommensunterschiede.

3. Zur Einflußnahme auf die Höhe der Investierung hat sich die Art der steuerlichen Behandlung der Abschreibungen und der nicht verteilten Gewinne, dazu der steuerlichen Gewinnermittlung (Verlustvor- und -rückträge) als wirksam erwiesen. In der Regel wird eine Förderung der Investitionstätigkeit auch eine gleichsinnige Beeinflussung der Verbrauchsausgaben herbeiführen, und zwar durch den Einkommenseffekt der Investierungen.

4. Eine direkte steuerliche Beeinflussung der Höhe der Verbrauchsausgaben kann gegebenenfalls durch die steuerliche Behandlung des Sparens (wahrscheinlich aber mit geringer Wirkung und der Gefahr der Verhärtung der Einkommensunterschiede) geschehen, in Zuständen anhaltender Depressionen kommen auch Subventionierungen in Frage.

5. Stets ist bei solchen Maßnahmen zu unterscheiden zwischen der kurzfristigen Politik der Glättung konjunktureller Ausschläge und der langfristigen Politik der Wachstumsförderung. So kann z. B. eine konjunkturell begründete Drosselung des Sparens langfristig die Wachstumsrate ungünstig beeinflussen.

6. Nach allem dürfte die steuerliche Beeinflussung der privaten Investierungen der wirksamste Ansatz für die finanzpolitische Einflußnahme auf die Wirtschaftslage sein. Sie kann stark differenzierend sein, indem Investitionen besonderer Art, wie Wohnungsbau, Ausrüstung der Landwirtschaft etc. gefördert werden. Immer aber bleibt zu beachten, daß eine Steuerpolitik solcher Art die Gefahr mit sich bringt, daß steuerliche und nicht kosten- und absatzmäßige Erwägungen für die unternehmerischen Entscheidungen bestimmend werden können.

6. Staatsausgaben und Beschäftigungspolitik

Für die Verwendung der Staatsausgaben als Mittel der Beschäftigungspolitik gilt grundlegend der Gesichtspunkt, daß sie bei antizyklischem Einsatz das Ausmaß der Gesamtausgaben ausgleichend beeinflussen können, wenn sie entgegengesetzt zu den Veränderungen der privaten Ausgaben verändert, d. h. in Depressionen erhöht, in Situationen angespannter Beschäftigungslage vermindert werden. Dem steht allerdings entgegen, daß der Großteil der staatlichen Ausgaben nicht zeitlich verschoben werden kann.

Ein wesentlicher beschäftigungspolitischer Effekt ist von den staatlichen Transferausgaben und den staatlichen Investierungen zu erwarten.

Bei den Transferausgaben liegt das Hauptgewicht bei der Masse der sozialen Leistungen des Staates, die sich tendenziell antizyklisch verändern, d. h. in Depressionen zunehmen, in Hochkonjunkturen abnehmen. Diese konjunkturgerechte Auswirkung wird verstärkt, wenn auf die Durchführung des Deckungsprinzips verzichtet wird, d. h.

erhöhte Ausgaben nicht zu erhöhten Beitragsforderungen führen, andererseits bei Beitragsüberschüssen in Hochkonjunkturen nicht die Beitragssätze gesenkt werden. — Entsprechendes gilt für Transferzahlungen in Form von Subventionen des Staates, wie sie namentlich auf dem Gebiet des Wohnungswesens und der Landwirtschaft erhebliche Bedeutung haben.

Staatliche Investitionsausgaben dienen zu einem großen Teil der Bildung „sozialen Kapitals“ in Form von Straßen, Verkehrseinrichtungen, Schulen etc. Beschäftigungspolitisch ist ihr „Einkommenseffekt“ beachtlich, während ein eigentlicher „Kapazitätseffekt“ dieser Investierungen (nämlich erhöhtes Angebot marktbewerteter Leistungen) fehlt. Das Ausmaß der möglichen und vorteilhaften Investierungen dieser Art ist so groß, daß nur in Ausnahmefällen Staatsausgaben vorzunehmen sind, welche lediglich ihres Beschäftigungseffekts wegen unternommen werden („Notstandsarbeiten“). Vorbereitende Planungen solcher staatlicher Investierungen, die in Depressionen durchgeführt werden können, überhaupt alle Maßnahmen, durch welche eine möglichst konjunkturgerechte Bemessung der öffentlichen Investierungen herbeigeführt wird, können von wesentlicher Bedeutung für den konjunkturellen Ausgleich sein. Hierbei wird zu beachten sein, ob steuerliche Maßnahmen zur Hebung des privaten Verbrauchs, d. h. Verzicht auf staatliche Einnahmen, wirkungsvoller sind als erhöhte staatliche Ausgaben.

§ 3. Staatsschulden

1. Öffentliche Investierungen und Anleihen

Die Abgrenzung jener Ausgaben des Staates, die als öffentliche Investierungen zu behandeln sind, von den regulären oder laufenden Staatsausgaben kann nicht scharf sein, und sie fällt nicht zusammen mit der Unterscheidung zwischen Staatsausgaben, die durch Steuern und andere reguläre Einnahmen und solchen, die durch Kreditaufnahme finanziert werden, da ein nicht unbeträchtlicher Teil der Kapitalbildung in öffentlicher Hand durch Verwendung von Steuerbeträgen geschieht. In der Beschränkung auf beschäftigungspolitische Effekte kann festgestellt werden, daß die Verausgabung der durch Kreditaufnahme des Staates beschafften Mittel einkommensbildende Nachfrage bedeutet, während im Unterschied zu privaten Investierungen in der Regel mit solchen Ausgaben kein „Kapazitätseffekt", nämlich keine Erhöhung des volkswirtschaftlichen Bestandes an Produktionskapital verbunden ist.

Investierungen in öffentlichen Betrieben, welche marktmäßig bewertete Leistungen anbieten, werden hier nicht zum Sektor der öffentlichen Investierungen gerechnet.

Zur Gewinnung einer allgemeinen Übersicht können folgende Gruppen gebildet werden:

1. Staatsschulden, welche keinen direkten Einfluß auf die volkswirtschaftliche Produktivität haben und auch keine laufende Nutzung gewähren („deadweight debts"). Hauptfall ist die Staatsverschuldung für Zwecke der Kriegsführung oder Kriegsrüstung.

2. „Passive" Schulden, die zur Erstellung von Anlagen aufgenommen werden, die zwar Nutzungen gewähren, aber die Produktivität der Wirtschaft nicht unmittelbar erhöhen, wie Anlage von Parks, Sportplätzen etc.

3. „Aktive" Schulden, die zur Errichtung von Anlagen oder Tätigung von Ausgaben verwendet werden, die direkt oder indirekt die volkswirtschaftliche Produktivität erhöhen, wie namentlich Verkehrsanlagen (Straßen, Kanäle etc.), aber auch Ausgaben für Schulung und Bildung, öffentliche Gesundheitspflege und ähnliches.

Grundsätzlich fehlt bei diesen öffentlichen Investierungen und Ausgaben die Abstellung auf Kostenaufwand und marktmäßige Erträge, selbst dann, wenn die Benutzung solcher Anlagen und Einrichtungen mit Gebührenzahlungen (etwa bei Krankenhäusern) verbunden ist. Die Zinsen für die aufgenommenen Kredite werden daher auch nicht aus den Erträgen finanziert, sondern aus allgemeinen Steuereinnahmen.

Mit der Bezeichnung solcher öffentlichen Investierungen als „autonom“ soll gekennzeichnet sein, daß zwar ihre Durchführung auf einen „Bedarf“ im weiteren Sinne ausgerichtet ist, indessen nicht durch Rentabilitätserwägungen gemäß einem Kosten- und Ertrags-Vergleich bestimmt wird. Das ermöglicht im Prinzip ihren zeitlichen und größenmäßigen Einsatz unter Berücksichtigung konjunktur- und beschäftigungspolitisch gewünschter Wirkungen. Praktisch allerdings gilt das nur in begrenztem Ausmaß, weil gewisse Investierungen nicht aufschiebbar sind, andere sogar gleichgerichtet zur Konjunktur zunehmen (wie etwa Verkehrsanlagen, Aufschließungsarbeiten neuer Wohngebiete, Wohnungsbau, die dem Wachstumsbedarf folgen müssen) und weil die entscheidenden Körperschaften, namentlich städtische Verwaltungen etc., sich wesentlich durch den Stand ihrer Finanzen bzw. die Beschaffbarkeit von Krediten bestimmen lassen und sich nicht als zuständig für die allgemeine Beschäftigungspolitik erachten können.

2. Grenzen der Staatsverschuldung

Der Staat unterliegt nicht der Gefahr der „Überschuldung“, da er auf Grund seiner Kontrolle der Geldmenge seine fälligen Schulden durch Eingehen neuer Verschuldung ausgleichen, und auf Grund seiner Steuerhoheit zur Zinszahlung Steuern erheben kann; Besteuerung und Zinszahlungen sind „Einkommenstransfer“.

Auch handelt es sich nicht um eine ‚Belastung‘ der Zukunft, auf deren Kosten die Gegenwart zu leben versucht: künftige Produktion kann nicht heute verbraucht werden; eine durch Schuldenaufnahme finanzierte Erstellung von Investierungen ist heutiger produktiver Aufwand, welcher auch der Zukunft zugute kommt. Bei der Auslandsverschuldung liegt hingegen eine reale Belastung der Zukunft vor, insofern künftig ein Teil des Sozialprodukts zur Zins- und Kapitalzahlung an das Ausland abgeführt werden muß und eine echte zusätzliche Belastung vorliegt, wenn die Auslandsanleihen zum erhöhten Verbrauch statt zur Schaffung produktiver Anlagen verwendet worden sind.

Grenzen der Staatsverschuldung ergeben sich indessen aus der Finanzierung des Schuldendienstes und der Erwünschtheit oder Unerwünschtheit des damit verbundenen Einkommenstransfers, dazu eventuell durch Rückwirkungen auf die Leistungsimpulse.

Nur wenn die Zinsempfänger im Maße ihrer Zinseinkommen auch die steuerliche Belastung zur Finanzierung der Zinszahlungen tragen, würde die Staatsschuld weder die Höhe noch die Verteilung des verfügbaren Einkommens beeinflussen. Gehören aber die Zinsempfänger zu den höheren Einkommensschichten, so kann eine sozial unerwünschte Umverteilung des Einkommens durch die Steuerbelastung der breiten Schichten vorliegen. Das gilt um so mehr, je stärker regressiv die Struktur der Besteuerung unter dem Einfluß der Verbrauchsteuern ist; muß bei hoher Staatsschuld die Einkommensteuer allein zum Ausgleich der regressiven Verbrauchsbesteuerung stark progressiv sein, so bleibt kein Raum mehr für eine Progression, welche die gewünschte Umverteilung im Sinne eines Einkommensausgleichs bewirken soll.

Für die Beurteilung der gesamtwirtschaftlichen Bedeutung der Staatsverschuldung ist die absolute Summe ungeeignet; die Staatsschuld muß bezogen werden auf das gesamte Volkseinkommen bzw. auf den Teil der Besteuerung, der auf die Zinszahlungen zurückzuführen ist. Dieser Vergleich läßt regelmäßig erkennen, daß die starke Zunahme der absoluten Höhe der Staatsschulden weder den Anteil der Zinsen am gesamten Volkseinkommen erhöht hat, noch daß der auf den Schuldendienst entfallende Anteil der Besteuerung gestiegen ist.

3. Geldpolitische Bedeutung der öffentlichen Guthaben und Schulden

Allgemein ist für die Erreichung beschäftigungspolitischer Ziele eine ausreichende Gleichgerichtetheit der Geldpolitik und Finanzpolitik notwendig; diese beiden Instrumente der Wirtschaftspolitik können bei konjunkturgerechter Abstimmung in der Regel ein hinreichendes Maß der Stabilität des Wirtschaftsablaufs erreichen. Neben dem Einfluß der Staatseinnahmen und -ausgaben auf die Gesamthöhe der wirksamen Nachfrage ist noch auf die geldpolitische

Bedeutung der **Handhabung der** Staatsschulden und der staatlichen Guthaben hinzuweisen.

Dabei kommen neben den lang- und mittelfristigen Staatsobligationen auch die Maßnahmen zur Geltung, mit denen zeitliche Unterschiede zwischen fälligen Staatseinnahmen und -ausgaben überbrückt werden sollen, also die Aufnahme kurzfristiger Kredite (z. B. Schatzwechsel) und die Bildung von Guthaben bei den Banken. Für die Zins- und Kreditpolitik der Zentralbank ist beides von hoher Bedeutung, weil der Liquiditätsstatus des Publikums und der Kreditbanken stark abhängig ist von der Art der Bildung staatlicher Guthaben (durch kurzfristige Kreditaufnahme oder durch Einlagen von Überschüssen) sowie von den Stellen (Zentralbank, Kreditbanken oder Publikum), welche die staatlichen Kreditpapiere halten.

Unterbringung neuer kurzfristiger Kreditpapiere bei der Zentralbank bzw. Kauf und Beleihung solcher Papiere durch die Zentralbank von Kreditbanken und umgekehrt ist „liquiditätsaktiv“, weil das Volumen des umlaufenden Geldes bzw. der Überschußreserven der Kreditbanken dadurch verändert wird. Entsprechend ist eine Verlagerung der Guthaben des Staates von Kreditbanken auf die Zentralbank von kontrahierender, umgekehrt von expandierender Wirkung auf die Geldmenge. — Hohe Bestände an Staatspapieren in Händen des Publikums bzw. der Kreditbanken stellen um so mehr „latente“ Kaufkraft dar, je gewisser es ist, daß diese Werte jederzeit durch Verkauf an die Zentralbank in Geld umgewandelt werden können, also „geldnahe“ sind.

Namentlich durch ihre Offenmarktpolitik, d. h. Ankauf und Verkauf von Staatspapieren solcher Art, sucht die Zentralbank sowohl dem Kreditbedarf der öffentlichen Körperschaften wie den geldpolitischen Erfordernissen gerecht zu werden.

Auch die Vergabe langfristiger oder mittelfristiger Anleihen durch Vermittlung der Kapitalmärkte und die Kurspflege dieser Anleihen sind von erheblicher geldpolitischer Bedeutung. Die Annahme, daß jede Beanspruchung des Kapitalmarktes durch den Staat den für „produktive“ Verwendung durch die Wirtschaft verfügbaren „Kapitalfonds“

schmälert, wird den tatsächlichen Zusammenhängen nicht gerecht.

Grundsätzlich ist in Depressionen zusätzliche Staatsverschuldung zwecks Erhöhung der staatlichen Ausgaben erwünscht, aber nicht durch Verknappung der Geld- und Kapitalmärkte, sondern durch zusätzliche Kreditschöpfung. — Überschüsse des Staatshaushalts können aber in der Hochkonjunktur nicht ohne weiteres zur Tilgung von Staatsschulden verwendet werden, wenn in dieser Lage Verknappung der Kapitalmärkte und Kaufkraftabschöpfung die konjunkturgerechte Politik ist. Entsprechend ist erhöhte Staatsverschuldung in der Hochkonjunktur bedenklich, wenn sie zur Erhöhung der Staatsausgaben und zu erhöhter Liquidität des Banksystems führt.

Die Annahme, daß jede zusätzliche Staatsverschuldung inflationäre Wirkungen hat, ist hiernach unberechtigt: sie treten nicht ein, wenn entweder private Ausgaben in entsprechendem Umfang gedrosselt werden (bei voller Beschäftigung) oder wenn erhöhte öffentliche und private Ausgaben zu entsprechender Erhöhung der Produktion führen (bei Unterbeschäftigung).

Für die Darstellung aller Einzelheiten wird auf die Lehrbücher der Finanzwissenschaft und des Geldwesens verwiesen.

Kap. IV. Außenwirtschaft und Sozialprodukt

§ 1. Begriffe und Beziehungen

1. Außenwirtschaft und Binnenwirtschaft

Im Gegensatz zu einer „geschlossenen“ steht eine „offene“ Volkswirtschaft durch Güter- und Kapitalverkehr über die Landesgrenzen hinweg in ökonomischen Beziehungen zum Ausland. Die Bereiche Außenwirtschaft und Binnenwirtschaft sind weder gegeneinander isoliert, noch gelten für die Außenwirtschaft grundsätzlich andere ökonomische Beziehungsformen als für die Binnenwirtschaft. Die Betrachtung der Außenwirtschaft als besonderes Objekt rechtfertigt sich aber durch die Bedeutung der staatlichen Zusammenfassungen der einzelnen Volkswirtschaften zu stärker integrierten Einheiten als es die „Weltwirtschaft“ sein kann. Dies namentlich, weil die Staaten durch ihre „Außenhandelspolitik“ den Grad ihrer wirtschaftlichen Eingliederung in weltwirtschaftliche Beziehungen zwischen den Grenzfällen völliger Einschmelzung („Freihandel“, „Wirtschaftsunion“ für übernationale Bereiche) und völliger Isolierung („Autarkie“) beeinflussen. Die Außenhandelspolitik ist als Teil der staatlichen Wirtschaftspolitik grundsätzlich auf die Interessen des eigenen Landes ausgerichtet, während sich ein dem nationalen Interesse gegenüber selbständiges weltwirtschaftliches Denken nur in Ansätzen feststellen läßt und zu seiner Durchsetzung einer entsprechenden übernationalen politischen Einheitlichkeit der Welt bedürfte.

Die Darstellung der Außenwirtschaft im vorliegenden Zusammenhang beschränkt sich auf die Beziehungen, welche für die Bestimmung und Entwicklung des Sozialprodukts von besonderer Bedeutung sind. Für den Gesamtbereich ist auf die Spezialliteratur zu verweisen.

2. Die Zahlungsbilanz und ihre Gliederung

Die Zahlungsbilanz eines Landes ist die systematische ziffernmäßige Erfassung des Wertes der ökonomischen Transaktionen zwischen den Einwohnern dieses Landes und den Einwohnern anderer Länder für einen bestimmten Zeitraum. In weitgehender Aufgliederung werden folgende Gruppen gebildet:

1. Leistungsbilanz als Werte der
   a) Exporte und Importe von Gütern (Handelsbilanz),
   b) geleisteten und empfangenen Dienste (wie Transportleistungen, Touristenausgaben etc.),
   c) Zinsen und Gewinne aus Kapitalanlagen von Inländern im Ausland und umgekehrt.

2. Kapitalverkehrsbilanz als Veränderungen der Bestände an
   a) langfristigen Kapitalanlagen von Ausländern im Inland bzw. in inländischen Wertpapieren und umgekehrt,
   b) kurzfristigen (binnen einem Jahr fälligen) Guthaben und Verpflichtungen.
3. Veränderungen der Bestände an Gold, soweit als internationales Zahlungsmittel verwendet.
4. Unentgeltliche Leistungen, d. h. einseitige Übertragungen wie Schenkungen, Reparationen etc.

Die Leistungsbilanz und die Bilanz der unentgeltlichen Leistungen berühren primär die Einkommensrechnungen der betreffenden Länder, die Kapitalverkehrsbilanz und die Goldbewegungen die Vermögenshaltung.

Da bei der Aufstellung der Zahlungsbilanz jede Transaktion auf einem Debet- und einem Kreditkonto erscheint, ist die Zahlungsbilanz buchhalterisch stets ausgeglichen. Im besonderen muß einem Saldo der Leistungsbilanz ein entgegengesetzter Saldo der Kapitalverkehrs- bzw. Goldbewegungsbilanz entsprechen.

3. Gleichgewicht der Zahlungsbilanz, Devisenkurs

Im Unterschied zum buchtechnischen Ausgleich der Zahlungsbilanz kann von einem Gleichgewicht gesprochen werden, wenn

1. ein Saldo der Leistungsbilanz durch geplante Veränderungen der Kapitalverkehrsbilanz ausgeglichen wird, so daß sich die „Reserven" an Gold- und Devisenbeständen nicht ungeplant verändern;
2. daher auch keine Änderung des Devisenkurses zur Abwehr solcher Veränderungen erforderlich wird.

In einem weiteren Sinne gehört zur Gleichgewichtsbestimmung, daß zur Beseitigung eines Ungleichgewichts der Zahlungsbilanz nicht das Gleichgewicht des inländischen Einkommens- und Beschäftigungsniveaus aufgehoben werden muß. Das Gleichgewicht der Außenwirtschaft, dargestellt durch das Gleichgewicht der Zahlungsbilanz, wird damit in die Bestimmung des Gleichgewichtszustandes der Volkswirtschaft einbezogen.

Der Devisenkurs ist der Ausdruck des Austauschverhältnisses zwischen Einheiten der Inlandswährung und Auslandswährungen. Er bildet sich als ein Preis, wenn er die Relationen zwischen angebotenen und nachgefragten Mengen unbeeinflußt widerspiegelt, ist aber regelmäßig durch Bindungen der Währung an Gold, durch das Auftreten der Zentralbanken als Anbieter und Nachfrager, oft auch durch besondere Devisenbewirtschaftung fixiert.

Devisen sind alle Zahlungsanweisungen (Wechsel, Schecks, Kassendepositen, auch „Bargeld"), die auf fremde Währungen lauten und sich in der Verfügung von Inländern befinden. — Durch die „Arbitrage" sind die Kursbildungen auf allen einzelnen Devisenmärkten einheitlich, so daß z. B. zwischen der Kursbildung des Dollar gegen die DM in New York und Frankfurt so wenig ein Unterschied bestehen kann, wie in der sich durch Umrechnung ergebenden Relation zwischen Schweizer Franken gegen Dollar und DM in New York, Zürich und Frankfurt. Im Idealfall handelt es sich also um einen einheitlichen Markt für alle Währungen in allen Ländern, auf dem sich ein zusammenhängendes System von Gleichgewichtskursen bildet.

Die in der Zahlungsbilanz berücksichtigten Transaktionen werden nicht in gleichen Werten und zur gleichen Zeit zu Angeboten von und Nachfragen nach Devisen.

Während die Zahlungsbilanz die entstehenden Verpflichtungen im Zeitpunkt des Grenzüberganges der Waren erfaßt, sind die Fälligkeiten durch die festgesetzten Zahlungsbedingungen („terms of payment") geregelt.

Als „Parikurs" kann eine Tauschrelation zwischen zwei Währungseinheiten bezeichnet werden, die sich ergibt:

1. bei Goldwährungen über die Relation der beiden Währungseinheiten zu je einer bestimmten Goldmenge, die durch Käufe und Verkäufe der Zentralbanken zum festgesetzten Preis von Gold gegen Inlandswährung gesichert ist,

2. bei rechtlich festgesetzten Relationen als jener Kurs, der durch Interventionen der Zentralbanken, Devisenbewirtschaftung etc. aufrechterhalten wird,

3. als theoretisch zu bestimmender Gleichgewichtskurs, der den oben genannten Anforderungen entspricht.

Eine Form dieser Bestimmung ist die „Kaufkraftparitätentheorie“, welche die Relation, namentlich aber ihre Veränderung aus dem Verhältnis der beiderseitigen Kaufkraft der Inlandswährung an einem bestimmten Güterbündel bemißt. Wenn die Tauschrelation zwischen den Währungen der Länder A und B, bezeichnet mit R, im Zeitpunkt 0 im Gleichgewicht war, und sich im Zeitpunkt 1 die Inlandskaufkraft in A und B, gemessen am jeweiligen Preisniveau P, geändert hat, soll das neue Gleichgewicht bestimmt sein durch

$$\frac{R_o}{R_1} = \frac{PA_o}{PB_o} : \frac{PA_1}{PB_1}.$$

Der Erklärungswert dieser Theorie gilt aber als gering.

§ 2. Einkommensbestimmung in einer offenen Volkswirtschaft

1. Einkommensgleichungen

In der folgenden Betrachtung werden die Werte von Export und Import als Gesamtgrößen in die Einkommensgleichungen eingegliedert; Veränderung in der Zusammensetzung sowie Preisveränderungen, auch solche der Devisenkurse und der Zinssätze, bleiben unberücksichtigt. Zur Vereinfachung wird auch staatliche Aktivität ausgeschlossen, so daß einkommensbeeinflussende Größen die innerstaatliche Nachfrage nach Verbrauchs- und Investitionsgütern inländischer Herkunft, die ausländische Nachfrage nach inländischen Gütern und Diensten („Export“) und die inländische Nachfrage nach fremdstaatlichen Gütern und Diensten („Import“) sind.

Grundlage der Betrachtung ist, daß Export Einkommensbildung, Import Einkommensverwendung im Inland sind, wobei aber die Nachfrage nach Importgütern (im Gegensatz zur Nachfrage nach inländischen Gütern) nicht zur Einkommensbildung im Inland, sondern im Ausland führt.

„Eine positive Handelsbilanz ist gleichbedeutend mit Investierungen vom Standpunkt des heimischen Landes aus, und sie hat den gleichen Einfluß auf das Niveau der wirksamen Nachfrage im Inland wie eine Investierung. Sie stellt ein gewisses Volumen an Nachfrage für den laufenden heimischen Ausstoß dar, ohne doch einen Gütervorrat zu bezeichnen, der auf den heimischen Markt gelangt. (Denn der Saldo der Handelsbilanz bezeichnet das heimische Einkommen, erzielt durch Verkauf an Ausländer, minus dem Teil des heimischen Einkommens, der an Ausländer verausgabt wurde). Daher verursacht eine positive Handelsbilanz eine sekundäre Beschäftigungszunahme. Der Saldo der Handelsbilanz ist so einer der Einflüsse, die das Niveau des Einkommens und folglich des Sparens im Inland bestimmen. Da das Sparen in einer Volkswirtschaft für jede Periode gleich der Investierung in dieser Periode ist, ist Sparen gleich der heimischen Investierung plus oder minus dem Saldo der Handelsbilanz." (J. Robinson, Essays in the Theory of Employment. 2. Aufl. Oxford 1947, S. 136 f.)

Die Einkommensgleichungen, ergänzt durch die Symbole Ex für Exporte und Im für Importe, werden demnach zu:

$$Y = C + I + Ex \quad (1) \quad \text{und}$$

$$Y = C + S + Im \quad (2),$$ woraus sich die Erweiterung der Gleichung $I = S$ zu

$$I + Ex = S + Im, \text{ bzw.}$$

$$I + (Ex - Im) = S \quad (3),$$

ergibt.

Ex — Im ist der (positive oder negative) Saldo der Handelsbilanz. Ein Exportüberschuß gleicht eine Differenz $S > I$ aus, ein Importüberschuß eine Differenz $S < I$. Bei $I = S$ muß auch $Ex = Im$ sein.

In Abb. 9 wird zur Höhe der als einkommensunabhängig angenommenen Investierungen I die ebenfalls von der Höhe des Inlandseinkommens unabhängige (nämlich von der Höhe des Auslandseinkommens abhängige) Höhe des Exports Ex als Kurve I + Ex addiert, zur Sparfunktion S (Y) die Importfunktion Im (Y). Der Schnittpunkt R bezeichnet das Einkommen Y_1, bei dem I + Ex = S + Im. Im dargestellten Falle ist I um PQ > S, in gleicher Größe Ex (= RP) < Im (= RQ). Veränderungen der Form und der Lage der Funktionen ergeben andere Einkommenshöhen.

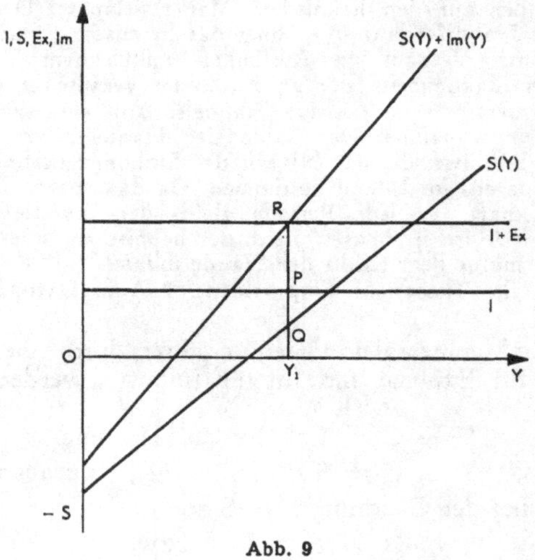

Abb. 9

Neben dem Kapazitätseffekt der Investierungen bleibt hier unberücksichtigt die Rückwirkung auf das Inlandseinkommen durch den Umstand, daß inländische Importe als Exporte des Auslands das dortige Einkommen und damit die ausländischen Importe als Exporte des Inlands beeinflussen. Auch die Einflüsse auf die Handelsbilanz bleiben unbeachtet; im dargestellten Falle liegt ein Defizit vor, da Im > Ex.

Auch hier bedeutet die Gleichheit der realisierten Größen nicht notwendig Gleichgewicht als Gleichheit der geplanten Größen. Werden, wie in der Darstellung, Investierungen und Exporte als in bestimmter Höhe durchgeführt angenommen, so vollzieht sich die Anpassung durch das Auftreten ungeplanter Größen des Sparens und des Imports.

2. Importquote und Größe des Multiplikators

Die Abhängigkeit der Höhe des Imports von der des Sozialprodukts wird ausgedrückt durch die Importfunktion Im = Im(Y), für deren Form angenommen wird, daß der Import sich gleichsinnig mit dem Einkommen verändert, aber nicht um die volle Höhe der Veränderung. Die marginale Importquote $\frac{dIm}{dY}$, bezeichnet mit m, wird also wie die marginale Sparquote als positiv und kleiner als 1 angenommen; sie sei vereinfachend als konstant gesetzt.

Die Einkommenselastizität der Nachfrage nach Importen hängt vom Verhältnis der marginalen zur durchschnittlichen Importquote ab (vgl. § 3 Ziff. 3). Im langfristigen Durchschnitt ist in Großbritannien $\frac{Im}{Y}$ etwa 0,3, dagegen $\frac{dIm}{dY}$ etwa 0,5, dagegen sind für die USA Werte von etwa 0,06 und 0,1 berechnet worden.

Die Einkommensgleichungen lauten:

$$Y = C + I + Ex - Im \quad \text{(Entstehung)} \quad \text{und}$$
$$Y = C + S \quad \text{(Verwendung)}$$

I und Ex seien autonom bestimmt, S und Im einkommensabhängig:

$$Y = b \cdot Y + \overline{I} + \overline{Ex} - m \cdot Y$$
$$Y = b \cdot Y + s \cdot Y, \text{ so daß: } b + s = 1$$

Veränderte Größe von Ex ergibt den Multiplikatorausdruck:

$$\Delta Y = \frac{1}{1-b+m} \cdot \Delta Ex = \frac{1}{s+m} \Delta Ex$$

Der Multiplikator ist also umso kleiner, je größer die „Importneigung“ m ist, nämlich die „Abflüsse“ („leakages“)

aus dem inländischen Einkommenskreislauf durch Importe.

Soll berücksichtigt werden, daß ein Teil der Importe nicht aus Verbrauchsgütern besteht, sondern aus Rohstoffen etc., die in die heimischen Investierungen eingehen, so kann in die Größe des Multiplikanden (I + Ex) der Import von Investitionsgütern (Im_i) sowie der Import von Gütern, welche zur Produktion von Exportgütern verwendet werden (Im_{ex}) einbezogen werden, während der Import von Verbrauchsgütern (Im_c) die Größe des Multiplikators beeinflußt:

$\Delta Y = \frac{1}{s + m_c} (\Delta I - \Delta Im_i + \Delta Ex - \Delta Im_{ex})$, wobei m_c den marginalen Zuwachs an importierten Verbrauchsgütern bei einer marginalen Veränderung des Einkommens ausdrückt.

§ 3. Zwischenstaatliche Ausgleichsvorgänge

1. Allgemeines

Die durch Standortsbedingungen, Hemmungen der Bewegungen von Produktionsfaktoren und staatliche Wirtschaftspolitik begrenzte, aber nicht aufgehobene Interdependenz der wirtschaftlichen Erscheinungen im weltwirtschaftlichen Raum macht sich vorzugsweise geltend in der Richtung, Stärke und Veränderung der Güter- und Kapitalbewegungen zwischen den Ländern. Ihnen kann theoretisch ein „Gleichgewichtszustand“ als jener zugrunde gelegt werden, auf den hin die Übertragungsvorgänge tendieren, sofern sie sich ungestört auswirken könnten. Nach dem Prinzip der komparativen Kosten wird jedes Land die Kosten der Inlandsproduktion eines Gutes mit dem Preis vergleichen, zu dem es importiert und exportiert werden kann. Im Gleichgewicht wird kein Gut produziert, das zu geringeren Kosten importiert werden kann, und der Export wird ausgedehnt bis zum Punkt der Gleichheit von Grenzkosten und Grenzerlös.

Die Darlegung dieser Beziehungen ist Aufgabe der allgemeinen Außenhandelstheorie. Im Zusammenhang der jetzigen Betrachtungen ist auf die operativen Faktoren hinzuweisen, welche für die Einkommensbildung im Inland bei wirtschaftlichen Veränderungen in anderen Ländern wirksam sind. Sie können einen Veränderungsimpuls im Sinne eines Ausgleichs, d. h. drosselnd oder bremsend, aufnehmen, können ihn aber auch kumulativ verstärkt zurückwirken lassen.

Operative Faktoren dieses Sinnes sind Angebots- und Nachfrageänderungen im internationalen Bereich. Sie können sowohl preis- wie mengenmäßig bedingt sein und wirksam werden. Analytisch kann bei der Untersuchung mit den Werkzeugen der Elastizitäten der Angebots- und Nachfrageveränderungen in bezug auf die Preise einerseits, auf Einkommensänderungen andererseits gearbeitet werden.

Die Einkommenselastizität des Imports liegt der bereits behandelten „Importfunktion" zugrunde. In kurzer Übersicht ist zu zeigen, wie die Exportabhängigkeit von Einkommen des Auslands, die Importabhängigkeit von eigenen Einkommen eine Übertragung von Einkommensänderungen eines Landes auf andere Länder und zurück bewirken. Diesen Hinweisen werden einige Bemerkungen über die klassische Theorie der Übertragungsvorgänge durch Änderungen der Preisrelationen vorangestellt.

2. Preisbestimmte Ausgleichsvorgänge, Goldautomatik

Die Klassik spricht der Beweglichkeit der Güterpreise die Aufgabe und die Fähigkeit zu, angebotene und nachgefragte Mengen von Gütern stets zu einem Ausgleich zu bringen. Dies auch so, daß das Gesamtangebot und die Gesamtnachfrage stets zum Niveau der „Vollbeschäftigung" tendieren (Say'sches Theorem). Dieses Grundprinzip wird nach der Klassik durch die Einbeziehung der Außenwirtschaft nicht verändert. Sie beeinflußt nicht die Beschäftigungslage im Inland, wohl aber wird die möglichst freie Beweglichkeit der Güter über die Landesgrenzen die Ausnutzung der verfügbaren Produktionsmittel verbessern, weil die relative Gunst der Standortsfaktoren der einzelnen Produktionen zur Geltung kommt. Im besonderen zeigt die Theorie der komparativen Kosten, daß bei zwischenstaatlichem Güterverkehr durch Einsatz der Faktoren in Produktionen mit relativ günstigerer Produktivität im Austausch gewisse Güter mit geringerem Kostenaufwand vom Ausland beschafft werden können, als sie bei Inlandsproduktion erfordern würden, so daß insgesamt die produktive Ergiebigkeit des Einsatzes erhöht wird.

Soweit die Zahlungsbilanz die Werte der Handelsbilanz wiedergibt, müßten Veränderungen der Werte der Import- und Exportmengen deren bisherige Gleichgewichtslage ändern, d. h. Devisen würden im Überschuß nachgefragt oder angeboten werden. Sind aber die Devisenkurse fixiert, so überträgt sich das Ungleichgewicht auf die Preise der Importgüter und Exportgüter; das soll tendenziell das Ungleichgewicht beseitigen.

Hauptform dieses Ausgleichsvorgangs ist der sog. Goldautomatismus (zuerst bei David Hume, Political Discourses. 1752). Wenn die in Handelsbeziehungen stehenden Länder den Wert ihrer Währungseinheiten je an einem bestimmten Goldquantum fixiert haben, d. h. wenn Gold in jeder Währung einen festen Preis hat, zu dem es jederzeit (bei der Zentralbank) käuflich und verkäuflich ist, dann können internationale Zahlungen zu dem dadurch fixierten „Parikurs" (zuzüglich der Kosten der Goldverschiffung) in Gold statt durch Kauf und Verkauf von Devisen geleistet werden; der Devisenkurs kann daher nur innerhalb der sog. „Goldpunkte" schwanken. Ein Ungleichgewicht der Handelsbilanz wird also durch Goldimporte und -exporte ausgeglichen. Da aber die Goldmenge im Inland als Deckungsbestand die inländische Geldmenge bestimmt, bedeuten Goldabflüsse Verminderung der inländischen Geldmenge und dadurch erhöhte Inlandskaufkraft des Geldes, also fallende Inlandspreise; umgekehrt Goldzuflüsse. Die dadurch veränderte Relation zwischen Inlands- und Auslandspreisen aber wirkt auf die Import- und Exportmenge im Sinne eines Ausgleichs der gestörten Handelsbilanz zurück. Demnach also: ein Überschuß an

Importen würde durch Goldabflüsse zu einer Senkung des inländischen Preisniveaus, dadurch zu einer Drosselung der Importe und Erhöhung der Exporte führen und den Überschuß so wieder zum Verschwinden bringen; umgekehrt ein Exportüberschuß.

Das Theorem wurde verfeinert und abgewandelt durch die seit dem 19. Jahrhundert wachsende Bedeutung der Zentralbankpolitik und der Kreditschöpfung der Banken. Durch die Diskontpolitik wurde der Ausgleich sowohl durch Einflußnahme auf das Preisniveau wie auf die kurzfristigen Kapitalbewegungen zu einer Richtlinie der Zentralbankpolitik erhoben, wobei als Norm galt, daß bei Gold- und Devisenabflüssen der Diskontsatz zu erhöhen, umgekehrt zu senken sei. Dieser Diskontpolitik lag folgende theoretische Konzeption zu Grunde: Da Goldabflüsse als ein Zeichen für ein im Vergleich zum Ausland zu hohes Preisniveau galten, sollte durch eine Diskonterhöhung die Inlandsnachfrage gedrosselt, damit letztlich das Preisniveau gesenkt und eine Verbesserung der Handelsbilanz angestrebt werden. Ferner sollte bei Goldabfluß durch Diskonterhöhung ausländisches Kapital angezogen werden. Einer Diskontsenkung schrieb man entgegengesetzte Wirkung zu.

Abgesehen von der Frage, ob der Mechanismus auch für die Beseitigung größerer Störungen ausreiche (Goldwährung als „Schönwetterwährung"), wurde praktisch erkennbar und theoretisch nachweisbar, daß das Funktionieren abhängig ist von den Elastizitäten der Export- und Importgüter in bezug auf Preisveränderungen; nur wenn diese ausreichend hoch sind, können sich die Ausgleichsbewegungen ohne Beeinflussung des Gesamtniveaus der Beschäftigung vollziehen.

Bei einer Veränderung der Inlandspreise gegenüber den Auslandspreisen wird der Devisensaldo des Außenhandels beeinflußt durch die Veränderung der Exporterlöse und der Importkosten des Inlands. Die Elastizität der Importnachfrage des Auslandes bei einer Veränderung der Exportpreise des Inlandes bestimmt die Veränderung der Exporterlöse, die der Importnachfrage des Inlands bei Veränderung der Importpreise die Veränderung des Bedarfs an Devisen für Importzahlungen.

Das Ausmaß der Störungen der internationalen Wirtschaft durch den ersten Weltkrieg und die zunehmende

Tendenz, den Außenhandel als Instrument für die nationale Wirtschafts- und Beschäftigungspolitik zu verwenden, statt umgekehrt diese zum Instrument für die Herbeiführung eines internationalen Ausgleichs einzusetzen, hat den Goldmechanismus außer Kraft gesetzt, ohne allerdings die Rolle des Goldes als internationales Zahlungsmittel aufzuheben.

3. Einkommensbestimmte Ausgleichsvorgänge

Die Neufassung des Ausgleichsproblems beruht auf der Einsicht, daß die für Importe bereitgestellte Kaufkraft nicht nur von der Höhe der Importpreise bei gegebener Höhe des Einkommens abhängig ist, sondern auch von der Höhe des Inlandseinkommens bei gegebenen Preisen der Importgüter. Damit können auch bei völligem Ausschluß von Preisveränderungen Exporte und Importe für die Einkommensbildung und -verwendung des Inlands wirksam werden. Diese Betrachtung erweitert sich ohne weiteres durch die Erwägung, daß Importe eines Landes Exporte anderer Länder sind, daher sich die Einkommensveränderungen eines Landes auf andere übertragen.

Verändert sich das Inlandseinkommen aus welchen Gründen immer, so gemäß der Importfunktion die Höhe der Importe. Im Ausdruck der Einkommenselastizität des Imports demnach:

$$\frac{\Delta \mathrm{Im}}{\mathrm{Im}} : \frac{\Delta Y}{Y} \text{ bzw. } \frac{\Delta \mathrm{Im}}{\Delta Y} : \frac{\mathrm{Im}}{Y}.$$

„Die relative Stärke der Expansions- oder Kontraktionsimpulse, die ein Land als Ergebnis binnenländischer Einkommensschwankungen an das Ausland überträgt, wird durch seine marginale Importquote bestimmt. Aber die relative Amplitude der Fluktuationen in seiner Nachfrage nach Importgütern kann größer oder kleiner sein als die der entsprechenden heimischen Fluktuationen. Wenn ein gegebener Prozentsatz einer Veränderung des Nationaleinkommens dieselbe prozentuale Veränderung im Import hervorruft, ist die Einkommenselastizität der Nachfrage nach Importgütern gleich eins. Eine Elastizität größer oder kleiner als eins bedeutet, daß die Ausgaben für Importe einen größeren oder kleineren prozentualen Bereich der Variationen haben als das Nationaleinkommen." (R. Nurkse, in: Harris (Edit.), The New Economics. New York 1948, S. 270.)

Importveränderungen eines Landes sind notwendig Exportveränderungen anderer Länder. Eine Einkommenserhöhung in einem Land überträgt sich somit je nach der Einkommenselastizität des Imports einkommenserhöhend auf andere Länder, die damit aber ihrerseits durch höhere Importe die Einkommenshöhe in anderen Ländern zunehmen lassen, darunter auch des Landes, von dem die Bewegung ausgegangen ist. Isoliert man die Betrachtung auf zwei Länder, so läßt sich mit der Annahme bestimmter Größen der Importquoten und Sparquoten die Höhe der beiderseitigen Multiplikatoren feststellen und der Bewegungsablauf analysieren. Wesentlich schwieriger wird die Betrachtung, wenn die multilateralen Beziehungen im Außenhandel berücksichtigt werden, also das Zwei-Länder-Modell aufgegeben wird, und außer den Einkommenseffekten auch mögliche Preiseffekte berücksichtigt werden. Auf diese analytischen Betrachtungen kann hier nicht eingegangen werden.

4. Handelspolitik und Beschäftigungspolitik

Durch ihre Staats- und Währungshoheit können die einzelnen Länder den Grad der Verflochtenheit ihrer Wirtschaften mit der Weltwirtschaft beeinflussen. Je stärker die Abhängigkeit ihrer Beschäftigungs- und Versorgungslage von Export und Import ist, um so stärker sind die Rückwirkungen der weltwirtschaftlichen Lage auf das Inland. Je größer andererseits der Importanteil des betreffenden Landes am Welthandel ist, um so stärker sind die Rückwirkungen schwankender inländischer Beschäftigungslage auf die Weltwirtschaft.

Obwohl z. B. der Anteil des Außenhandels am Gesamtprodukt der USA gering ist, ist ihr Anteil am Gesamtwelthandel und die Einkommenselastizität ihres Imports groß, so daß

Schwankungen der Beschäftigungslage der USA sich fühlbar auf andere Länder übertragen können.

Da Export als ausländische Nachfrage im Inland einkommensbildend ist, während die Verwendung von Inlandseinkommen zu Importen die einkommensbildende Nachfrage in das Ausland verlegt, kann durch Förderung des Exports und Drosselung des Imports die inländische Beschäftigungslage gehoben werden. Eine solche Handelspolitik ist aber aggressiv, da sie in den Partnerländern die entgegengesetzte Wirkung auf die Beschäftigung hat. Sie ruft daher Gegenmaßnahmen hervor. Wie in der Weltwirtschaftskrise der dreißiger Jahre kann es so zu einem Wettlauf der handels- und währungspolitischen Kampfmaßnahmen kommen, die zu einer solchen Drosselung und Zerstörung der Weltwirtschaft führen, daß der Versuch, auf Kosten anderer Länder eigene Vorteile zu erringen, aussichtslos wird. Das Prinzip, daß die eigenen Exportmöglichkeiten abhängig sind von der Importbereitschaft anderer Länder, diese aber wieder von der eigenen Importwilligkeit, setzt sich auf die Dauer durch.

Den Versuch, die durch unzureichende inländische Nachfrage verursachte Arbeitslosigkeit durch Forcierung des Exports und Drosselung des Imports auf Kosten des Auslands auszugleichen, d. h. also die Arbeitslosigkeit zu „exportieren", bezeichnet man als „Beggar-my-Neighbour-Politik". (Der „Schwarze Peter" wird dem Ausland zugespielt.)

Auslandsinduzierten ungünstigen Einflüssen auf die heimische Beschäftigungslage kann durch defensive Handelspolitik und binnenwirtschaftlich ausgleichende Beschäftigungspolitik entgegengetreten werden. Die weltwirtschaftliche Solidarität fordert nicht, daß ein Land sich depressiven Tendenzen des Weltmarktes widerstandslos anschließt, wohl aber, daß die Gegenmaßnahmen diese Tendenzen nicht verstärken. So wird z. B. ein Land, welches inländische Beschäftigungspolitik durch erhöhte Inlandsinvestierungen betreibt, ein „Ausfließen" der Beschäftigungswirkung in das Ausland durch erhöhte Importe abwehren, wenn es damit rechnen muß, daß das Ausland keinen Ausgleich durch erhöhte Bezüge der heimischen Exporte zuläßt; dagegen würden die weltwirtschaftlichen Schwierigkeiten erhöht, wenn das abwehrende Land seinerseits zur „Beggar-my-Neighbour-Politik“ übergeht. Durch Sicherung der Erhaltung des inländischen Beschäftigungsniveaus entgegen depressiven Tendenzen des Weltmarkts wird tendenziell die weltwirtschaftliche Lage stabilisiert. Die weltwirtschaftliche Interessengemeinschaft und Solidarität fordert, daß Störungen der eigenen Beschäftigungslage durch geeignete Maßnahmen zur Hebung der Beschäftigung im Inland bekämpft werden, aber nicht auf Kosten der Beschäftigungslage anderer Länder.

Das Freihandelsargument gilt, wenn die Welt als einheitlicher Wirtschaftsraum und Markt angesehen wird und wenn vorausgesetzt werden kann, daß lokale Störungen nicht kumulativ auf andere Länder übertragen werden, vielmehr die weltweite Verflechtung ausgleichende Gegentendenzen wirksam macht. Es ist also die Geltung des Say'schen Theorems in bezug auf die gesamte Weltwirtschaft vorausgesetzt. Ablehnung des Theorems und damit wirtschaftspolitische Einflußnahme auf die Beschäftigungslage bedeutet nicht, daß das nationale Interesse Isolierung und Verzicht auf weltwirtschaftliche Beziehungen erfordere, wohl aber, daß alle Länder sich ihrer Verantwortung für die Erhaltung hoher und stabiler Beschäftigungslage bewußt sind. Die Charta der Vereinten Nationen legt in den Artikeln 55 und 56 die Pflicht der Mitgliedsstaaten zur Sicherung einer hohen und stabilen Beschäftigungslage fest, und zwar als Voraussetzung für wirtschaftlichen und sozialen Fortschritt wie als notwendige Vorbedingung für das Funktionieren eines internationalen Wirtschaftssystems und einer stabilen und sich ausweitenden Weltwirtschaft.

5. Internationale Kapitalbewegungen

Die Bedeutung des internationalen Kapitalverkehrs für die Einkommensbildung und Beschäftigungslage kann nur in wenigen Hinweisen aufgezeigt werden.

Daß für die gesamte Weltwirtschaft der Wert aller Exporte gleich dem Wert aller Importe ist, bedeutet keineswegs, daß dieser Ausgleich auch für jedes Land gilt, vielmehr treten regelmäßig Länder mit Exportüberschüssen solchen mit Importüberschüssen gegenüber. Der Zahlungsbilanzausgleich geschieht durch Kapitalbewegungen.

Grundsätzlich sind als kurzfristig solche Kapitalbewegungen anzusehen, welche zeitliche Differenzen zwischen den Zahlungsverpflichtungen aus Importen und Zahlungsansprüchen aus Exporten ausgleichen und die sich in Veränderungen der Gold- und Devisenbestände zeigen, welche nicht auf einem langfristigen Ungleichgewicht zwischen dem Saldo der Handelsbilanz und dem Saldo der Kapitalverkehrsbilanz beruhen.

Bei langfristigen, durch die Wirtschaftsstrukturen und den erreichten Entwicklungsstand bedingten Differenzen zwischen Importen und Exporten aber muß der Ausgleich durch langfristige Kapitalbewegungen vollzogen werden. Führen anhaltende Exportüberschüsse zu ständigen Anreicherungen der Devisenbestände, also der kurzfristigen Forderungen gegen das Ausland, so werden diese, soweit sie Aktivbestände der Zentralbank sind, durch zusätzliche Schaffung von Inlandsgeld durch die Zentralbank erworben, d. h., die Geldmenge im Inland steigt. Sind nun diese Exportüberschüsse bewirkt durch Inflationen im Ausland, so würde es sich bei diesem Vorgang um „importierte Inflation“ handeln, sofern nicht die Zentralbank eine ausgleichende geldabschöpfende Politik betreibt, z. B. durch Verkauf von Wertpapieren aus ihren Beständen im Rahmen der Offenmarktpolitik.

Nach dem unterschiedlichen Stand der wirtschaftlichen Entwicklung gibt es „typische“ Kapitalausfuhrländer und Kapitaleinfuhrländer. Ein Land, welches anhaltende Exportüberschüsse erzielt, wird zu prüfen haben, ob das nicht ein Anzeichen dafür ist, daß es sich zu einem Kapitalausfuhrland entwickelt hat. In diesem Falle wäre der Exportüberschuß nicht abzubauen, aber durch langfristige öffentliche oder private Kredite an das Ausland muß eine Konsolidierung erreicht und die ständige Verflüssigung des inländischen Geldmarktes vermieden werden.

„Wenn ein Land ein junges Schuldnerland ist, sind die Importe größer als die Exporte, und die heimischen Investierungen übersteigen das inländische Sparen. Auslandskapital füllt die

Lücke. In manchen Fällen muß die Inlandsinvestition ausländisches Kapital abwarten und der Importüberschuß tritt dann auf, wenn ausländische Fonds verfügbar sind, um ihn zu finanzieren. In anderen Fällen mag es eine Tendenz geben, daß Inlandsinvestierungen das Inlandssparen übersteigen; dann entwickelt sich der Importüberschuß vor der Verfügbarkeit über langfristiges Kapital aus dem Ausland, und die passive Bilanz der laufenden Rechnung bewirkt die Heranziehung von Auslandskapital. Später, wenn das Land ein „reifes" Schuldnerland oder ein junges Gläubigerland ist, übersteigen die Exporte die Importe, und heimisches Sparen ist größer als inländisches Investieren." (G. M. Meier and R. E. Baldwin, Economic Development. New York-London 1957, S. 237.)

Als Gegenwert für die gewährten Kredite müssen nicht notwendig Investitionsgüter vom Ausland bezogen werden; es kann durch Bezug von Verbrauchsgütern ermöglicht werden, Arbeiter in der heimischen Investitionsgüterproduktion einzusetzen.

Unabhängig von den zahlungsbilanzmäßigen Vorgängen und den Formen der Übertragung („Transferproblem") bedeutet eine Kreditgewährung an das Ausland die Einräumung eines Anspruchs auf Inlandsgüter, während die Kredittilgung bzw. die Zahlung von Zinsen durch Lieferung realer Güter und Dienste des Schuldnerlandes an das Gläubigerland erfolgen muß. Die Krediteinräumung ermöglicht also dem kreditempfangenden Land die Erzielung eines Importüberschusses, während die Zahlung durch Exportüberschüsse erfolgen muß, soweit nicht durch Gewährung zusätzlicher Kredite ein Ausgleich geschaffen wird.

Kap. V. Konjunkturen und Konjunkturtheorien

§ 1. Konjunkturzyklen und ihre Phasen

1. Trend und Zyklen im Wirtschaftsablauf

Die seit dem 18. Jahrhundert sich gestaltenden Volkswirtschaften der westlichen Welt sind ihrem Wesen nach nicht stationär, sondern ausgeprägt evolutionär und zwar wachsend („fortschreitend"). Dabei waren die Wachstumsraten ungleichmäßig. Dies aber nicht in regelloser Verteilung, sondern in einer wellenförmigen Abfolge von Perioden über- und unterdurchschnittlichen Wachstums: „Konjunkturwellen" („wirtschaftliche Wechsellagen", „business cycles"). Solche Wellen überlagern eine Basis- oder Trendlinie, welche sich als statistische Größe der allgemeinen („von Schwankungen bereinigten") Entwicklung der Wirtschaft feststellen läßt und langfristig steigend war. Auf diese Linie bezogen ergeben sich die unterschiedlichen Höhen (Amplituden) der Ausschläge, während die Abstände zwischen den einzelnen Wellen (Intervalle) eine mehr oder weniger ausgeprägte Periodizität aufwiesen. Die Stabilität (Stetigkeit) des Wirtschaftswachstums ist um so größer, je geringer die Ausschläge um den steigenden Trend sind.

Von einer konjunkturellen Bewegung der Wirtschaft im ganzen kann nur gesprochen werden, wenn die durchaus nicht gleichmäßig (synchron) verlaufenden Zeitreihen der einzelnen wirtschaftlichen Größen zu Aggregaten zusammengefaßt werden, wobei namentlich die zeitliche Entwicklung von Preisen, Umsatzmengen, Produktions- und Beschäftigungsmengen festgestellt und korreliert wird. Dabei ergeben sich u. a. folgende Regelmäßigkeiten, welche es rechtfertigen, von einer stärker oder schwächer ausgeprägten Typik der konjunkturellen Abläufe zu sprechen:

a) Mengen- und Preisbewegungen tendieren sowohl in aufsteigender wie in fallender Bewegung zur Gleichsinnigkeit, so daß mit wachsenden Beschäftigungs- und Produktionsmengen steigende Preise, mit abnehmenden fallende Preise verbunden sind.

b) Das bedeutet, daß Veränderungen der Mengen nicht durch entgegengesetzte Veränderungen der Preise, sowie umgekehrt solche der Preise durch entgegengesetzte der Mengen wieder zu einem Ausgleich gebracht werden. Vielmehr ergibt sich durch die der Tendenz nach gleichsinnige Veränderung dieser Größen eine von der Ausgangslage wegführende (kumulative) Bewegung, welche nach mehr oder weniger ausgeprägtem Abbruch in die entgegengesetzte Veränderungsrichtung umschlagen kann.

c) Diese Bewegungen sind am stärksten in der Produktion von Kapitalgütern, langfristigen Verbrauchsgütern, Wohnbauten und in der Höhe der öffentlichen Ausgaben, gelegentlich auch im Export, d. h. die Ausgaben dieser Art schwanken prozentual stärker als die für Güter des unmittelbaren Verbrauchs.

d) Die Konjunkturbewegung ist daher primär eine Erscheinung der industriellen Erzeugung dauerhafter Güter, während die landwirtschaftlichen Umsätze sich als stark abhängig von der Kaufkraft der industriell Beschäftigten erweisen und geringere Mengenänderungen, dafür größere Preisveränderungen erfahren.

e) Die Ausgaben für Lagerbildungen schwanken prozentual stärker als die Umsätze.

f) Die Gewinneinkommen weisen größere prozentuale Veränderungen auf als die sonstigen Einkommen.

g) Alle Veränderungen vollziehen sich durchweg in verschiedenen Proportionen und nach Beginn und Dauer ungleichen Abläufen, so daß Spannungen auftreten, welche die Erreichung eines „harmonischen" Wachstums wie eines „stabilen Gleichgewichts" erschweren oder verhindern.

2. Die Erfassung der zyklischen Komponenten im Wirtschaftsablauf

Zur Erfassung der konjunkturellen Ablaufsvorgänge müssen Veränderungen des Wirtschaftsgeschehens ausgeschieden werden, welche „zufällig" sind, weil ihre Ursachen keiner erkennbaren Gesetzlichkeit folgen und unregelmäßig auftreten („Zufallskomponenten"). Ferner werden auch Schwankungen ausgeschlossen, deren Perioden kürzer sind als ein Jahr, wie die täglichen und wöchentlichen Rhythmen der Umsätze des Einzelhandels, die monatlichen und vierteljährlichen Rhythmen in der Beanspruchung kurzfristiger Bankkredite, namentlich aber die jährlichen Saisonschwankungen, die durch Einflüsse der Jahreszeiten und institutionelle Gegebenheiten (Ferienzeiten, Weihnachtsgeschäft u. ä.) bedingt sind.

Die von diesen Einflüssen bereinigten Zeitreihen wirtschaftlicher Größen können nun als Schwankungen auf einen Trend bezogen werden, der durch die Glättung dieser Schwankungen als ein Durchschnitts- oder Mittelwert gewonnen wird. — Nach diesem Verfahren und aus der jeweiligen Zusammenfassung einzelner Zeitreihen ergibt sich nicht eine einzige Konjunkturwelle, vielmehr können mehrere zyklische Vorgänge von mehr oder weniger umfassendem Charakter durch Bearbeitung der statistischen Daten aufgewiesen und in ihren gegenseitigen Beziehungen untersucht werden.

Häufig werden als Zyklen umfassenden Charakters die folgenden unterschieden und nach dem Vorschlag von Schumpeter (Business Cycles. A Theoretical, Historical, and Statistical Analysis of the Capitalist Process. New York/London 1939) bezeichnet:

1. Der „Juglar-Zyklus". (C. Juglar, Des crises commerciales et de leur retour périodique en France, en Angleterre et aux Etats Units. 1860.) Die Perioden dieses Zyklus mit einer Länge von 7 bis 11 Jahren wurden von Juglar in der Bewegung der Preise, namentlich der Zinssätze aufgewiesen, wobei er die Phasen Prosperität, Krise und Liquidation unterschied. Dieser Zyklus galt lange als der eigentliche bzw. einzige Konjunkturzyklus.

2. Der „Kondratieff-Zyklus". (N.D. Kondratieff, Die langen Wellen der Konjunktur. In: Archiv für Sozialwissenschaften und Sozialpolitik, 56. Bd., 1926.) Gemeint sind Wellen mit einer Periodizität von 50 bis 60 Jahren, so daß ein „Kondratieff-Zyklus" etwa 4 bis 5 „Juglar-Zyklen" übergreift.

Kondratieff datierte:

Hochpunkte		1810/17		1870/75		1914/20
Tiefpunkte	1780/90		1844/51		1890/96.	

Die Datierung sowie der Nachweis der Zyklen sind umstritten, namentlich wieweit den festgestellten Preisschwankungen solche der Produktions- und Umsatzmengen entsprechen. Die Zyklen sind in Zusammenhang gebracht worden mit dem Einsetzen wesentlicher technischer Neuerungen („industrielle Revolution", Eisenbahnbau und Stahlerzeugung, Elektroindustrie und Großchemie als auslösende Faktoren); auch auf die Goldfunde (Ende der vierziger Jahre in Kalifornien, der neunziger Jahre in Südafrika) ist hingewiesen worden.

3. Der „Crum-Kitchin-Zyklus" (auch „Mitchell-Zyklus") ist eine namentlich in den USA und England beobachtete ein- bis zweimalige Unterbrechung des aufsteigenden Astes des Juglar-Zyklus durch „Rezessionen", so daß sich ein kürzerer Zyklus von 40 bis 50 Monaten ergibt. Es handelt sich vor allem um Schwankungen in den Umschlagshäufigkeiten der Bankdepositen, der Großhandelspreise und der Zinssätze, die namentlich auf Veränderungen in der Höhe der Lagerhaltungen zurückgeführt werden.

Neben solchen Bewegungen allgemeineren Charakters können weitere begrenzteren Umfangs aufgewiesen werden.

a) Die im „Spinnweb-Theorem" (Bd. II, Kap. VI, § 3, Ziff. 2) behandelte verzögerte Anpassung der Angebotsmenge kann zur Erklärung des in Schweden und den USA festgestellten Bauzyklus, in USA mit Perioden von 17 bis 20 Jahren, beitragen: bei hohen Mieten erfolgt eine starke Neuerstellung von Wohnhäusern, nach deren Fertigstellung die Angebotsmenge den Bedarf übersteigt und zu einer Miet- bzw. Preissenkung führt, mit entsprechendem Abstoppen der Neubautätigkeit.

b) Erfolgt die Produktion von langfristigen Kapitalgütern in zeitlicher Ballung, so wird sich bei gegebener Lebensdauer der Reinvestitionsbedarf in entsprechender zeitlicher Ballung bemerkbar machen („Echo-Wirkung"), was zu „primären" Investitionszyklen führt. — „Sekundäre" ergeben sich daraus, daß in Anpassung an die allgemeine Konjunkturlage in der Depression Reinvestierungen aufgeschoben, in der Prosperität nachgeholt und durch beschleunigte Abschreibungen noch verstärkt werden.

Diese und andere rhythmische Verläufe einzelner Wirtschaftsgrößen können für die gesamte Wirtschaftslage bei entgegengesetzter Richtung stabilisierend wirken, können sich aber auch wechselseitig verstärken und dadurch die Unstabilität des Systems erhöhen.

Im Verhältnis der einzelnen Zeitreihen zueinander können unterschieden werden: synchrone Parallelbewegungen, synchrone Gegenbewegungen und Veränderungen einer Zeitreihe, die mit einem zeitlichen Abstand („Verzögerung", „lag") die Veränderung einer anderen bewirken. Aus der Annahme, daß sich gewisse Zeitreihen in typischer Weise folgen, wurde in den dreißiger Jahren das sog. „Harvard-Konjunkturbarometer" entwickelt: Es wurden Indices zusammengestellt für eine Gruppe A von Zeitreihen als Ausdruck für das Maß der Börsenaktivität, einer Gruppe B für Produktionstätigkeit und C der Zinssätze. Unterstellt wurde, daß die Bewegungen dieser Indices sich in bestimmten zeitlichen Abständen folgen, so daß etwa eine Abwärtsbewegung von B nur dann konjunkturbedeutsam sei, wenn sie zeitgerecht einer solchen von A folgt, dann aber auch eine Voraussage für die Bewegung von C ermögliche. Diese Form der Konjunkturprognose hat sich aber als unzutreffend erwiesen; sie ist zugunsten einer umfassenden Analyse jeder einzelnen Wirtschaftslage aufgegeben.

3. Die Phasen eines Zyklus

Die Einteilung in Phasen ergibt sich aus der Form des Zyklus als einer Welle, die um eine Basis- oder Trendlinie liegt.

„Expansion" („Aufschwung") ist die aus einem Zustand der Unterbeschäftigung und tiefer Preise herausführende Entwicklung der Umsatz- und Produktionstätigkeit mit zunächst geringer, dann zunehmend stärkerer Erhöhung der Preise im Maße des steigenden Wettbewerbs um die knapper werdenden Produktionsfaktoren. Dies und die Erhöhung der Zinssätze hemmen aber die Expansion nicht, solange die Ertragserwartungen der Durchführung weiterer Nettoinvestierungen genügenden Anreiz bieten.

Die Bewegung kann zum Zustand der „Hochkonjunktur" („boom") mit lebhafter Geschäftstätigkeit bei erreichter und sogar überschrittener Vollbeschäftigung führen, bis die Expansion ihr Ende erreicht und möglicherweise in die entgegengesetzte Bewegung umschlägt. Ist der Umschlag ausgeprägt und durch Häufung partieller Störungen, Zusammenbrüche etc. gekennzeichnet, so wird der Zustand als „Krise" bezeichnet.

Die „Kontraktion" ist die der Expansion entgegengesetzte Bewegung, gekennzeichnet durch fortgesetzten Rückgang der Bruttoinvestierungen, zunehmende Unterbeschäftigung, Druck auf Preise und Zinssätze.

Bei Abschluß dieser Bewegung kann die Wirtschaft längere Zeit im Zustand der „Depression“ verharren, mit geringer Geschäftstätigteit, anhaltender Arbeitslosigkeit, geringen oder fehlenden Nettoinvestierungen, wobei auch tiefe Zinssätze und die relative Billigkeit der Produktionsmittel die ungünstigen Ertragserwartungen nicht auszugleichen vermögen. Der Übergang in die „Expansion“ vollzieht sich in der Regel langsamer als der Abbruch der Hochkonjunktur.

Dieses allgemeine Schema wird in den verschiedenen Darstellungen und Erklärungen der Konjunkturen wesentlich verfeinert und abgewandelt. So sieht z. B. J. Schumpeter (Business Cycles. A.a.O.) den Bewegungsablauf als ein Schwanken um die „Nachbarschaft des Gleichgewichts“: je stärker sich das System vom Gleichgewicht entfernt, um so stärker werden die Kräfte, die es dahin zurückzuziehen tendieren. Unter dem Einfluß unternehmerischer Initiative entwickelt sich die vom Gleichgewicht wegführende Prosperität, die Rezession tendiert zur Zurückführung zum Gleichgewichtszustand, doch geht die Bewegung in der Depression über diesen hinaus, wird aber durch die Erholung („recovery“) wieder zurückgeleitet. — Einflußreich wurde auch das von A. Spiethoff aufgestellte Schema (Artikel „Krisen“, in: Handwörterbuch der Staatswissenschaften. 4. Aufl. Jena 1925, Bd. VI, S. 38).

4. Probleme der Konjunkturerklärung

Während sachlich und örtlich begrenzte, durch besondere Ursachen wie Mißernten, spekulative Ausschreitungen etc. bewirkte „Krisen“ auch in früheren Zeiten auftraten, sind die zyklischen Konjunkturbewegungen eine Erscheinung der marktwirtschaftlich-industriellen Wirtschaftsweise der neueren Zeit. Das kann erklärt werden durch:

a) die Ausdehnung der Marktwirtschaft, damit der Produktion für fremden Bedarf, die zunehmende Interdependenz und die wechselseitigen Abhängigkeiten in der Volkswirtschaft;

b) die Industrialisierung mit wachsendem Anteil der Investierungen an der Gesamtproduktion, die unter dem Einfluß technischer Neuerungen und der langfristigen Nutzungsdauer der Kapitalgüter als Vorwegnahme eines künftigen, erwarteten Bedarfs empfindlich sind gegen alle störenden Einflüsse;

c) die Geldverfassung, namentlich die Ausweitung des Kreditgeldes und die starke Beweglichkeit der Geld- und Kreditversorgung mit einem komplizierten Überbau von Geld- und Kapitalmärkten (Börsen) aller Art;

d) Hemmungen der freien Preisbewegungen und der dadurch ausgelösten Ausgleichsvorgänge durch zunehmende, technisch und institutionell bedingte Starrheiten, verstärkt durch zunehmend monopolistische Marktformen.

Soweit im theoretischen Ansatz der freien Preisbildung die Kraft zugeschrieben wird, das System „automatisch" zu einer Gleichgewichtslage tendieren zu lassen, kann — von den Hemmungen freier Preisbildung abgesehen — aus der zeitbeanspruchenden und durch Reibungen und Verzögerungen beeinflußten Art der Anpassung abgeleitet werden, daß sich die Bewegung zum Gleichgewicht in Form eines „Einpendelns" vollzieht. Das gilt verstärkt, wenn die Wirtschaftslage durch mehrere Wellen bestimmt wird, die sich wiederum gegenseitig beeinflussen.

Es kann aber auch aus der Struktur der Wirtschaft und aus der Art, wie die Bauelemente des Systems sich gegenseitig beeinflussen, eine der automatischen Ausgleichstendenz entgegenstehende Tendenz zu wiederkehrenden Ungleichgewichtslagen gefolgert werden, etwa so, daß die Produktionskapazität dazu neigt, sich schneller zu entwickeln als die Nachfrage, oder daß das System in sich unstabil ist, weil es ständig in der Entwicklung auf Grenzen (wie Erschöpfung der verfügbaren Produktionsmittel oder des Kreditpotentials) stößt.

Es kann schließlich darauf verwiesen werden, daß das Konjunkturphänomen eine Erscheinung der wachsenden Wirtschaft ist, es sich also keineswegs um eine Störung einer Tendenz zu einem stationären Gleichgewicht handelt, sondern um eine typische Form, in der sich das Wachstum vollzieht.

Soweit einheitliche Züge in der neueren Entwicklung der Konjunkturtheorie festzustellen sind, scheinen sie darin übereinzustimmen, daß

a) die Frage nach einer einzigen und einheitlichen Ursache der Konjunkturschwankungen aufgegeben wird zugunsten der Würdigung der Einmaligkeit jeder einzelnen konjunkturellen Lage und ihrer zu erwartenden Veränderung (Konjunkturprognose);

b) damit auch die Periodizität und Zwangsläufigkeit der Konjunkturen als wiederkehrende Erscheinungen mit näherungsweise gleichen Intervallen zweifelhaft und auch seit den Kriegen nicht mehr feststellbar ist;

c) die wirtschaftlichen Wechsellagen in Zusammenhang gebracht werden mit den Erscheinungen einer wachsenden Wirtschaft, demnach die Konjunkturtheorie in die Wachstumstheorie eingegliedert wird.

§ 2. Überblick über Konjunkturtheorien

1. Allgemeines

Die Konjunktur als eine Erscheinung, welche den Wirtschaftsablauf als gleichsinnigen expansiven oder kontraktiven Tendenzen ausgesetzt behandelt, kann durch den Aufweis einer auslösenden Ursache („Primärimpuls") nicht hinreichend erklärt werden. Denn stets bedarf es des Nachweises, warum das Wirtschaftssystem auf solche Anstöße mit zyklischen Schwankungen reagiert. Dazu bedarf es jeweils genauerer Untersuchung der Interdependenzen zwischen den wirtschaftlichen Größen und der Art, wie sich Impulse zu Veränderungen durch das System hindurch auswirken und fortpflanzen.

Diese Problemstellung wird besonders deutlich, wenn als auslösende Ursache ein wirtschaftsexogener Einfluß angenommen wird, etwa eine durch die Witterung bedingte Veränderung der Erntemengen. Sie „erklärt" nicht die Konjunktur, denn das Problem ist, wodurch und wie ein solcher Anstoß vom System in der Form einer konjunkturellen Bewegung verarbeitet wird.

Dieser Erwägung nach wird es sich bei den verschiedenen Konjunkturtheorien weniger darum handeln, mögliche Anstöße zur Änderung des Wirtschaftsgeschehens aufzuzeigen und ihrer Bedeutung nach abzuwägen, als vielmehr den Wechsel zwischen Expansion und Kontraktion bzw. starken und stockenden Wachstums zu erklären, indem wirkende und bewirkte Faktoren und ihre wechselseitigen Beziehungen umfassend betrachtet werden.

„Normalerweise wird ein komplexes Phänomen wie der Konjunkturzyklus durch eine große Zahl von Faktoren und Umständen verursacht und bedingt. Auch wenn die gleiche Theorie für alle Zyklen gilt, besteht immer noch Raum für eine Menge „verschiedener" Erklärungen, die sich nicht alle logisch ausschließen oder widersprechen müssen. Jede von ihnen betont den einen oder den anderen der wichtigeren Faktoren oder Bedingungen und nennt ihn den ‚dominierenden' oder ‚kausal relevanten' Faktor." (G. Haberler, Prosperität und Depression. Deutsch Bern 1948, S. 18.)

Die folgende Übersicht über einige Typen von Konjunkturerklärungen soll nicht einzelne Konjunkturtheorien vollständig darstellen, sondern die jeweils für die konjunkturelle Unstabilität des Systems verantwortlich gemachten Wirkungszusammenhänge aufzeigen.

2. Natürliche und psychologische Faktoren

Die wohl reinste Form einer „exogenen", d. h. außerwirtschaftliche Ursachen als entscheidend behandelnden Konjunkturtheorie ist vertreten durch Versuche, aus rhythmischen Schwankungen des Wetters solche der Erntemengen abzuleiten, wobei namentlich von bestimmten Perioden des Auftretens von Sonnenflecken, auch von magnetischen Störungen ausgegangen wurde. Abgesehen davon, daß der Nachweis derartiger natürlicher Rhythmen nicht gelungen ist und daß weiter eine entsprechende Beeinflussung der Erntemengen in ausreichender Stärke eine zweifelhafte Annahme ist, bliebe immer noch die Erklärung offen, wie und in welcher Weise sich eine solche Änderung der Ernten auf das gesamtwirtschaftliche Geschehen auswirkt, expansiv oder kontraktiv, und wie es dabei zu den typischen konjunkturellen Erscheinungen kommt. Das gilt um so mehr, als in der entwickelten Weltwirtschaft lokale Ernteausfälle oder -überschüsse durch Welthandel, Veränderungen der Läger etc. ohne weiteres ausgeglichen werden können.

Konjunkturtheorien dieser Art — zuletzt entwickelt durch den Amerikaner H. L. Moore in den zwanziger Jahren dieses Jahrhunderts — gelten heute als unzutreffend.

Wohl noch weniger beweisbar ist die Annahme, daß die psychologischen Stimmungen der Menschen einem rhythmischen Wechsel zwischen Optimismus und Pessimismus, wagemutigem Hinausgreifen in neue Bereiche und vorsichtiger Sicherung des Errungenen unterliegen, etwa bedingt durch die Generationenfolge. Etwas ganz anderes ist es aber, auf die große Bedeutung der psychologischen Faktoren für die Bestimmung des wirtschaftlichen Verhaltens, damit auch für die Veränderungen der Wirtschaftslage hinzuweisen. Namentlich gilt für die Bildung der Erwartungen, daß diese kaum aus den vorliegenden Daten allein ohne den Hinzutritt von Stimmungsmomenten zu erklären sind.

a) Ob z. B. Lohnsenkungen in einer Kontraktion als Zeichen für weiter anhaltende depressive Tendenzen gedeutet werden, oder aber als eine erreichte Kostenverbilligung und Voraussetzung für Produktionsausweitung, ist wegen der Mitwirkung von Stimmungsmomenten aus den objektiven Daten nicht vorauszusagen. Das gleiche gilt etwa für den Einsatz beschäftigungspolitischer Maßnahmen der Regierung, die je nach der allgemeinen Stimmung begrüßt oder negativ gedeutet werden können.

b) Solche Erwartungsbildungen tendieren dazu, gleichmäßig zu werden, so daß Erwartungen der verschiedenen Unternehmer sich in der Wirkung nicht gegenseitig ausgleichen. Zum Teil erklärt sich das aus dem Vorliegen der gleichen Daten, an denen sich die Erwartungsbildung orientiert; aber in der Deutung dieser Daten setzt sich eine allgemeine Stimmung durch. Selbst die „richtigere" Deutung dieser Daten durch eine Minderheit ermöglicht dieser nicht notwendig eine erfolgreichere Verhaltensweise, denn überwiegend gehegte Erwartungen tendieren dazu, realisiert zu werden („Gesetz der sich rechtfertigenden Erwartungen"). Erwartet z. B. die Mehrheit fallende Preise, wird dadurch das Angebot verstärkt und die Nachfrage gebremst, so werden die Preise auch fallen, unabhängig davon, ob die Deutung der vorliegenden Daten „richtig“ war.

Aus der Gleichförmigkeit der Erwartungen und der darauf beruhenden Verhaltensweisen ist dann auch ein Rhythmus erklärbar: das einseitige den Wirtschaftsablauf in einer Richtung beeinflussende Verhalten läßt die Bewegung über das Ziel hinausschießen, verfehlt also eine ausgeglichene Lage und ruft eine gleichsinnige Verhaltensweise in entgegengesetzter Richtung hervor.

3. Der monetäre Faktor

Keine der neueren Konjunkturtheorien verkennt, daß das Geld sich nicht „neutral“ den realen Wirtschaftsvorgängen anpaßt, sondern sie mit beeinflußt. Das Volumen des Kreditgeldes wird durch eine Geldpolitik bestimmt, die sich zwar die „angemessene“ Versorgung der Wirtschaft mit Geld und Kredit zum Ziele setzen wird. Für den Bedarf aber, der volkswirtschaftlich gerechtfertigt ist, gibt es keine objektiven und feststehenden Daten, vielmehr muß gerade im Hinblick auf die konjunkturellen Veränderungen beurteilt werden, ob Expansionen geldpolitisch gedrosselt werden sollen, obwohl das Wirtschaftswachstum als solches förderungswürdig ist. Zudem erweist sich, daß zwar im Prinzip durch kräftige Drosselung der Geldversorgung Expansion und Wachstum unmöglich gemacht werden könnten, aber die Reaktion der Wirtschaft dabei nicht zur Stabilität eines stationären Zustandes, sondern zu einem Umschlag in Kontraktion und Depression tendieren würde, und daß geldpolitische Maßnahmen zur Belebung einer Depression wesentlich weniger zuverlässig wirken als die Drosselung einer Expansion; dies weil nachgefragte Kredite verweigert werden können, nicht aber ein Zwang zur Annahme angebotener Kredite und Ausweitung der Geschäftstätigkeit ausgeübt werden kann.

Erwägungen solcher Art können zu der Schlußfolgerung führen, daß die Geldpolitik dazu tendieren wird, expansive Tendenzen zu stark zu fördern, daß im besonderen die

Verbindung steigender Produktions- und Umsatzmengen mit steigenden Preisen im kumulativen Prozeß der Aufwärtsbewegung auf eine Geldversorgung verweist, welche zu hoch ist. Dies namentlich dann, wenn das Wachstum der geldmäßigen Nachfrage auch nach Erreichung der Vollbeschäftigung anhält und den Prozeß in die krisenhafte Spannung und sogar in die Inflation hinüberleitet. Umgekehrt scheint der Umbruch der Konjunktur in die Kontraktion mitbedingt zu sein durch den Umstand, daß die Kreditbanken sich der allgemeinen „Flucht in die Liquidität" anschließen und durch Einschränkung der Kredite der Wirtschaft die monetäre Hilfestellung versagen, die zum Durchhalten der wirtschaftlichen Positionen und zur Vermeidung von überstürzten Abbaumaßnahmen erforderlich sein würde. Dadurch schrumpfen die realen Größen der Produktions- und Umsatzmengen so stark, daß am Ende der Bedarf an Transaktionsmitteln geringer ist, als nach Ausweis des tiefen Zinses der Banken ohne weiteres gedeckt werden könnte.

Die in mehreren Versionen entwickelten „monetären" Konjunkturtheorien gehen somit letzten Endes auf den Vorgang der Kreditschöpfung durch die Kreditbanken zurück: sie ermöglicht zwar eine elastische Anpassung der Versorgung mit Zahlungsmitteln an einen wachsenden Bedarf, stößt aber auch nicht an die Grenzen, die durch die Bereitstellung realer Produktionsmittel und Produktionsmöglichkeiten gegeben sind. Die Zentralbank kann ihrerseits zwar den Spielraum der Kreditschöpfung der Kreditbanken nach oben begrenzen, hat aber keinen unmittelbaren Einfluß auf die Liquiditätsneigung des Publikums bzw. auf die Umlaufsgeschwindigkeit des Geldes.

Für ein global wirkendes Mittel, wie es im Prinzip die Geldpolitik ist besteht immer die Grenze, daß sie nur schwer die jeweils eigentlich kritischen Punkte der Wirtschaftslage beeinflussen kann, also etwa: eine Tendenz zur Erhöhung der Geldlöhne über das Wachstum der Produktivität hinaus nicht verhindern kann.

Die Bedeutung des mit der Geld- und Kreditmengenpolitik direkt verbundenen Geldzinses und dessen möglicher Einfluß auf konjunkturelle Bewegungen ist namentlich durch Wicksell im früher (vgl. Kap. II, § 4, Ziff. 2) dargestellten „Wicksell'schen Prozeß" hervorgehoben worden.

4. Überinvestitionstheorien

Die meisten Konjunkturerklärungen geben der Phase der Expansion das stärkere Gewicht für die Verursachung der Schwankungen, dies selbst so weitgehend, daß die folgende Kontraktion geradezu als eine notwendige Korrektur einer die Grenzen überschießenden Bewegung gilt. Von einer allgemeinen „Überproduktion" wird dabei — auch bei Ablehnung des Say'schen Theorems — weniger gesprochen, als von einer Disproportionalität, welche eines Ausgleichs bedarf: es treten im Aufschwung „Verzerrungen" im Produktions- und Preisgefüge auf, die zu krisenhaften, den Umschwung herbeiführenden Erscheinungen führen.

Partielle Ungleichgewichte zwischen angebotenen und nachgefragten Mengen sind nicht Verzerrungen dieses Sinnes, sind vielmehr durchaus normale Erscheinungen einer sich entwickelnden Wirtschaft, in der sich ständig die Angebots- und Nachfrageverhältnisse in bezug auf die einzelnen Güter verschieben. Ihr Ausgleich ist ureigenste Aufgabe der Preisbildung in der marktwirtschaftlichen Ordnung. Man kann daher nicht eine Wirtschaft krisenfest machen wollen, indem man alle Preise bindet und so alle Entwicklungs- und Umstellungsvorgänge lahmlegt.

Die Theoreme der Disproportionalitäten als ursächlich für die Stockung der Expansion und die im Zuge einer Depression sich vollziehenden Anpassungsvorgänge können in zwei Hauptformen aufgeteilt werden: Überinvestitionstheorien und Unterkonsumtionstheorien.

Überinvestition ist dabei zu verstehen als übermäßige Wachstumsrate der Kapitalgüterproduktion. Dieses Übermaß kann bestehen entweder gegenüber der Nachfrage nach Verbrauchsgütern bzw. den durch die Investierung neu geschaffenen Kapazitäten, sie kann auch im besonderen verstanden werden als Übermaß der realen Investierungen gemessen am Ausmaß des Sparen.

Die „Überinvestitionstheorien" behandeln das Verhältnis zwischen „realem" Sparen und „realem" Investieren; durch die Einbeziehung des monetären Faktors werden sie zu „monetären" Überinvestitionstheorien, wobei die Grenzen flüssig sind.

Die „realen" Fassungen der Überinvestition sind in ihrem Gehalt nicht einheitlich. Vorausgesetzt wird, daß die Finanzierung der Investierungen nur durch Ersparnisse aus Einkommen erfolgt, demnach die Geldseite der Vorgänge „neutral" sei. Aber in der Nachfrage nach Investitionsgütern ist ein künftiger Bedarf an Kapazitäten vorweggenommen und geschätzt. Kapitalgüterproduktion bedeutet eine vorweggenommene Versorgung der Zukunft, ohne daß doch der künftige Bedarf mit Sicherheit bekannt sein kann. Zwischen dem Zeitpunkt des Beginns einer Investierung und des Einflusses der vollendeten Investierung auf die Höhe des Güterangebotes können sich die Rentabilitätsbedingungen stark verändern.

Wesentlich bestimmter in ihrem Aussagegehalt sind die „monetären Überinvestitionstheorien", welche in der bereits gezeigten Weise die Kreditschöpfung dafür verantwortlich machen, daß der die Investitionsmenge bestimmende Geldzins nicht die tatsächliche Menge des Sparens und damit der verfügbaren Produktionsmittel wiedergibt, sondern unter dem „natürlichen Zins" im Sinne Wicksells liegt. Dadurch wird die Produktion von Investitionsgütern übersteigert, die Nachfrage nach Produktionsmitteln ist größer als der verfügbare Bestand, und die Investitionsgüterproduktion sucht durch steigende Faktorpreise ihren Bedarf zu decken. Das Phänomen des „Zwangssparens" tritt auf als ein Ausdruck für die „vertikale", d. h. die Produktionsstruktur verzerrende Gleichgewichtsstörung. Im Verhältnis zur Kapitalgüterproduktion wird also „zu wenig" gespart, was sich früher oder später durch Preisauftrieb,

Kostenerhöhung etc. zum Ausdruck bringen und zugleich den Umschwung einleiten wird.

Eine besondere Form ist die Theorie von R. G. Hawtrey (The Art of Central Banking. London 1932), der Investierungen in Lagerbeständen als stark zinselastisch unterstellt, der Lagerhaltung aber eine große operative Bedeutung zuschreibt, da in Verbindung mit dem Akzelerationsprinzip die Bestellungen des Handels ausschlaggebend für die Beschäftigung der Produktionsbetriebe sein sollen.

5. Unterkonsumtionstheorien

Die Unterkonsumtionstheorien sehen die überproportionale Entwicklung der Kapitalgüterproduktion nicht im Verhältnis zum Umfang des Sparens, sondern der Verbrauchsgüternachfrage, die nicht stark genug ist, die neu geschaffenen Kapazitäten auch auszunutzen. Namentlich ein Zurückbleiben der Löhne hinter den Gewinneinkommen in der Expansion wird für die Fehlentwicklung verantwortlich gemacht, denn die Gewinne sind Quelle des Sparens und Investierens, die Löhne dagegen stützen die Verbrauchsgüternachfrage. Somit wird durch die Disproportionalität der Einkommensverteilung „zu viel" gespart, und die neu geschaffenen Kapazitäten bleiben ohne ausreichenden Absatz.

Einwände solcher Art wurden schon den Klassikern entgegengehalten (Malthus, Sismondi) und in neuerer Zeit wiederholt (Lederer, Hobson). Diese Theorien galten aber als unzulänglich, erst das System von Keynes hat die Höhe des Verbrauchs wieder in eine zentrale Stelle in der Bestimmung der Beschäftigungsmenge gerückt und die Möglichkeit einer zu starken Sparrate in Erwägung gezogen.

§ 3. Konjunkturanalyse und Beschäftigungstheorie

1. Eingliederung der Konjunkturanalyse

Zyklische Ablaufsvorgänge werden in der neueren Theorie als kurzfristige Erscheinungsformen im langfristigen Wachstum aufgefaßt. Dies besonders mit der Fragestellung, ob der Wachstumstrend einen vom System angestrebten gleichgewichtigen Wachstumspfad bezeichnet, um den herum die zyklischen Bewegungen schwanken, oder ob vielmehr der Trend nur das statistisch festgestellte Ergebnis des sich in Stößen und Schwankungen vollziehenden Wachstumsvorgangs ist.

Die Konjunkturanalyse geht von den Schwankungen aus und sucht diese nach ihren Ursachen und Abläufen zu erklären; dies zugleich mit dem Ziel, der Wirtschaftspolitik Möglichkeiten aufzuzeigen, auf Stabilität hinzuwirken. Dabei werden weitgehend die Konzepte der Keynes'schen Beschäftigungstheorie angewendet. Soweit nun dies eine kurzfristige Betrachtungsweise ist, tritt zunächst der Wachstumsaspekt zurück. Denn der dabei verwendete Begriff des Gleichgewichtseinkommens bezieht sich auf einen stationären Zustand. Sofern aber dieser stationäre Gleichgewichtszustand mit Netto-Investieren und -Sparen verbunden ist, bedarf es nur der Berücksichtigung des „Kapazitätseffekts" des Zuwachses zum Kapitalbestand, um dieses Gleichgewicht als kurzfristig zu erkennen und durch Aufzeigung der Zusammenhänge zwischen Produktionsvolumen und Kapitalbeständen den Übergang zur Wachstumsbetrachtung zu vollziehen.

Die Übernahme der Beschäftigungstheorie in die Konjunkturanalyse befreite diese namentlich von den Voraussetzungen des Say'schen Theorems. Schwankungen der Produktions- und Beschäftigungsmengen müssen nicht mehr mit dem Vollbeschäftigungspostulat vereinbart werden — sei es, daß sie nur als „Reibungen" und Verzögerungserscheinungen aufgefaßt werden, sei es, daß es sich wesentlich nur um bloße Preisschwankungen handle. Beides läßt sich mit den empirischen Erfahrungen nicht vereinbaren, da diese anhaltende Zustände der Unterbeschäftigung zeigen. Ob unausgenutzte Arbeitskräfte und Produktionskapazitäten vorhanden sind oder ob die monetär alimentierte Gesamtnachfrage bei gegebenen Preisen die Gesamtkapazität übersteigt, muß zur Deutung der jeweiligen Ablaufserscheinungen wie zu ihrer Beeinflussung beachtet werden.

Wird damit zweifelhaft, die „Möglichkeit" einer Abweichung vom Zustand der anhaltenden Vollbeschäftigung als das zentrale Problem der Konjunkturtheorie anzusehen, so folgt u. a., daß die Umschläge aus einer expansiven in eine kontraktive Bewegung nicht notwendig erst nach Erreichung des Zustandes voller Kapazitätsausnutzung erfolgen können (wegen Erschöpfung der Bestände an Produktionsfaktoren, Auftreten von Engpässen, voller Ausnutzung des Kreditschöpfungspotentials der Banken u. ä.). Das Gleichgewicht, bestimmt durch die Höhe der wirksamen Nachfrage, kann bei jedem Produktionsvolumen vorliegen. Hier aber werden auch die Grenzen der Konjunkturerklärung durch die Beschäftigungstheorie erkennbar: sie zeigt nicht, wie überhaupt zyklische Bewegungsabläufe zustande kommen, d. h. warum das Gleichgewicht durch eine entgegengesetzte Bewegung wieder verloren geht. Dazu bedarf es mindestens der Hinzunahme des Akzelerators, damit des Übergangs aus der statischen bzw. komparativ-statischen Betrachtungsweise der Beschäftigungstheorie in die dynamische Betrachtung. Mit dieser ist dann zugleich die eigentliche Wachstumstheorie eingeleitet.

2. Expansive und kontraktive Lücken

Wie oben gezeigt, können zwei Gleichgewichtseinkommen komparativ-statisch miteinander verglichen werden: ihre unterschiedliche Höhe ist durch den Multiplikator mit der unterschiedlichen Höhe der Investierungen verbunden. Das Auftreten ungeplanter Größen des Sparens (bzw. auch der Investierungen) ergab einen Hinweis auf den zu erwartenden Bewegungsablauf. (Vgl. Kap. II, § 2, Ziff. 4 und 5.)

Derselbe Sachverhalt ist gemeint, wenn eine Differenz zwischen geplanter Höhe der Investierung und geplanter Höhe des Sparens als expansive („inflatorische") bzw. kontraktive („deflatorische") Lücke bezeichnet wird.

Daß das Auftreten solcher Lücken zu einer Veränderung der Höhe des Gesamteinkommens führt, erklärt sich aus ihrem Charakter als „ungeplante" Investitions- bzw. Spargrößen, damit veränderten Planungen der Wirtschaftssubjekte. Die Verwendung dieser Darstellungsform für die Erklärung der Konjunkturen ist aber ersichtlich ungenügend. Zwar wird gezeigt, daß eine expansive bzw. kontraktive Bewegung nicht unbegrenzt verläuft: da der Verbrauch nicht in gleichem Maße wächst und schrumpft wie das Gesamteinkommen, erweisen sich die Verbrauchs- bzw. Spargewohnheiten als die das System stabilisierenden Faktoren. Unerklärt bleibt aber zweierlei:

1. warum die Bewegung nicht bloß endet, sondern in eine entgegengesetzte Bewegung umschlägt;

2. da ein solcher Umschlag offenbar eine geänderte Höhe der Investierungen voraussetzt, warum diese eintritt, und zwar so, daß die entgegengesetzte Bewegung hervorgerufen wird.

Diese Problemstellung nimmt die Höhe der Investierungen als den eigentlich operativen Faktor an; eine Veränderung der Verbrauchs- bzw. Sparfunktion ist zwar nicht ausgeschlossen (namentlich dann nicht, wenn eine geänderte Höhe des Gesamteinkommens mit einer geänderten Verteilung des Einkommens zwischen den stärker verbrauchenden und den stärker sparenden Gruppen der Einkommensempfänger verbunden wird), wird aber kaum als auslösendes Moment der Einkommensveränderung anzunehmen sein. Diese Bedeutung der Investierungen entspricht den tatsächlichen Erfahrungen; sie eröffnet damit auch den Zugang zur Konjunkturerklärung durch die oben erwähnten Theoreme der Disproportionalitäten („Überinvestitionstheorien"), doch müßte diese Erklärung zusätzlich in das Modell eingebaut werden.

Keynes verwies auf den „Zusammenbruch der Grenzleistungsfähigkeit des Kapitals" als Erklärung für den Umschlag aus der Expansion in die Kontraktion, d. h. auf ein namentlich durch die Erwartungsbildung zu erklärendes starkes Fallen der Investitionsrate, sowie auf den Abbau der „überschüssigen" Kapitalbestände als Begrenzung für den Kontraktionsprozeß. Damit deutete er zwar die Möglichkeit einer „Dynamisierung" seines Modells an, aber er vollzog sie nicht.

3. Der Bewegungsablauf in dynamischer Betrachtung

Zur Erklärung des Auftretens von zyklischen Bewegungsabläufen ist die Feststellung, daß die Gleichgewichtslage des Gesamteinkommens von der Höhe der Investierungen (bei gegebener marginaler Sparquote etc.) abhängt und somit komparativ-statisch unterschiedliche Gleichgewichte miteinander verglichen werden können, jedenfalls nicht ausreichend. Der Übergang in die dynamische Betrachtung ist nötig.

Dieser geschieht vor allem durch zwei Veränderungen der Modelle:

1. Es werden „Verzögerungen" („lags") eingeführt, d. h. die Variablen des Systems werden durch dynamische Funktionen miteinander verbunden;

2. die Höhe der Investierungen wird selbst zu einer Variablen des Systems gemacht, und zwar durch den Einbau der Akzeleratorwirkung einer veränderten Höhe der Nachfrage (insgesamt oder nur der Nachfrage nach Verbrauchsgütern) auf das Ausmaß der „induzierten" Investierungen.

Je nach den angenommenen Verzögerungen einerseits, den Werten der Koeffizienten andererseits, die für die marginale Verbrauchs- bzw. Sparquote und den Akzelerator als Wert der marginalen Investitionsquote angenommen wurden, lassen sich zahlreiche Modelle bauen. Sie ergeben unterschiedliche Bewegungsabläufe, darunter auch solche, welche mit gleichbleibenden, größer oder kleiner werdenden Ausschlägen um einen Mittelwert schwanken (vgl. das „Spinnweb-Theorem" als ähnliches, durch eine angenommene Verzögerung dynamisch gemachtes Modell einer Preis-Mengen-Bewegung, Bd. II, Kap. VI, § 3, Ziff. 2). Die Grundform eines solchen Modells wird in dem folgenden Abschnitt dargestellt, während die Frage des „Gleichgewichtspfades" in der Entwicklung im nächsten Kapitel zu behandeln ist.

4. Multiplikator und Akzelerator im Zusammenwirken

Der Multiplikator verbindet die Höhe der Verbrauchsausgaben mit der Höhe der Investierungen. Das Akzelerationsprinzip verbindet umgekehrt die Höhe der induzierten Investierungen mit der Veränderung der Verbrauchsausgaben (bzw. auch mit der veränderten Höhe der Gesamtausgaben). Es lag nahe, beide Prinzipien miteinander zu verbinden. Allein aus der Wirkung des Multiplikators können Schwankungen abgeleitet werden, wenn man „Verzögerungen" („distributed lags") einführt: die Anpassung der Höhe des Verbrauchs an das Einkommen einer bestimmten Periode verteilt sich über die folgenden Perioden hinweg und ist also mitbestimmend für die Einkommensbildung in den einzelnen Perioden.

Die Verbrauchsfunktion ist nach dieser Annahme nicht $C_t = cY_t$, sondern $C_t = c_1Y_{t-1} + c_2Y_{t-2} + \ldots + c_nY_{t-n}$; $(c_1 + c_2 + \ldots + c_n = c;\ 0 < c_i < 1\ (i = 1, 2 \ldots n))$.

Durch die dynamische Multiplikatoranalyse wird der Weg von einem Gleichgewicht zu einem neuen aufgezeigt. Bei der Annahme eines Einperiodenlag $C_t = cY_{t-1}$ treten jedoch noch keine Schwingungen auf, erst bei Einführung von Zwei- oder Mehrperiodenlags führt der Einkommensverlauf auf dem Wege zum Gleichgewicht zu unterschiedlichen Bewegungen. Diese Schwankungen bewirken eine Verlangsamung des gesamten Anpassungsprozesses, der umso länger dauert, über je mehr Perioden sich der ‚distributed lag' erstreckt.

Treten induzierte Investierungen zur Wirkung des Multiplikators hinzu, so wird dadurch die Höhe des Multiplikanden verändert, und es treten wechselseitige Anpassungsvorgänge zwischen Höhe des Verbrauchs und Höhe der Investierungen auf.

Die Entwicklung von Modellen dieses Typs geschah besonders durch R. F. Harrod (The Trade Cycle. Oxford 1936), P. A. Samuelson (A Synthesis of the Principle of Acceleration and the Multiplier. In: Journal of Political Economy, Vol. 47, 1937) und J. R. Hicks (A Contribution to the Theory of the Trade Cycle. Oxford 1950).

„Die Theorie des Multiplikators und die Theorie des Akzelerators sind die beiden Seiten der Theorie der Fluktuationen, genau wie die Theorie der Nachfrage und die des Angebots die beiden Seiten der Theorie der Preisbildung sind." (Hicks, a.a.O., S. 38.)

Die Bauform solcher Modelle wird hier in einfachster Fassung entwickelt.

Die Einkommensbildung in der Periode t ist bestimmt durch die bekannte Gleichung

$$Y_t = C_t + I_t.$$

Für C und I werden aber Verhaltensfunktionen eingeführt, welche sie dynamisieren.

C_t ist durch eine Verzögerung mit dem vorhergehenden Einkommen Y_{t-1} verbunden, und zwar durch die als konstant angenommene marginale Verbrauchsquote $\frac{dC_t}{dY_{t-1}}$, die hier mit α bezeichnet wird. Hinzu kommt eine einkommensunabhängige Höhe der Verbrauchsausgaben, hier bezeichnet mit A. Der geplante und realisierte Verbrauch in der Periode t ist also bestimmt durch:

$$C_t = \alpha Y_{t-1} + A$$

Für die Investierungen in der Periode t wird ebenfalls angenommen, daß in Höhe von B einkommensunabhängige und unveränderliche „autonome" Investierungen vorgenommen werden. Zu diesen treten abgeleitete Investierungen, die nach dem Akzelerationsprinzip durch die Veränderungsrate des Verbrauchs in bezug auf die beiden vorangehenden Perioden bestimmt sein sollen, und zwar mit dieser Veränderung verbunden durch den ebenfalls als konstant angenommenen Koeffizienten β. Demnach ist die Höhe der Investierungen in der Periode t:

$$I_t = \beta\,(\alpha Y_{t-1} - \alpha Y_{t-2}) + B.$$

Unter Hinweis auf die frühere Behandlung des Akzelerators (Bd. III, Kap. IV, § 3, Ziff. 5) wird kurz wiederholt: Wenn der Kapitalbestand K, der Nettowert der Produktion einer Periode Y ist, so ist $\frac{K}{Y} = \beta$ der Kapitalkoeffizient. Wird dieser als konstant angenommen, so ergibt sich für die Veränderung in der Zeit auch

$$\frac{\Delta K}{\Delta Y} = \beta, \quad \text{bzw., da } \Delta K = I, \quad I = \beta \Delta Y.$$

Nun wird angenommen, daß es sich um Investierungen handelt, die speziell mit der Veränderung des Verbrauchs verbunden sind, daher $I = \beta \Delta C$. Der Verbrauch ist durch die als konstant angenommene marginale Verbrauchsquote α mit der Höhe des jeweiligen Einkommens der vorhergehenden Periode verbunden, so daß die Veränderungsrate des Verbrauchs wie oben ausgedrückt werden kann.

Durch Einsetzung dieser Werte für C_t und I_t in die Gleichung zur Bestimmung des Einkommens Y_t ergibt sich die Differenzengleichung zweiter Ordnung:

$$Y_t = \alpha Y_{t-1} + \beta\,(\alpha Y_{t-1} - \alpha Y_{t-2}) + A + B.$$

Sind die Einkommen der beiden vorhergehenden Perioden t–2 und t–1, sowie die Werte der marginalen Verbrauchsquote und des Akzelerators bekannt, ebenso die der autonomen Verbrauchs- und Investitionsausgaben A und B, so kann das Einkommen der gegenwärtigen Periode und weiter aller folgenden bestimmt werden. Das heißt, es kann die Entwicklung des Einkommens in der Zeit abgeleitet werden.

Bei Annahme verschiedener Werte für den Akzelerator und die marginale Verbrauchsquote können vier Fälle für die Entwicklung des Einkommens unterschieden werden: fortgesetztes Wachsen des Einkommens bis zur Erreichung eines Gleichgewichts, Näherung des Einkommens an den Gleichgewichtswert in Form gedämpfter Schwingungen,

Schwankungen des Einkommens um den Gleichgewichtswert mit fortgesetzt wachsenden Schwingungen, schließlich fortgesetztes und unbegrenztes Wachsen des Einkommens.

Werte der Koeffizienten, welche zum letztgenannten Fall eines fortgesetzten Wachstums führen, sind unwahrscheinlich. Die Regel ist, daß in einem bestimmten Bereich der Werte die Tendenz zu einem Gleichgewichtseinkommen geht bzw. dieses Gleichgewichtseinkommen den allgemeinen Orientierungspunkt von Schwingungen darstellt.

Zum Verständnis verhilft folgende Überlegung: bei Annahme einer marginalen Verbrauchsquote kleiner als 1 ist die Zunahmerate des Einkommens durch den Multiplikatoreffekt fortgesetzt abnehmend, so daß auch der Akzelerator, dessen Wirkung von der Veränderungsrate des Verbrauchs abhängig ist, bald nur noch abnehmende Raten induzierter Investierungen und damit abnehmende absolute Zuwachsraten des Einkommens auslöst. Sobald nun unter dem Einfluß abnehmender Zuwachsraten die Akzeleratorwirkung zum Abstoppen der induzierten Investierungen und sogar zu Desinvestierungen führt, wird der Einkommenszuwachs entsprechend gedrosselt und negativ werden.

Solange die Desinvestierung (negative Investierung) kleiner ist als die Reinvestierung, wirkt der Akzelerator. Der Kontraktionsprozeß der Investierungen kommt dann zu Ende, wenn die Desinvestierung die Höhe der Reinvestierung erreicht hat, die Bruttoinvestierung also null wird.

Das folgende zahlenmäßig entwickelte Beispiel (nach A. H. Hansen, Business Cycles and National Income. New York 1951, S. 178) nimmt an, daß in jeder Periode eine autonome Investierung von 100 erfolgt, daß die marginale Verbrauchsquote 0,5 sich auf den Einkommenszuwachs der vorhergehenden Periode bezieht und daß die Erhöhung des Verbrauchs induzierte Investierungen bewirkt, die durch einen Akzelerator von 2 mit der Veränderung des Verbrauchs verbunden sind.

Etwa in der Periode 3 ist der Verbrauchszuwachs 125, nämlich die Hälfte des Einkommenszuwachses der vorhergehenden Periode. Der Zuwachs an induzierten Investierungen ist 150, nämlich das zweifache des Wachstums des Verbrauchs von 50 in Periode 2 auf 125 der Periode 3. Das Gesamteinkommen wächst daher in der Periode 3 auf 375, nämlich 100 autonome Investierungen plus 125 Verbrauchszuwachs plus 150 induzierte Investierungen.

Tabelle

Periode	Autonome Investierungen	Verbrauchszuwachs	Induzierte Investierungen	Änderung des Gesamteinkommens
1	100	0	0	100
2	100	50	100	250
3	100	125	150	375
4	100	187,50	125	412,50
5	100	206,25	37,50	343,75
6	100	171,87	— 68,76	203,11
7	100	101,55	— 140,64	60,91
8	100	30,45	— 142,20	— 11,75
9	100	— 5,87	— 72,64	21,49
10	100	10,74	33,22	143,96
11	100	71,98	122,48	294,46
12	100	147,23	150,50	397,73
13	100	198,86	103,26	402,12

Die errechneten Werte zeigen, daß bei der angenommenen Größe der Koeffizienten sich wiederkehrende Fluktuationen mit relativ konstanten Amplituden um das Einkommen 200 vollziehen, dessen Höhe durch den Multiplikator in bezug auf die autonome Investierung bestimmt wird. ($200 = \frac{1}{1-0,5} \cdot 100$).

5. Zusammenfassung

Die von Keynes in seiner Beschäftigungstheorie entwickelte Betrachtungsweise kann in ihrem Einfluß auf die neuere Fassung des Konjunkturproblems zunächst dahin gekennzeichnet werden, daß die Konzeption der konjunkturellen Schwankungen als um das Vollbeschäftigungsgleichgewicht des Systems gelagert aufgegeben wurde. Das Say'sche Theorem, daß dem steigenden oder fallenden Ausstoß regelmäßig eine steigende oder fallende Gesamtnachfrage nach diesem Ausstoß entspricht, ist hinfällig.

Bei der Aufteilung der wirksamen Nachfrage in Nachfrage nach Verbrauchs- und Investitionsgütern erwies sich die Bestimmung eines Einkommensgleichgewichts als möglich, das charakterisiert ist durch die Erfüllung der Bedingung $I_{gepl} = S_{gepl}$. Verändert sich die Höhe der Investierungen, so kann durch den Multiplikator das neue Gleichgewichtseinkommen bestimmt werden. Demnach bestimmt bei gegebener Verbrauchsneigung die Höhe der Investierungen die des Gleichgewichtseinkommens.

Wird nun im nächsten Schritt die Bestimmung abgeleiteter Investierungen eingeführt, so erweist die Analyse, daß in der Regel durch diese die durch die Höhe der autonomen Investierungen bestimmte Gleichgewichtslage des Einkommens nicht verändert wird, daß aber jetzt Schwingungen um diese Gleichgewichtslage durch das Zusammenwirken von Multiplikator und Akzelerator erklärt werden können. Dieser Sachverhalt, daß dem System in der Regel eine Tendenz zur Stabilität innewohnt, erklärt sich aus der Verbrauchsfunktion, die in ihrer angenommenen Form wie ein Stabilisator wirkt: der Einkommenszuwachs wie der Einkommensfall werden gebremst, weil die Verbrauchsnachfrage sich unterproportional zur Änderung des Einkommens verändert.

Wird (wie im Modell von Hicks) eine konstante Wachstumsrate der autonomen Investierungen angenommen, so ist methodisch der Übergang aus der komparativ-statischen zur dynamischen Analyse vollzogen. Denn dieser Annahme gemäß kann das System nicht zu einem stationären Gleichgewicht tendieren. Untersuchungsobjekt wird der Wachstumspfad des Einkommens.

Kap. VI. Probleme des Wirtschaftswachstums

§ 1. Übersicht

1. Gesellschaft und Wirtschaft der Neuzeit

Das „industrielle Zeitalter" des europäischen Westens ist gekennzeichnet durch Dynamik der Gesellschaften in allen ihren Bereichen. Einige Grundzüge sind:

1. Neue Werte und Ziele („Fortschritt") wurden zu Impulsen, welche die soziologischen, rechtlichen und wirtschaftlichen Verfassungen der Gesellschaften aus dem Zustand des Beharrens bzw. langsamer Veränderungen herausführten. In der geistigen Haltung der Rationalität wurden die gesellschaftlichen und wirtschaftlichen Institutionen in gegenseitiger Wechselwirkung fortgesetzten Evolutionen und Veränderungen unterworfen, die zwar an sehr unterschiedlichen Ideen und Leitbildern bemessen und kritisiert wurden, in der Grundlinie aber auf die wachsende Entfaltung der materiellen Basis des menschlichen Daseins und damit auf die wirtschaftliche Entwicklung hinwirkten.

2. Mit der mengenmäßigen Ausweitung der Wirtschaft war eine zunächst sehr starke, dann abnehmende Wachstumsrate der Bevölkerung verbunden, die aber hinter der der Wirtschaft zurückblieb, so daß die Lebenshaltung (Versorgung je Kopf der Bevölkerung) anhaltend stieg.

3. Grundlegend für die steigende Ergiebigkeit des Wirtschaftens war die unvergleichlich starke Entwicklung der Technik durch Anwendung wissenschaftlicher Erkenntnisse. Durch immer neue Produktionsverfahren und neue Produkte führte sie zu durchgreifenden Wandlungen der Arbeits- und Verbrauchsstrukturen der Menschen, die ihrerseits wieder auf die ideologischen und institutionellen Verfassungen der Gesellschaft und Wirtschaft zurückwirkten.

4. Die früher vorherrschende agrarische, wesentlich auf Selbstversorgung ausgerichtete „Bedarfswirtschaft" ist in

diesen Volkswirtschaften praktisch verschwunden. Basis des Wirtschaftens aller Wirtschaftseinheiten ist ihre Eingliederung in markt- und geldwirtschaftliche Beziehungen, wobei durch wachsende Spezialisierung der Leistungen und zunehmende Differenzierung des Bedarfs der Grad der Verflochtenheit, damit die „Integrierung“ ständig zunimmt.

5. Augenfälligstes Merkmal dieses Prozesses ist durchgreifende „Industrialisierung“ der Wirtschaft verbunden mit „Verstädterung“ („Urbanisierung“). Dem entspricht die zunehmende Bedeutung des „Produktionskapitals“ als der entschiedensten Form der wachsenden Durchdringung des Wirtschaftens und des täglichen Lebens durch die Technik. In diesem Sinne werden auch Landwirtschaft, Verkehr und Dienstleistungsgewerbe „industrialisiert“, nämlich durch Rationalität der Verfahrenstechnik den Anforderungen der „industrialisierten Gesellschaft“ angepaßt.

6. Mengenmäßige Ausweitung und weitgehende Uniformierung des Bedarfs ist Basis und Voraussetzung für die Anwendung technischer Möglichkeiten in der Form der Massenproduktion, die weiter zu wachsenden Betriebsgrößen und Veränderungen der Marktstrukturen („monopolistische Märkte“) geführt hat, ohne daß aber die Klein- und Mittelbetriebe verschwunden sind, noch zunehmende „Proletarisierung“ einer eigentumslosen Masse der Bevölkerung eingetreten ist.

7. Die tiefgehenden Änderungen der Sozialstrukturen, neue Formen der sozialen Ansprüche und Sicherungen sowie sich wandelnde Funktionsbedingungen der Marktwirtschaft haben in neuerer Zeit zu einem stark erhöhten Anteil des Staates am Sozialprodukt und zu verbreiterter und vertiefter Einflußnahme des Staates auf das wirtschaftliche und soziale Geschehen geführt.

2. „Entwicklungsländer“

Seit dem Ende des zweiten Weltkrieges ist „Entwicklung“ zum erklärten Programm der „armen“ Länder geworden. Ihr Vorhaben und ihr Anspruch auf Entwicklungshilfe werden von den entwickelten Ländern und den internationalen Organisationen, namentlich den Vereinten Nationen, anerkannt. Durch die Verbindung mit dem Ende des Kolonialismus und mit dem Gegensatz zwischen demokratisch-freiheitlichen und sowjetischen Gesellschafts- und Wirtschaftsordnungen wurde Entwicklung zum zentralen Problem der Weltpolitik.

Die auf das Wirtschaftswachstum der entwickelten Länder bezüglichen Theoreme können nicht auf diese „Entwicklung" angewendet werden.

Entwicklung ist gemeint als ein durch staatliche Aktivität betriebener, zielgerichteter Prozeß, der die Gesamtgesellschaft in ihrer politischen, sozialen und wirtschaftlichen Verfassung „modernisieren" soll. Die isolierte Behandlung der wirtschaftlichen Entwicklung würde die problembestimmenden Wechselbezüglichkeiten zwischen Wirtschaft und Umwelt vernachlässigen.

Die wirtschaftliche Entwicklungsfähigkeit wird gefolgert aus dem Bestehen eines nicht oder unzureichend genutzten Entwicklungspotentials, dessen Erschließung durch die Übernahme der wirtschaftlich-technischen Verfahren des Westens erfolgen soll. Aber immer wird mit diesem Ziel die Ausprägung und Festigung einer Nation und eines nationalen Staates verbunden; spezifische kulturelle und soziale Leitbilder gehen in das Gesamtprogramm ein (z. B. „arabischer Sozialismus"). Entwicklungsziel ist also primär die Ausprägung einer fortschrittlichen Nationalwirtschaft als integrierter Teil eines nationalen Staates.

Die Überlegenheit der westlichen Wirtschaftsweisen („kapitalistischen" oder „sowjetischen" Typs) ist nicht deren (komparativ-statische) höhere Produktivität, sondern deren (dynamisches) fortgesetztes Wachstum. Als Nahziel der Entwicklung wird daher oft die Erreichung des Stadiums des „Absprungs" („take-off") bezeichnet: die Schaffung der Voraussetzungen im gesamtgesellschaftlichen Bereich, welche die Funktionsweise des Wirtschaftens als „sich selbst erhaltendes Wachstum" („self-sustained growth") herbeiführt.

Bei dieser Problemfassung würde eine Theorie der Entwicklung die notwendigen und hinreichenden Bedingungen zu formulieren haben, die durch Entwicklungspolitik zu verwirklichen sind, damit die gemeinte Dynamisierung des Wirtschaftsprozesses möglich wird; Bedingung also, die unabhängig von Entscheidungen über Wirtschaftsordnung, Staatsverfassung, sonstige Wertvorstellungen etc. gelten. Diese theoretische Aufgabe ist noch ungelöst.

Während die Klassik dazu tendierte, den „jungen" Ländern größere Chancen raschen Wachstums einzuräumen als den „alten", wird derzeit eher umgekehrt die Fortführung des Wachstums der entwickelten Länder als weniger problematisch angesehen als die Überwindung der zahlreichen Hemmungen, die der Durchführung der Entwicklung entgegenstehen.

Die folgende Behandlung bezieht sich nur auf das wirtschaftliche Wachstum der entwickelten Länder demokratisch-marktwirtschaftlicher Verfassung.

3. Begriff Wirtschaftswachstum

Wirtschaftswachstum ist Teil eines gesamtgesellschaftlichen evolutorischen Prozesses: Veränderungen der Gesellschaftswirtschaft stehen in wechselseitiger funktionaler Beziehung zu Veränderungen der politischen und rechtlichen Ordnung, sozialen Gestaltungen, kulturellen Bildungen und Wertungen etc.

Die funktionale Behandlung dieser Beziehungen steht im Gegensatz zu spekulativen Geschichtsdeutungen, die kausale Abhängigkeiten unterstellen. Nach der „materialistischen Geschichtsauffassung" ist die „Entwicklung der gesellschaftlichen Produktionsverhältnisse" der primär bestimmende Faktor, dem sich die Wertungen („Ideologien") und Institutionen der Gesellschaften anpassen. Umgekehrt kann das dynamische Moment in die Entfaltung des menschlichen Geistes gelegt werden, der die gesellschaftlichen Gebilde auszuformen vermag (z. B. „Aufklärung").

Die Einbettung der Wirtschaft in die Gesamtgesellschaft als „Umwelt" des Wirtschaftens ist immer zu beachten, wenn die Wirtschaftswissenschaft ihr Erkennungsobjekt isolierend heraushebt. Das gilt verstärkt in dynamischer Betrachtung, bei der die „Konstanz des Datenkranzes" nicht ungeprüft unterstellt werden kann. Die starke Zuwendung zu den Fragen des Wirtschaftswachstums hat daher auch zu erneuten methodischen Besinnungen geführt. Ein „Methodenmonismus" verbietet sich durch die Eigenart des Phänomens. Die Modellanalytik des Wirtschaftswachstums muß isolierend und abstrahierend verfahren; für sie hat die Methodik namentlich zu klären, wieweit die ältere statische Betrachtungsweise für die Behandlung evolutorischer Erscheinungen zureichend ist und wieweit das Wachstum mit qualitativen Veränderungen verbunden ist, die modellmäßig in quantitativen Größenbeziehungen adäquat erfaßt werden können.

Während die „Klassik" die wirtschaftliche Entwicklung auch analytisch behandelte, unternahmen die „historischen Schulen" namentlich in Deutschland die Typisierung der geschichtlichen Erfahrungen durch „Wirtschaftsstufen". Die „Neoklassik" — seit der zweiten Hälfte des vorigen Jahrhunderts — vervollkommnete die analytisch-statische Betrachtungsweise; die evolutorischen Erscheinungen wurden zunächst in Sonderdisziplinen wie der Konjunkturlehre behandelt. Die Dynamik des Gesamtsystems ist erst in neuester Zeit zu einem Hauptthema der Analyse geworden.

Als Ausdruck und Meßziffer des „Wirtschaftswachstums" wird allgemein die Zuwachsrate des realen (von Preisveränderungen bereinigten) Sozialprodukts (brutto oder netto) verwendet, also die Beziehung $\frac{\Delta Y}{Y}$.

1. Die explosive Kraft gleicher und namentlich hoher Zuwachsraten ist stets zu beachten. Eine Zuwachsrate von 2 % im Jahr erhöht die Ausgangsgröße in 100 Jahren auf das 7,4fache, von 4 % auf das 54,6fache.

2. Für die genauere Fassung des Begriffs gilt:

a. Stärkere Nutzung eines gegebenen Produktionspotentials (z. B. durch Beseitigung von „Arbeitslosigkeit") ist nicht Wachstum im gemeinten Sinne, welches vielmehr auf Erhöhung der Kapazität bezogen ist.

b. Daher ist auch ein durch Umsetzung der Faktoren zu Einsatzstellen höherer Grenzproduktivität erreichtes höheres Sozialprodukt nicht Wachstum, zumal dieser Umsetzungsvorgang durch Erreichung des „pareto-optimalen" Gleichgewichts zum Abschluß kommen würde.

c. Die Meßziffer Sozialprodukt kann auf die Bevölkerungszahl bezogen werden („Sozialprodukt pro Kopf", „Durchschnittseinkommen"), ebenso auf die Zahl der Beschäftigten („Arbeitsproduktivität"). Wächst das Sozialprodukt in gleicher Rate wie die Bevölkerung bzw. die Zahl der Beschäftigten, so kann dies als „extensives" Wachstum vom „intensiven" unterschieden werden, bei dem diese Koeffizenten größer werden. „Intensives Wachstum" als durch steigende Arbeitsproduktivität zunehmendes Sozialprodukt pro Kopf gilt regelmäßig als Wirtschaftswachstum im gemeinten Sinne.

4. Analytik des Wirtschaftswachstums, Modelltypen

Wachstumsmodelle bilden nicht reale Wachstumsabläufe ab, sondern formalisieren hypothetische Beziehungen zwischen Wirtschaftsgrößen so, daß sich dadurch ein bestimmter Ablauf ergibt. Mit diesem Modellablauf als Bezugssystem können dann reale Abläufe verglichen werden. Im besonderen wird — analog zum statischen Gleichgewicht — eine Bedingungskonstellation dargestellt, bei der Veränderungen relevanter Wirtschaftsgrößen als miteinander konform erscheinen, bezeichnet als „dynamisches Gleichgewicht" bzw. „stetiges Wirtschaftswachstum".

1. Die Hypothesen der Modelle sind vorläufig und versuchsweise. Sie beziehen sich zwar auf die Realität, doch ist ihr Erklärungswert für die Realität nicht notwendig von der „Realitätsnähe" abhängig: „Umwege" der Erklärung über realitätsferne Abstraktionen („Grenzfälle") können erforderlich und theoretisch „mehrergiebig" sein. (Beispiel: Thünens „isolierter Staat").

2. Die in Modellen dargestellten Abläufe sind nur deduktiv aus den Ausgangsannahmen abgeleitet; „Primärimpulse" werden also nicht abgeleitet, sondern sind in den Ausgangsannahmen gesetzt. Die Ablaufsanalytik zielt dagegen auf die Bedingungen, die das Wachstum als Prozeß in Gang halten („sich selbst erhaltendes Wachstum" als Funktionsweise des Systems) und die Höhe und Stetigkeit der Wachstumsraten bestimmen.

Da Wirtschaft als System charakterisiert ist durch die Art der Interdependenz ihrer Teile, sind auch für die Wachstumsvorgänge Beziehungsgrößen zwischen ökonomischen Variablen („Strukturkoeffizienten") zu bilden: deren Konstanz bzw. Veränderungen sind die Bauelemente der Wachstumsmodelle.

Also nicht isoliert betrachtete Veränderungsraten von Kapital oder Arbeit, sondern Relationen wie: Kapitalbestand: Ausstoß — Kapitaleinsatz: Arbeitseinsatz — Sparrate: Investitionsrate — Bruttoinvestierungen: Nettoinvestierungen — Arbeitseinkommen: Besitzeinkommen — öffentlicher Haushalt: Sozialprodukt — und viele mehr.

Die Wachstumsrate ist durch Veränderung der Einsatzfaktoren zu erklären, welche das Sozialprodukt als Ausstoß bestimmen, also gemäß einer makroökonomischen Produktionsfunktion. Von bloßen Variationen der Einsatzmengen der Faktoren sind zu unterscheiden „qualitative" Veränderungen: Einsatz ergiebiger Faktoren und überlegener technischer Verfahren. Letzteres ist für langfristiges Wachstum durchaus entscheidend. Modellanalytisch wird die Verflochtenheit quantitativer und qualitativer Veränderungen in verschiedensten Formen isoliert und kombiniert.

Ein erster Typ neuerer Wachstumsmodelle beschränkt sich auf quantitative Vermehrung der Einsatzfaktoren, dabei wieder isolierend des Faktors Kapital. Er wird daher als „capital stock adjustment theory" bezeichnet, häufiger als „Harrod-Domar-Typ", oder auch, weil aus einer Dynamisierung des komparativ-statischen Systems von Keynes abgeleitet, als „Postkeynesianismus".

Seit etwa den fünfziger Jahren entwickelte Modelle eines anderen Typs werden — bei erheblichen Unterschieden im einzelnen — als „neoklassische Wachstumsmodelle" bezeichnet. Als gemeinsames Merkmal kann gelten, daß sie preisgesteuerte Anpassungsprozesse im Wachstum berücksichtigen, also eine Flexibilität des Systems, welche nicht mit der Setzung konstanter Koeffizienten vereinbar ist.

Eine dritte Form von Wachstumsmodellen behandelt die Wirtschaftsstruktur und ihre Veränderungen im

Wachstum, indem statt umfassender makroökonomischer Aggregate Wirtschaftssektoren als „Einheiten“ gebildet und deren Interdependenzen bei unterschiedlichen Wachstumsvorgängen untersucht werden. Solche Modelle können als sektorale Wachstumsmodelle bezeichnet werden.

Diese Typen stehen weder klar umrissen und übergangslos nebeneinander noch erschöpfen sie die Fülle der Ansätze. Die Forschung auf diesem Felde ist so stark im Fluß, daß im Folgenden nur einige Grundformen und Ansätze behandelt werden können.

§ 2. Wachstumsmodelle des Typs Harrod-Domar

1. Gleichgewichtsbestimmung

Im komparativ-statischen Keynes-Modell bezieht sich die Gleichgewichtsbedingung $I \overset{!}{=} S$ auf den „Einkommenseffekt“ der Investierungen: sie müssen den Nachfrageausfall durch Sparen durch Einkommensbildung ausgleichen, um das Einkommen konstant zu halten. In der dynamischen Betrachtung kommt der „Kapazitätseffekt“ der Investierungen hinzu: sie erhöhen das Güterangebot aus der Produktion durch Erhöhung des Bestandes an Produktionskapital. Das „dynamische Gleichgewicht“ („gleichgewichtiger Wachtstumspfad“) wird daher in Modellen dieses Typs definiert durch die Erfüllung beider Bedingungen:

1) die Bedingung $I \overset{!}{=} S$ muß von einem Ausgangsgleichgewicht dadurch gewahrt werden, daß beide Größen in gleicher Rate wachsen,

2) der durch die Zuwachsrate von I bezeichneten Zunahme der Gesamtkapazität (Gesamtangebot) muß die Zunahme des Gesamteinkommens (Gesamtnachfrage) entsprechen, d. h. die Zunahmerate des Einkommens muß der des Kapitalbestandes gleich sein.

Da bei gleichbleibender Zuwachsrate die absolute Höhe von I und S ständig zunimmt, bedingt die Ausnutzung der wachsenden Gesamtkapazität abermals zunehmende

Kapazitätserhöhung: je größer sie ist, umso stärker muß sie zunehmen. (In der Fassung von Keynes: je höher das Einkommen, umso größer die „Sparlücke“, die durch Investierungen aufzufüllen ist. Jetzt erweitert: umso größer der Kapazitätszuwachs, zu dessen Ausnutzung abermals zunehmende Investierungen erfordert werden.)

Zu den unabhängig voneinander entwickelten Modellen vgl.: R. F. Harrod, Towards a Dynamic Economics. London 1948. (Deutsche Übersetzung: Dynamische Wirtschaft. Wien 1949) — R. F. Harrod, Dynamic Essays. London 1952. — R. F. Harrod, Second Essay in Dynamic Theory. In: Economic Journal. Vol. 70 (1960) — E. D. Domar, Essays in the Theory of Economic Growth. New York 1957.

2. Ableitung der Gleichgewichtsbedingung

Die im Prinzip gleichsinnige Bestimmung des gleichgewichtigen Wachstums in den Modellen von Domar und Harrod kann aus folgenden Identitätsbeziehungen entwickelt werden:

Y_0 und Y_1 seien realisierte Einkommen zweier Perioden. I_0 sei die in der Periode O realisierte Investierung. Die Wachstumsrate ist definiert als

$\frac{Y_1 - Y_0}{Y_0} = \frac{\Delta Y}{Y_0} = g$. Nun kann I_0 bezogen werden:

1) auf Y_0 als $\frac{I_0}{Y_0} = i$, daher $I_0 = iY_0$ (Investitionsrate),

2) auf ΔY als $\frac{I_0}{\Delta Y} = k$, daher $I_0 = k\Delta Y$ (Kapitalkoeffizient).

Aus: $iY_0 = k\Delta Y$ ergibt sich die realisierte Wachstumsrate $g = \frac{\Delta Y}{Y} = \frac{i}{k}$. Wegen der Identität $i = s$ gleichbedeutend $\frac{s}{k}$.

Schreibt man die Gleichung als $\frac{\Delta Y}{Y} = \frac{S}{Y} \cdot \frac{\Delta Y}{I}$, so reduziert sie sich durch Umformung und Kürzung zur bekannten Identität $I = S$.

Zur Bestimmung von g als gleichgewichtiger Wachstumsrate werden folgende Annahmen getroffen:

1) Y_0 sei Gleichgewichtseinkommen, daher ist auch $iY_0 = sY_0$ eine Gleichgewichtsbeziehung;

2) der Kapitalkoeffizient $k = \frac{I_0}{\Delta Y}$ bezeichne ein Verhältnis, bei dem die zusätzliche Kapazität des zusätzlichen Kapitals durch Einkommenszuwachs vollständig ausgenutzt wird;

3) s und k seien im Zeitablauf konstant.

Dann ist die Wachstumsrate $\frac{\Delta Y}{Y} = g = \frac{s}{k} = \frac{i}{k}$ gleichgewichtig, weil sowohl die Beziehung $I = S$ wie die Beziehung $I = k\Delta Y$ gleichgewichtig sind: dem geplanten Sparen entspricht das geplante Investieren, dem Kapazitätszuwachs als zusätzliches Angebot entspricht der Einkommenszuwachs als zusätzliche Nachfrage.

1. Die Gleichgewichtsrate ist erkennbar lediglich die Zusammenfassung der drei Gleichungen: $I = k\Delta Y$, $S = sY$ und $I \overset{!}{=} S$ zu: $sY = k\Delta Y$ und $\frac{\Delta Y}{Y} = \frac{s}{k}$.

2. Aus: $\Delta Y = \frac{1}{s} \Delta I$ (Multiplikatorbeziehung) und $\Delta Y = \frac{I}{k}$ (Akzeleratorbeziehung) ergibt sich: $\frac{\Delta I}{I} = \frac{s}{k}$: die Wachstumsrate der Investierungen und des Sparens ist dieselbe wie die des Gesamteinkommens Y.

3. Das Modell enthält explizit keine Aussage über den Arbeitseinsatz. Aus Konstanz des Kapitalkoeffizienten und konstanter Wachtstumsrate des Kapitals ergibt sich aber Konstanz der Kapitalintensität $\frac{K}{A}$ durch die Identitätsbeziehung: $\frac{Y}{K} = \frac{Y}{A} : \frac{K}{A}$. Demnach wird angenommen, daß auch der Arbeits-

einsatz in gleicher Rate zunimmt wie der Kapitaleinsatz und das Einkommen (Produktionsfunktion des Leontief-Typs, vgl. Bd. III Kap. I).

Mit o als „Kapitalproduktivität“ (Kehrwert des Kapitalkoeffizienten, also $o = \frac{1}{k}$) kann die Gleichgewichtsrate des Wachtstums auch als $g = o \cdot s$ bezeichnet werden. Somit in Periodenanalyse:

$$Y_t = Y_0 \left(1 + \frac{s}{k}\right)^t = Y_0 (1 + o\,s)^t$$

Bei Differenzierung nach der Zeit ergibt sich für den gleichgewichtigen Wachstumspfad die Exponentialfunktion:

$$Y_t = Y_0\, e^{\frac{s}{k}t} = Y_0\, e^{o\,s\,t}.$$

3. Geometrische Darstellung der Gleichgewichtsbedingungen

Die folgende Darstellung (im Anschluß an D. Hamberg. Economic Growth and Instability. New York 1956, S. 31) macht folgende Annahmen:

1. Eine Sparfunktion S(Y) mit konstanter durchschnittlicher und marginaler Sparquote.

Im Unterschied zu der früheren (Kap. II, § 2 und Abb. 2) kurzfristigen wird also für die langfristige Betrachtung unterstellt, daß die proportionale Aufteilung des Einkommens auf Verbrauch und Sparen unverändert bleibt, was nicht im Widerspruch zu den Ergebnissen empirischer Untersuchungen steht. In der Darstellung (Abb. 10) ist also die S(Y)-Kurve linear aus dem Ursprung steigend.

2. Ein konstanter durchschnittlicher und marginaler Kapitalkoeffizient $\frac{K}{Y}$ und $\frac{I}{\Delta Y}$ $(I = \Delta K)$.

Die Zusammensetzung des Gesamtprodukts aus einzelnen Gütern und die Preise der Güter werden als konstant angenommen, so daß das Sozialprodukt in Einheiten eines ‚homogenen‘ Gutes unveränderten Preises besteht, das verbraucht oder investiert wird.

Ausgegangen sei von einem Gleichgewichtseinkommen Y_1, bei dem $I_{gepl} = S_{gepl}$. $I_1 I_1$ ist also die zum Einkommen Y_1 gehörige Investitionsfunktion, I_1 die dem Sparen bei diesem Einkommen gleiche Höhe der Investierungen.

Zu bestimmen ist der Kapazitätseffekt von I_1. Er wird dargestellt durch den reziproken Wert des Kapitalkoeffizienten $\frac{I_1}{\Delta Y}$, also durch $\frac{\Delta Y}{I_1}$. Aus Abb. 10 ergibt sich dieser Wert als tgα. Y_2 ist also das höhere Einkommen,

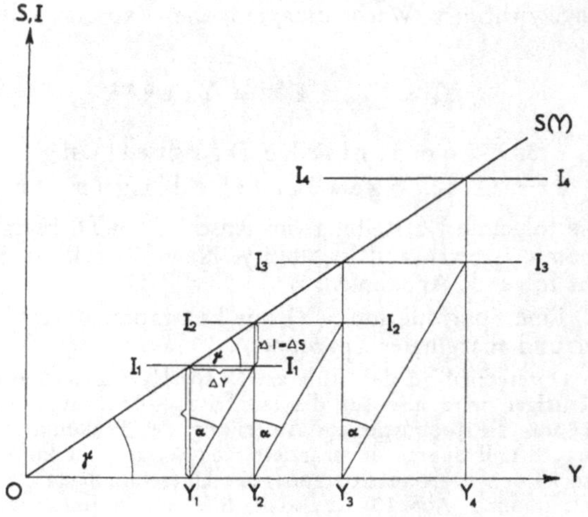

Abb. 10

welches bei Ausnutzung der Kapazitätserhöhung erreichbar ist. Damit aber die mit erhöhtem Einkommen gewachsene absolute Höhe des Sparens als Nachfrageausfall ausgeglichen wird, muß die Höhe der Investierungen um $\Delta I = \Delta S$ steigen, die Investitionsfunktion sich also nach $I_2 I_2$ verlagern. Der Kapazitätseffekt der Gesamtinvestierungen I_2 wiederum macht Y_3 zum neuen Gleichgewichtseinkommen, wozu die abermalige Erhöhung der Investitionsfunktion auf I_8I_8 erforderlich ist usw.

Der Winkel α bleibt wegen der angenommenen Konstanz des Kapitalkoeffizienten unverändert. — Nach der Darstellung ist ferner

$$\frac{I}{Y} = \frac{\Delta I}{\Delta Y} = \operatorname{tg} \gamma \text{ konstant.}$$

Daher

$$\frac{\Delta Y}{Y} = \frac{\Delta I}{I}.$$

Die Zuwachsraten des Einkommens und der Investierungen müssen also bei den getroffenen Voraussetzungen gleich sein. Die Höhe der Zuwachsraten hängt ab einerseits von der Steigung der S-Funktion, andererseits von der Größe des Winkels α als Ausdruck des Kapazitätseffektes der Investierungen.

4. Das Instabilitätsargument nach Harrod

Der Gleichgewichtsrate $g = \frac{s}{k}$ entspricht die von Harrod als „gerechtfertigt" („warranted") bezeichnete, die er $G_w = \frac{s}{C_r}$ schreibt. Er stellt ihr zwei weitere gegenüber: die mit G bezeichnete realisierte Wachstumsrate und die mit G_n bezeichnete „natürliche Wachstumsrate", gemeint als jene, welche die volle Nutzung der jederzeit gegebenen Gesamtkapazität einschließlich technischer Neuerungen erreicht. Gefragt wird, ob G nach G_w und G_n tendiert, also ob die Wirtschaft im Wachstum zu einem Vollbeschäftigungsgleichgewicht strebt.

Die oben mit k bezeichnete Beziehung $\frac{I}{\Delta Y}$ wird als realisierte Größe von Harrod als C geschrieben. Zusammen mit der realisierten Beziehung $\frac{S}{Y} = s$ ergibt sich als

Ausdruck für das realisierte Wachstum: $\frac{\Delta Y}{Y} = G = \frac{s}{C}$ bzw. $G \cdot C = s$. Über: $\frac{\Delta Y}{Y} \cdot \frac{I}{\Delta Y} = \frac{S}{Y}$ ist das als die Identität $I = S$ erkennbar, die also keine Gleichgewichtsbeziehung impliziert.

Für G_w wird Konstanz der Relation $\frac{s}{C}$ gefordert. Der realisierte marginale Kapitalkoeffizient C wird als C_r von Harrod zur Bildung einer Investitionsfunktion $I = C_r \Delta Y$ verwendet, bei der C_r die Bedeutung eines Akzelerators hat. Die Aussage ist, daß die Unternehmer angesichts eines vorliegenden (oder erwarteten) Einkommenswachstums um ΔY sich in Erwartung entsprechenden Absatzes zur Investierung I entschließen. Bestätigt sich die Erwartung, wird also die neugeschaffene Kapazität ausgenutzt, so werden nach Harrod's Annahme die Unternehmer bereit sein, diese Zuwachsrate der Investierungen beizubehalten.

„Ich definiere G_w als die generelle Fortschrittsrate, die, wenn sie praktiziert wird, in den Unternehmern eine geistige Bereitschaft erweckt, einen gleichartigen Fortschritt zu vollziehen. ... Die genannte Gleichung definiert also die Fortschrittsrate, die Befriedigung verschafft und zu ihrer eigenen Fortsetzung führt." (Harrod, Towards a Dynamic Economics. Deutsche Übersetzung: Dynamische Wirtschaft. Wien-Stuttgart 1949. S. 102).

Es wird angenommen, daß $S = sY$ in geplanter Höhe realisiert sei. Dann muß bei gegebenem ΔY ein Ungleichgewicht als Differenz zwischen dem realisierten Kapitalkoeffizienten C und dem Gleichgewichtswert C_r auftreten. Ist $G > G_w$, d. h. die tatsächliche Wachstumsrate des Einkommens größer als die erwartete, an der die Unternehmer ihre Investierungen orientieren, so wird $C < C_r$: die durch Investierungen geschaffene Zusatzkapazität bleibt hinter dem Einkommenszuwachs zurück, die vorhandenen Kapitalbestände werden übermäßig beansprucht, es erfolgt ungeplanter Lagerabbau. Darauf wird das Instabilitätsargument begründet: in dieser Lage werden die Unternehmer zusätzlich investieren, um die Kapazität zu erweitern, aber durch die Multiplikatorwirkung führt das zu abermals erhöhter Rate des Einkommenswachtums, und G weicht verstärkt von der Gleichgewichtsrate G_w ab. Auf überbeanspruchte Kapazität hätten also paradoxerweise die Unternehmer durch Drosselung der Investierungen zu reagieren, um die Wachstumsrate des Einkommens zu vermindern. — Die analoge Argumentation gilt für die Instabilität im Falle $G < G_w$.

1. „Man unterstelle eine Überhöhung des Ausstoßes, so daß G höher als G_w ... Dann wird G, statt nach G_w zurückzukehren, sich von ihm in Aufwärtsbewegung weiter entfernen, und je stärker die Abweichung wird, umso größer der Stimulus zur Expansion. ... Ein Verlassen des Gleichgewichts wird also selbstverstärkend statt selbstausgleichend sein." (R. F. Harrod, An Essay in Dynamic Theory. In: Economic Journal. Bd. 49 [1939]. S. 264).

2. Dieser Stabilitätsbegriff ist extrem. Wenn $C_r = \frac{K}{Y}$ ein Gleichgewicht bezeichnet, $C_t = \frac{K_t}{Y_t}$ ein Ungleichgewicht, so ist die Abweichung vom Gleichgewicht: $C_r - C_t = \frac{K}{Y} - \frac{K_t}{Y_t}$. Eine relative Stabilität im Ablauf liegt vor, wenn die Differenz $K - K_t$ kleiner wird als die Differenz $Y - Y_t$. Harrod nimmt an, sie werde ständig größer und fordert als Stabilität im Ablauf: $K - K_t \rightarrow O$.

G_n ist die bei Nutzung aller Faktoren und technischer Möglichkeiten erreichbare höchstmögliche reale Wachstumsrate. Die realisierte Rate G kann jedenfalls nicht höher sein, als G_n, wohl aber die für Gleichgewicht geforderte Wachstumsrate G_w. Daher bestehen bei $G_w > G_n$ notwendig auch die behandelten Instabilitätsbeziehungen $G_w > G$, und eine Tendenz zur gleichgewichtigen Wachstumsrate mit voller Kapazitätsnutzung fehlt.

1. Bei $G < G_w$ tendiert das System zu einer Abnahme der Investitionen, also zu verstärkter Abweichung von G_n. Ist andererseits $G_n > G > G_w$, so kann sich G nach G_n entwickeln,

aber G_w wird fortgesetzt über G_n hinaus nach oben verlagert und nicht erreicht.

2. Instabilität des Wachstums ist nicht identisch mit stationärem Zustand oder — wie etwa bei Marx — Zusammenbruch des Systems. Der Ausdruck bezieht sich überdies bei Modellen des behandelten Typs auf eine Wirtschaft, in der alle Flexibilitäten und preisgesteuerten Anpassungsvorgänge ausgeschlossen sind, ebenso Veränderungen der Sparrate s.

3. Das Instabilitätsargument wird auch bei Domar aus seinem Modell abgeleitet: „Wenn wir auch wenig wissen über die Bestimmungsgründe für Investierungen: ungenutzte Kapazität wird Investierungen drosseln, übervolle Nutzung des vorhandenen Kapitals sie stimulieren. Das intensiviert die Instabilität. Wächst aus irgendwelchen Gründen der Ausstoß nicht rasch genug, so entsteht ungenutzte Kapazität, die Investierung geht zurück, der Ausstoß wird sich nicht ausweiten und zurückgehen. Andererseits preßt ein rasches Wachstum des Ausstoßes auf die vorhandene Kapazität und ermutigt zu Investierungen, was aber wieder das Wachstum des Ausstoßes beschleunigt und den Druck auf die Kapazität erhöht. Es ist paradox, daß bei gegebener Sparneigung mehr Kapital gebildet werden müßte, um die Nichtausnutzung vorhandenen Kapitals zu beseitigen, und daß, um Kapitalknappheit zu vermeiden, Investierungen gedrosselt werden müßten." (E. Domar, Essays in the Theory of Economic Growth. New York 1957. S. 31).

5. Modellerweiterungen

Die staatliche Aktivität sei berücksichtigt durch T als Steuern, Tr als Transferzahlungen des Staates und G als Staatsausgaben. Die Quotienten $\frac{T}{Y} = t$, $\frac{Tr}{Y} = r$ und $\frac{G}{Y} = \gamma$ seien konstant. Die Identitätsbeziehung $I = S$ wird dann (gemäß der früheren Behandlung) zu: $Y(s + t - r - \gamma) = I$. Für I wird die Harrod'sche Gleichgewichtsbeziehung $I = C_r \Delta Y$ eingesetzt, woraus sich in einfacher Ableitung der Erweiterung der Harrodschen Gleichgewichtsrelation ergibt:

$$G_w = \frac{\Delta Y}{Y} = \frac{s + t - r - \gamma}{C_r}$$

Zur ökonomischen Interpretation: $t - r = \gamma$ besagt, daß die Steuereinnahmen minus Transferzahlungen gleich den Staatsausgaben sind (ausgeglichener Staatshaushalt). Dagegen bedeutet $t - r > \gamma$ Haushaltsüberschuß als „Sparen" des Staates, $t - r < \gamma$ Haushaltsdefizit. Das private Sparen s wird also jeweils durch staatliches Sparen erhöht oder durch staatliches „Entsparen" vermindert. Je kleiner der Zähler, umso kleiner die für Gleichgewicht geforderte Wachstumsrate. So kann die von Keynes entwickelte Fiskalpolitik analog für die Steuerung des gleichgewichtigen Wachstums eingesetzt werden.

In einer offenen Wirtschaft sei der Import Im eine konstante Rate des Einkommens: $\frac{Im}{Y} = m$. Der Export Ex werde in seiner Höhe autonom bestimmt. Eine ausgeglichene Handelsbilanz liegt bei $mY = Ex$ bzw. $m = \frac{Ex}{Y}$ vor. $m - \frac{Ex}{Y} = a$ als Importüberschußrate sei als Kapitalzufuhr vom Ausland verstanden, also eine Ergänzung der inländischen Investierung I. Ist (nach der Ziff. 2. verwendeten Bezeichnung) o die „Produktivität" der Investierung, so ergibt sich die gesamte Wachstumsrate zu: $\frac{\Delta Y}{Y} = o\,(s + a)$. Bei einem Exportüberschuß wird ein Teil des Inlandssparens nicht im Inland investiert, insoweit wird die Kapazitätswirkung des Inlandssparens vermindert, und die Gleichgewichtsbedingung wird zu $\frac{\Delta Y}{Y} = o\,(s - a)$.

Während also ein Exportüberschuß einen Teil des Inlandssparens absorbiert und daher die geforderte Gleichgewichtsrate des Wachstums vermindert, bedeutet Import Einkommensverwendung, die keine Inlandskapazität beschäftigt, also eine umso höhere Wachstrumsrate der Inlandsnachfrage zur Nutzung der Inlandskapazität fordert.

Ansätze solcher Form können selbstverständlich in mannigfacher Weise variiert und ausgebaut werden.

§ 3. Wachstumsmodelle neoklassischen Typs

1. Modellansatz

Die Gruppe der neoklassischen Wachstumsmodelle soll bestimmt sein durch die Aufhebung der Konstanz des Kapitalkoeffizienten. Die Einsatzfaktoren Kapital und Arbeit werden nicht als limitational behandelt, sondern Substitutionsbeziehungen werden zugelassen, durch welche die veränderlichen Gesamtangebotsmengen an Faktoren zum Einsatz gelangen können. Statt des instabilen Wachstumspfades des Harrod-Modells („knife-edge equilibrium") wird also jetzt die Harrod'sche „natürliche Wachstumsrate" Gleichgewichtsbestimmung, und zwar unter Einbeziehung des technischen Fortschritts. Ob dieses dynamische Gleichgewicht dit Vollbeschäftigung auch eine konstante Wachstumsrate impliziert, hängt von den getroffenen Voraussetzungen ab.

1. Von den zahlreichen Modellen dieses Typs sind zu nennen: R. M. Solow, A Contribution to the Theory of Economic Growth. (In: Quarterly Journal of Economics. Bd. 70 [1956]); J. E. Meade, A Neo-Classical Theory of Economic Growth. London 1961; N. Kaldor, Essays on Economic Instability and Growth. London 1960.

2. „Nach übereinstimmender Ansicht sind die kritischen Faktoren, welche den Wachstumstrend bestimmen, die Sparneigung der Bevölkerung (bestimmend für die Rate der Kapitalbildung), der Strom technischer Neuerungen (bestimmend für die Wachstumsrate der Produktivität) und die Wachstumsrate der Bevölkerung. Bis vor kurzem wurden diese Faktoren als Parameter eines Wachstumsmodells behandelt, d. h. als nicht-ökonomische Variable, die in bezug auf Veränderungen der übrigen Variablen invariant sind. So wurde die Theorie auf die bescheidenere Aufgabe beschränkt, die besonderen Beziehungen aufzuweisen, die zwischen den Werten dieser verschiedenen Parameter bestehen müssen, damit sie mit einer stetigen Wachstumsrate der Gesamtwirtschaft vereinbar sind. Aber seit kurzem ist man sich zunehmend bewußt geworden, daß weder die Sparrate aus Einkommen noch die Rate des Produktionszuwachses je Arbeitseinheit (noch, selbstverständlich, die Wachstumsrate der Bevölkerung) bezogen auf die Wachstumsrate der Produktion unabhän-

gige Variable sind, und daß die tatsächliche Fortschrittsrate einer kapitalistischen Wirtschaft das Ergebnis wechselseitiger Beziehungen von Kräften ist, die durch einfache funktionale Beziehungen (wie Angebots- und Nachfragekurven), aber nicht durch Konstante adäquat dargestellt werden können. (N. Kaldor, A Model of Economic Growth. In: Economic Journal. 1957. Dez.).

Die folgende Behandlung beschränkt sich auf Hinweise auf Arbeitsangebot und technische Neuerungen.

2. Arbeitsangebot und Produktivität

Die Modelle des Harrod-Domar-Typs bestimmen als „Postkeynesianismus" das Wachstumsgleichgewicht von der Nachfrageseite: Verbrauch und Investierung. Die Angebotsseite wird bemessen durch den konstanten Kapitalkoeffizienten, durch den der Kapazitätszuwachs als $\Delta Q = kI$ bestimmt wird. Hieraus ergibt sich als Gleichgewichtsforderung: $\frac{\Delta Y}{Y} = \frac{\Delta Q}{Q}$ mit $\Delta Y = \frac{1}{s}\ \Delta I$. Wie oben erwähnt, ist impliziert, daß der Arbeitseinsatz in gleicher Rate wächst wie der Kapitaleinsatz (und daß keine technischen Neuerungen eingeführt werden).

Wird eine autonome Wachstumsrate des Arbeitsangebots und hinzukommend auch der durch technische Neuerungen wachsenden Arbeitsproduktivität angenommen, so kann eine Zuwachsrate des Sozialprodukts bestimmt werden, die zum Einsatz des gesamten Arbeitsangebotes erforderlich ist.

Es sei A_0 die in der Periode o verfügbare Einsatzmenge an Arbeitsleistungen, die Menge wachse in der konstanten Rate r. Dann ist sie in der Periode t:

$$A_t = A_0\ (1 + r)^t$$

Die „Arbeitsproduktivität" als Durchschnittsprodukt je Arbeitseinheit sei in der Periode o: $\frac{Y_0}{A_0} = DPA_0$. Sie wachse in der konstanten Rate u. Dann ist sie in der Periode t:

$$DPA_t = DPA_0\ (1 + u)^t.$$

Das für Vollbeschäftigung der Arbeit geforderte Einkommen der Periode t ist dann:

$$\begin{aligned} Y_t &= A_t \cdot DPA_t \\ &= A_0\,(1+r)^t \cdot \frac{Y_0}{A_0}\,(1+u)^t \\ &= Y_0\,(1+r)^t \cdot (1+u)^t \end{aligned}$$

Für kleine Werte von t annähernd:

$$Y_t = Y_0\,(1+r+u)^t$$

Diese auf Arbeit und technischen Fortschritt bezogene Wachstumsrate muß nun mit der auf Kapital bezogenen Rate g in Übereinstimmung gebracht werden. Die darauf bezogenen Untersuchungen betreffen ersichtlich die Form der Produktionsfunktionen und die damit bestimmten Substitutionsverhältnisse.

In der Weiterführung der neoklassischen Modellanalytik wird die Flexibilität des Systems unter Einbeziehung der Nachfrageseite untersucht. Dabei wird die Einkommensverteilung in bezug auf die Gruppen Arbeitseinkommen und Besitzeinkommen bedeutsam. Sie wird bei unterschiedlichen Sparraten der beiden Gruppen die Höhe der Gesamtinvestierungen beeinflussen, damit die Wachstumsrate. Weiter wird in mehreren Ansätzen der „Kampf rivalisierender Klassen und Gruppen um das Sozialprodukt" (E. Preiser, Wachstum und Einkommensverteilung. Heidelberg 1961. S. 7) sowie die staatliche Einflußnahme auf das Wachstum zur Durchsetzung bestimmter Normen der Einkommensverteilung („Einkommensausgleich", „Vermögensstreuung") in eine umfassende Analyse einbezogen. Auf diese in voller Entwicklung befindlichen Forschungen kann hier nicht eingegangen werden.

3. Technische Neuerungen

Übereinstimmend wird festgestellt, daß ein fortgesetztes Wachstum allein durch mengenmäßige Vermehrung der Einsatzfaktoren nicht vorstellbar ist. Entscheidender Faktor ist der „technische Fortschritt", welcher die Produktivität der Einsatzfaktoren ständig erhöht und das Wirksamwerden des Ertragsgesetzes aufhebt.

Für die deutsche Bundesrepublik: „Das Wachstum wird fast zur Hälfte vom technischen Fortschritt getragen. Fast ein Viertel trägt der wachsende Kapitalbestand zum Wachstum bei. Der Beitrag des wachsenden Arbeitseinsatzes und der wachsenden Importe beträgt jeweils fast ein Sechstel." (K. Ch. Kuhlo, in: H. Giersch und K. Borchardt (Herausg.), Diagnose und Prognose als wirtschaftswissenschaftliches Methodenproblem. Schriften des Vereins für Sozialpolitik. Bd. 25. Berlin 1962. S. 241.)

Die analytische Behandlung dieses „dritten Einsatzfaktors" ist schwierig, weil er nicht quantitativ bemeßbar neben Arbeit und Kapital zum Einsatz gelangt, sondern in der Regel durch veränderte „Quantitäten" (Produktivitäten) dieser Einsatzfaktoren (sog. „embodied technical progress"), also „neue" Produktionsverfahren, durch die teilweise auch „neue Produkte" erstellt werden.

Dem technischen Fortschritt wird der Teil der Wachstumsrate zugeschrieben, der nicht auf mengenmäßige Vermehrung von Arbeit und Kapital zurückzuführen ist.

Es seien a und k Einsatzmengen der Faktoren Arbeit und Kapital. w und i seien die als konstant angenommenen Preise je Einheit, q sei der Ausstoß im Ausdruck konstanten Produktpreises. $\frac{q}{wa + ik} = C$ ist das Verhältnis Produktwert zu Faktoreinsatzkosten. Für eine Basisperiode sei $C = 1$, d. h. der Produktwert wird voll auf die Einsatzfaktoren aufgeteilt. Es gilt: $w a_0 = \alpha q_0$ und $i k_0 = \beta q_0$ $(\alpha + \beta = 1)$.

Werden auch α und β als konstant angenommen, so kann für einen Ausstoß q_t die Veränderung gegenüber q_0 an der Mengenänderung der Einsatzfaktoren bemessen werden. Eine Differenz wird durch veränderte Größe C erkennbar:

$$\frac{q_t}{q_0} = C\left(\alpha \frac{a_t}{a_0} + \beta \frac{k_t}{k_0}\right) \text{ bzw.}$$

$$C = \frac{\frac{q_t}{q_0}}{\alpha \cdot \frac{a_t}{a_0} + \beta \cdot \frac{k_t}{k_0}}$$

Bei $C > 1$ liegt Produktivitätserhöhung durch technischen Fortschritt vor.

Beispiel: $\frac{q_t}{q_o} = 1{,}3$; $\frac{a_t}{a_o} = 1{,}1$; $\frac{k_t}{k_o} = 1{,}2$; $\alpha = 0{,}7$; $\beta = 0{,}3$.

Dann ist: $C \approx \frac{1{,}3}{1{,}1} \approx 1{,}2$

Damit ist das auf technischen Fortschritt bezügliche Residuum isoliert, aber nicht erklärt.

Analytisch vereinfachend kann angenommen werden, daß der isolierte technische Fortschritt sich als eine auf ihn allein zurückzuführende Wachstumsrate des Sozialprodukts darstellen läßt. $q = a^m k^{1-m}$ sei eine linear-homogene Produktionsfunktion des Cobb-Douglas-Typs. Werden beide Einsatzfaktoren in der Proportion λ vermehrt, so steigt q in der gleichen Rate λ. Kommt eine Wachstumsrate r durch technischen Fortschritt hinzu, so wird die Produktionsfunktion zu:

$$q_t = a^m k^{1-m} (1 + r)^t.$$

Gliederungen, die für die analytische Behandlung technischer Neuerungen bedeutsam sind, sind:

1. „Autonome“ technische Neuerungen sind solche, die von außen in die Wirtschaft hineingetragen werden, während als „induzierte“ jene zu gelten haben, die durch bestimmte Datenkonstellationen der Wirtschaft bewirkt werden, etwa durch Knappheitserscheinungen.

2. Zur Beeinflussung der technischen Neuerungen auf Faktornachfrage und Substitutionsbeziehungen dienen Unterscheidungen „kapitalsparender“, „arbeitssparender“ und „neutraler“ technischer Neuerungen. Als Merkmale können die Veränderung der Kapitalintensität einerseits, der Faktorgrenzprodukte andererseits verwendet werden.

Etwa bezogen auf Kapitalintensität: Die Einsatzmengen a und k seien in zwei Prozessen m und n verglichen:

$$D = \frac{k_n}{a_n} : \frac{k_m}{a_m}$$

Der Prozeß n ist verglichen mit m „arbeitssparend“, wenn $D > 1$, „neutral“, wenn $D = 1$, „kapitalsparend“, wenn $D < 1$.

§ 4. Mehrsektorale Wachstumsmodelle

1. Prinzipien

Das als „Struktur" gemeinte Ordnungsgefüge von Teilen zur Bildung einer Ganzheit unterliegt im Wachstum ständigen Veränderungen. Technische Neuerungen, Zugänglichkeit für Kapitaleinsatz, Wettbewerbsverhältnisse u. a. verändern die „Produktionsstruktur", veränderte Größe und Schichtung der Bevölkerung, der sozialen Gruppen, der Verbrauchsgewohnheiten, des Anteils des öffentlichen Bedarfs u. a. die „Verbrauchsstruktur". Ein fortgesetzter Ausgleichs- und Anpassungsprozeß muß sich vollziehen.

Wachstumsanalytisch kann nach dem Harrod-Domar-Modelltyp vorgegangen werden, indem die makroökonomischen Aggregate Gesamtprodukt, Gesamtkapazität und Gesamteinkommen sektoral aufgegliedert werden, im übrigen aber die Konstanz der jetzt sektoral unterschiedlichen Kapitalkoeffizienten beibehalten wird. Gemäß dem neoklassischen Ansatz werden Flexibilitäten untersucht, im besonderen durch veränderte Interdependenz-Koeffizienten zwischen den Sektoren.

Bei einem stationären Kreislauf bleiben die Ströme der Güter und Leistungen zwischen den Sektoren konstant. Wachsen nun alle Sektoren in gleicher Rate, also ohne strukturelle Änderungen, so kann das Ausgangsgleichgewicht erhalten bleiben, doch kann die Abhängigkeit des Wachstums aller Sektoren von zusätzlichem Kapitaleinsatz abhängig sein vom Kapazitätswachstum jenes Sektors, welcher Kapitalgüter produziert. Das wird unten besonders zu betrachten sein.

Bei Strukturwandel im Wachstum entwickeln sich die einzelnen Sektoren mit unterschiedlichen Wachstumsraten, es verändern sich die speziellen Kapitalkoeffizienten, damit auch die Bezugs- und Absatzverhältnisse, welche die Sektoren voneinander abhängig machen. Damit eröffnet sich ein weiter Bereich der Analytik, der hier nicht behandelt werden kann.

2. Sektorale Input-Output-Analytik

Input-Output-Matrizen (vgl. Bd. I. Kap. IV. § 5) sind wichtigste Werkzeuge sektoraler Wachstumsanalytik, zumal sie durch Variierung und Verfeinerung auf die Verhältnisse der einzelnen Fälle zugeschnitten werden können. Hier kann nur der allgemeinste Ansatz aufgezeigt werden.

Die Gesamtwirtschaft wird in Sektoren („Industrien“) aufgegliedert, indem nach Zweckmäßigkeit die Produktion gleichartiger Güter und Leistungen in je einem Sektor zusammengefaßt wird. Zur Darstellung gelangt jetzt eine intersektorale Interdependenz (Güterströme zwischen den Sektoren).

Als „Führungssektoren“ („leading sectors“) können jene herausgestellt werden, in denen sich primär die Wachstumsimpulse bemerkbar machen. Durch ihre Verbindung mit Liefer- und Absatzfaktoren („backward“- bzw. „forward-linkages“) kann die Auswirkung auf andere Sektoren dargestellt werden; es kann untersucht werden, wie neue Führungssektoren die früheren ablösen, technische Neuerungen und veränderte Bedarfsstrukturen sich durch die intersektorale Interdependenz auswirken etc. (Besonders für „Entwicklungsländer“ z. B.: A. O. Hirschmann, The Strategy of Economic Development. New Haven 1958/1961).

Im einfachsten Modell wird der Grad der Interdependenz durch konstante Koeffizienten ausgedrückt. Ferner kann das Modell „geschlossen“ dargestellt werden, indem für jeden Sektor eine feste Beziehung zwischen Einsatz und Ausstoß unterstellt wird, so daß z. B. für Haushalte der „Verbrauch“ als Input für die Erbringung von Arbeitsleistungen gilt. Die Preise werden als konstant angenommen, so daß alle Mengen linear in Werte transformiert werden können.

Es sei x_j^t der Ausstoß des Sektors j (j = 1,2, . . . , n) in der Periode t. Es sei a_{ij} der „technische Koeffizient“ der bestimmt, welche Lieferungen des Sektors i (i = 1,2, . . . n) an den Sektor j je Einheit des Produkts von j benötigt werden. Dann ist $a_{ij}\, x_j^t$ die Gesamtzahlung von j an i bei Ausstoß x_j in der Periode t.

Unterstellt sei nun, daß zur Erhöhung des Ausstoßes zusätzliche Bezüge von i benötigt werden, deren Menge durch

$b_{ij}(x_j^t - x_j^{t-1})$ bezeichnet werden kann. Dann ist für jeden Sektor i der Gesamtausstoß an Sektor j:

$$a_{ij} \cdot x_j^t + b_{ij}(x_j^t - x_j^{t-1})$$

Für alle n-Sektoren der Gesamtwirtschaft also:

$$x_i^t = \sum_{j=1}^{n} a_{ij} x_j^t + \sum_{j=1}^{n} b_{ij}(x_j^t - x_j^{t-1})$$

Das ist die Grundform, welche in zahlreichen Formen variiert werden kann. Bei Konstanz von a und b kann keine Industrie in anderer Rate wachsen als alle anderen; es handelt sich um das Bild eines sich linear erweiternden Kreislaufs. Mit „Dynamisierung" der Koeffizienten wird der Bereich der Strukturänderungen erfaßbar gemacht.

3. Zwei-Sektoren-Modell

Eine spezielle Form sektoraler Analyse des Wachstums verdient kurze Erwähnung, weil sie auf Karl Marx zurückgeht, der Planung der Sowjetunion zugrundegelegt wurde und in manchen „Entwicklungsländern" beachtet wird.

Das für Indien durch Prof. Mahalanobis entwickelte Modell („Mahalanobis-Modell") kann als Beispiel dieses Typs gelten. (Zur Einführung: M. Bronfenbrenner, A Simplified Mahalanobis Development Model. In: Economic Development and Cultural Change. Bd. 9 [1960] Nr. 1).

Wie in den Harrod-Domar-Modellen werden Kapazität und Kapazitätswachstum allein bestimmt durch Kapitaleinsatz und Investierung. Die Höhe der Investierung wird aber nicht auf die Sparentscheidungen der Wirtschaftssubjekte bezogen, sondern ist identisch mit der Kapazität eines „Investitionsgütersektors" (I-Sektor), der alle anderen Sektoren mit Kapitalgütern versorgt. Diese seien zusammengefaßt als „Verbrauchsgütersektor" (C-Sektor). Für beide Sektoren wird nun je ein konstanter Kapitalkoeffizient angenommen, welcher bestimmt, welches Wachstum dieser Sektor durch die ihm zugewiesene Menge zusätzlicher Kapitalgüter erfährt. Das Gesamtwachstum scheint hiernach dann am größten zu sein, wenn die Produktion des I-Sektors an neuen Kapitalgütern dem C-Sektor zugewiesen wird, sofern — wie in allerRegel — dort der Kapitalkoeffizient kleiner bzw. die „Kapitalproduktivität" o ($o = \frac{1}{k}$) größer ist. Aber das gilt nicht, weil ja die Gesamtgröße der zusätzlichen Kapitalgüter allein von der Kapazität des I-Sektors abhängig ist. Die in der Sowjetunion entschieden gezogene Konsequenz ist also, zunächst den I-Sektor selbst zu entwickeln und den C-Sektor bewußt gedrosselt zu halten.

Das sei analytisch dargestellt:

1. Es wird unterstellt, daß

a) der Gesamtbestand an Kapital in konstanter Rate auf die Sektoren I und C aufgeteilt sei:

$$K = \lambda_i K + \lambda_c K \quad (\lambda_i + \lambda_c = 1);$$

b) die Kapitalproduktivitäten in den Sektoren, o_i und o_c, konstant seien;

c) daher die Investierung als Produktion zusätzlicher Kapitalgüter bestimmt sei durch den Anteil des Kapitaleinsatzes im I-Sektor und die für diesen Sektor geltende Kapitalproduktivität o_i:

$$I_t = o_i \lambda_i K_{t-1}$$

(mit Verzögerung um eine Periode);

d) somit bei Konstanz von o_i und λ_i der gesamte Kapitalbestand K in der konstanten Rate $o_i \lambda_i$ wächst:

$$K_{t-1} = K_0 \, (1 + \lambda_i o_i)^{t-1}$$

2. Das vom Kapitaleinsatz und Kapitalproduktivität bestimmte Gesamteinkommen zweier Perioden ergibt sich hieraus als:

$$Y_t = (\lambda_i o_i + \lambda_c o_c) K_{t-1}$$
$$Y_{t-1} = (\lambda_i o_i + \lambda_c o_c) K_{t-2}$$

Hieraus folgt die Wachstumsrate des Einkommens:

$$g = \frac{Y_t - Y_{t-1}}{Y_{t-1}} = \frac{(\lambda_i o_i + \lambda_c o_c) (K_{t-1} - K_{t-2})}{(\lambda_i o_i + \lambda_c o_c) K_{t-2}}$$

Nun ist $K_{t-1} - K_{t-2} = I_{t-1} = \lambda_i o_i K_{t-2}$.

Durch Einsetzen und Kürzung ergibt sich:

$$g = \lambda_i o_i$$

Die Wachstumsrate des Gesamteinkommens ist also nur abhängig vom Anteil der Investierungen, der dem I-Sektor zugeführt wird, und der Kapitalproduktivität in diesem Sektor. Die dem C-Sektor zugeführten Kapitalgüter erhöhen zwar den „Verbrauch", nicht aber die Kapitalbildung.

3. Durch Einsetzung der oben verwendeten Bestimmungsgleichung für K ergibt sich als Bestimmung für das Einkommen Y_t:

$$Y_t = (\lambda_i o_i + \lambda_c o_c) K_0 (1 + \lambda_i o_i)^{t-1}$$

4. Veränderte Werte der Parameter o_i, o_c, λ_i und λ_c ergeben unterschiedliche Wachstumspfade. Beispiel: $o_i = 0{,}1$, $o_c = 0{,}3$. Alternativ seien die Zuteilungsraten:

a) $\lambda_i = 0{,}1$; $\lambda_c = 1 - \lambda_i = 0{,}9$. Dann
$Y_t = 0{,}28\, K_0\, (1{,}01)^{t-1}$

b) $\lambda_i = 0{,}3$; $\lambda_c = 0{,}7$. Dann:
$Y_t = 0{,}24\, K_0\, (1{,}03)^{t-1}$

Hieraus ergibt sich das Argument dieser Analyse: bei kleineren Werten von t ergibt die erstere Zuteilung die höhere Wachstumsrate, aber die zweite Zuteilung erhöht von etwa der 9. Periode an die Wachstumsrate über die des ersten Falles. Anders ausgedrückt: eine zunächst kleinere Wachstumsrate wird mehr als ausgeglichen.

5. Bei der unterstellten Konstanz von λ_c und o_c wächst der Verbrauch in gleicher Rate wie das Einkommen. — Analog zu obiger Ableitung:

$$g_c = \frac{C_t - C_{t-1}}{C_{t-1}} = \frac{\lambda_c o_c I_{t-1}}{\lambda_c o_c K_{t-2}}$$

Mit: $I_{t-1} = \lambda_i o_i K_{t-2}$ umgeformt

$$g_c = \lambda_i o_i = g \text{ bzw.}$$

$$C_t = \lambda_c o_c K_0 (1 + \lambda_i o_i)^{t-1}$$

Naheliegende Verfeinerungen dieser Form der Analyse ergeben sich, wenn beide Sektoren unterteilt werden bzw. neue Sektoren, namentlich der Außenhandel, einbezogen werden, immer aber mit der Unterscheidung, daß einige Sektoren Investitionsgüter produzieren, deren Einsatz die Wachstumsrate aller Sektoren je nach ihren speziellen Kapitalproduktivitäten bestimmt.

§ 5. Stetiges Wirtschaftswachstum als wirtschaftspolitisches Programm

1. Das Leitbild stetigen Wirtschaftswachstums

Bis etwa zum Ersten Weltkrieg vollzog sich das Wachstum der Volkswirtschaften der westlichen Welt im wesentlichen ungesteuert, wenn auch die Wirtschaftspolitik auf den Ablauf und die Ergebnisse des Wirtschaftens Einfluß nahm. Seitdem ist aber in allen Ländern — namentlich auch den „Entwicklungsländern" — die in der Charta der Vereinten Nationen aufgenommene Forderung nach höherem Lebensstandard, voller Beschäftigung und Schaffung der Bedingungen für wirtschaftlichen und sozialen Fortschritt zu einem wirtschaftspolitischen Leitbild erhoben worden.

Im Bereich der westlichen Welt soll das Wachstum sich in einer freiheitlichen Wirtschaftsordnung als Teil der freiheitlichen Staats- und Gesellschaftsordnung vollziehen; es soll nicht wie in kollektivistischen Gesellschafts- und Wirtschaftsordnungen der Staat zum eigentlichen Träger des wirtschaftlichen Geschehens gemacht werden. Die grundsätzliche Erhaltung einer marktwirtschaftlichen Ordnung setzt der staatlichen Wirtschaftspolitik Grenzen:

1. Begrenzung von Ausmaß und Tiefe der staatlichen Einflußnahme („staatlicher Dirigismus");

2. Begrenzung des staatlichen Anteiles an der Wirtschaftssubstanz („Sozialisierung"), am Sozialprodukt und an der volkswirtschaftlichen Vermögensbildung;

3. Einschränkung der Art der zur Anwendung gelangenden wirtschaftspolitischen Mittel, welche als möglichst „marktkonform" die Steuerungsfunktion der Preisbildung verwenden, aber nicht ausschalten sollen;

4. Einschränkung der Zulassung oder gar Förderung der von der Wirtschaft selbst ausgehenden Tendenzen zur Ausschaltung marktgerechter Preisbildung durch Monopolbildungen, Durchsetzung von Wirtschaftsmacht, Marktord-

nungen zwecks Bindung des Wettbewerbs und der persönlichen Entscheidungsfreiheit.

Auch in dieser Begrenzung der Wirtschaftspolitik wird unterstellt, daß sie den Wirtschaftsablauf stabilisieren, das Wirtschaftswachstum fördern und zugleich zur Erfüllung der sozialen Forderungen beitragen kann.

a) Wirtschaftskatastrophen wie Massenarbeitslosigkeiten, Inflation, ebenso partielle Notlagen einzelner Wirtschaftszweige und -gebiete werden nicht mehr als hinzunehmende Auswirkungen der verkehrswirtschaftlichen Selbststeuerung angesehen, sondern gelten als vermeidbar.

b) Eine nachhaltige Verbesserung der Versorgung und allgemeiner wirtschaftlicher Aufstieg namentlich in Ausnutzung der wissenschaftlichen und technischen Fortschritte wird für möglich gehalten und von der Wirtschaft als Leistung gefordert.

c) Die sozialen Ansprüche wachsen dem Umfang nach und konkretisieren sich auf größere soziale Sicherheit einerseits, gerechte Verteilung des Einkommens und Vermögens andererseits.

Ausreichendes und stetiges Wirtschaftswachstum gilt so als Bewährungsprobe für die freiheitlichen Wirtschaftsordnungen der westlichen Welt und für die diesen Ordnungen zugrundeliegenden Leitbilder der Freiheit der Menschen in freien gesellschaftlichen Ordnungen.

2. Selbststeuerung und Lenkung der Wirtschaft

Die namentlich von der Klassik der Wirtschaft zugesprochene Tendenz zu einem automatischen Ausgleich bei ständiger Aufnahme und Verarbeitung der Wachstumsimpulse begrenzte die Ziele der Wirtschaftspolitik auf die Sicherung der Funktionsfähigkeit der Märkte und auf sozialpolitische Ausgleichsmaßnahmen, wobei der öffentliche Sektor der Wirtschaft als eine nicht ins Gewicht fallende Größe galt. Eine „neutrale" Wirtschaftspolitik dieser Art ist unmöglich. Gleichwohl wird eine ausreichend starke Tendenz der Wirtschaft auf Ausgleich und Wachstum unterstellt, so daß die Wirtschaftspolitik das Wachstum nicht mit systemfremden Mitteln erzwingen muß, sondern mit ausgleichenden und fördernden Maßnahmen auskommt, namentlich dann, wenn der staatliche Wirtschaftssektor und die Finanzwirtschaft selbst die Erfordernisse der Stetigkeit und des Wachstums berücksichtigen.

Eine auf Stetigkeit im Sinne des Ausgleichs konjunktureller Schwankungen zielende Wirtschaftspolitik wird in der Regel auch die besten Wachstumsbedingungen sichern. Sie hat gegenüber der Wachstumspolitik den Vorzug größerer Konkretheit, leichterer Übersehbarkeit der Wirkungen der eingesetzten Mittel und größerer Beweglichkeit. Indessen ist diese Politik dann dem Wachstum abträglich, wenn sie zur Sicherung der bestehenden Positionen in der Wirtschaft und damit zum Beharren führt. Der Wirtschaft muß eine genügende Schwankungsbreite zur Anpassung an sich ändernde Bedingungen gelassen werden. Je mehr die Wirtschaftspolitik global ist, um so geringer ist die wirtschaftspolitische Vielgeschäftigkeit und das Ausmaß des ins einzelne gehenden Dirigismus.

Die Wirtschaftspolitik ist „zielkonform", wenn sie beachtet, daß alle wirtschaftspolitischen und finanzwirtschaftlichen Maßnahmen neben ihren speziellen Zielen auch unvermeidlich von Einfluß auf die Stabilität und das Wachstum der Wirtschaft sind. — Sie ist „systemkonform", wenn sie bei der Wahl der Mittel beachtet, daß sie mit der freiheitlich-marktwirtschaftlichen Ordnung der Wirtschaft vereinbar sein sollen.

a) Die Zielkonformität der Wirtschaftspolitik erfordert Koordinierung der Einzelmaßnahmen, die nicht durch Aufspaltung der Zuständigkeiten in sachliche oder räumliche Bereiche aufgehoben werden darf. Besonders notwendig ist dabei die Koordinierung der Geldpolitik und Finanzpolitik wegen ihres inneren Zusammenhanges und der Breite und Tiefe der Wirkungen. Das gilt unbeschadet der in vielen Ländern rechtlich gesicherten Unabhängigkeit der Zentralbank von Weisungen der Regierung und des Parlaments und der Festlegung der Finanzwirtschaft auf Grundsätze ordentlicher Haushaltsgestaltung.

b) Die Systemkonformität bedingt das Zurücktreten administrativer und diskretionärer Mittel hinter „marktkonforme",

d. h. solche, welche durch Beeinflussung der Marktgrößen die gewünschte Entwicklung herbeiführen.

c) „Qualitativ" bzw. „strukturell" ist die Einflußnahme auf die Bauelemente der Volkswirtschaft und ihre Zusammenhänge.

3. Die Ansatzpunkte wachstumsgerechter Wirtschaftspolitik

Die Wirtschaftspolitik wird nicht direkt auf wirtschaftliches Wachstum zielen, da dieses das Ergebnis der Interdependenzen aller wirtschaftlichen Größen ist, wie sie durch die verschiedenen Entscheidungseinheiten (private Haushalte, private Unternehmungen, öffentliche Stellen) bestimmt werden. Wirtschaftliche Stetigkeit und wirtschaftliches Wachstum werden vielmehr als Maßstäbe für die Beurteilung der beobachteten Abläufe zu gelten haben, damit als Gesichtspunkte für die Beeinflussung der einzelnen Sachgebiete und Bereiche und der zur Anwendung gebrachten Mittel.

Gemäß den dargestellten theoretischen Grundprinzipien wird die Politik des Ausgleichs konjunktureller Schwankungen und der Erreichung eines stetigen Wirtschaftswachstums namentlich auf die Höhe der gesamten wirksamen Nachfrage Einfluß zu nehmen haben. Nach der makroökonomischen Kreislaufbetrachtung können dabei folgende Komponenten gemeint sein:

Nachfrage der Haushalte nach Verbrauchsgütern und Höhe des privaten Sparens,

Nachfrage der privaten Wirtschaft nach Investitionsgütern sowie Formen ihrer Finanzierung,

Nachfrage des Staates nach Gütern und Diensten im Zusammenhang mit der Art der Mittelbeschaffung durch Steuern, Anleihen etc.,

Nachfrage des Auslandes nach Inlandsprodukten im Zusammenhang mit der Nachfrage des Inlandes nach Auslandsprodukten.

a) Die Einflußnahme auf die Höhe des privaten Verbrauchs tritt in der Regel als wirtschaftspolitische Maßnahme zurück, allerdings unter Beachtung sozialer Ziele, ferner des Umstandes, daß gewisse „Verbrauchsausgaben" eher zu den Investierungen zu rechnen sind, wie solche für Ausbildung, Gesundheitspflege, Wissenschaft und Forschung.

b) Da die Wachstumsrate primär durch die Höhe der Investierungen bestimmt wird, ist diese zugleich der maßgebliche Faktor für die konjunkturelle Stabilität. Diese Gruppe umfaßt private Investierungen, Exportüberschüsse, staatliche Haushaltsüberschüsse bzw. -defizite. Der wirtschaftspolitische Einfluß geschieht vorwiegend durch Zins- und Kreditpolitik, direkte öffentliche Investierungen, steuerliche Beeinflussung der privaten Investierungen.

c) Für die Wachstumspolitik wird die Unterscheidung zwischen dem Einkommenseffekt, den alle Investierungen haben, und dem für die einzelnen Investierungen unterschiedlichen Kapazitätseffekt beachtlich sein: eine Drosselung der Investierungen mit hohem Kapazitätseffekt mindert die Wachstumsrate, damit die Höhe des künftigen Angebots und den Ausgleich mit der steigenden Nachfrage.

d) Wächst die Inlandsnachfrage stärker als die Inlandskapazität, so wird der Import stärker zunehmen als der Export, wächst umgekehrt die Inlandskapazität stärker als die Inlandsnachfrage, so wird der Export die höhere Wachstumsrate haben.

Grundsätzlich gelten die dem Staat zur Verfügung stehenden Mittel als ausreichend für die geforderte Wirtschaftspolitik stetigen Wachstums, unter der Voraussetzung, daß die Koordinierung unter dem Gesichtspunkt der Zielkonformität erfolgt. Das Hauptgewicht wird dabei auf die Geldpolitik und die Finanzwirtschaft zu legen sein.

Unter solchen Bedingungen kann anhaltendes Wirtschaftswachstum mit der Erhaltung und Entwicklung der gesellschaftlichen Ordnungen freier und sozial verantwortungsbewußter Menschen nicht nur vereinbar sein, sondern sie stärken und fördern.

4. Stagnations- und Inflationstendenzen im Wachstum

In sehr langfristiger („säkularer") Betrachtung sind zwei Theoreme aufgestellt worden, welche die Möglichkeit des Durchhaltens einer ausreichend steigenden und stetigen Wachstumsrate bezweifeln.

Die (von der in § 1, Ziff. 3 dieses Kapitels erwähnten „klassischen" abweichende) Stagnationsthese, vertreten im Anschluß an Hinweise bei Keynes namentlich durch A. H. Hansen, unterstellt, daß die „reifen", d. h. schon stark mit Kapitalausstattung ausgerüsteten Volkswirtschaften wachsenden Schwierigkeiten begegnen würden, für die absolut steigenden Ersparnisse noch lohnende Investitionsmöglichkeiten zu finden. Im besonderen würden die großen Investitionschancen, Bevölkerungswachstum, Einführung technischer Neuerungen und expansive Ausweitung der kapitalistischen Durchdringung des Raumes, zunehmend kleiner. Daher müsse der Grenzertrag der Investierungen ständig fallen. Dieses Theorem wird z. Z. kaum mehr vertreten, zumal die neueren Erfahrungen ihm widersprechen: die Weltbevölkerung steigt anhaltend und stark, der Kapitalbedarf der Entwicklungsländer ist fast unbegrenzt, auch die entwickelten Länder zeigen keine Tendenz zu geringer werdendem Kapitalbedarf und eine hohe Rate der technischen Neuerungen.

Wesentlich aktueller ist die entgegengesetzte These, daß die monetäre Ausstattung der wirksamen Nachfrage die reale Angebotsmöglichkeit durch zunehmende Produktion zu übersteigen tendiert, so daß das Wachstum unter einem ständigen inflatorischen Druck erfolgt, der leicht gefährliche und das Gleichgewicht nachhaltig vernichtende Dimensionen annehmen könnte.

In Abb. 11 soll der Preissteigerungsprozeß graphisch dargestellt werden.

Auf der Abszisse in Abb. 11a wird das Nominaleinkommen, in Abb. 11b der reale Ausstoß abgetragen. Die Ordinate in a und b bezeichnet die Höhe der wirksamen (monetären) Nachfrage D, d. h. die Nachfrage nach Verbrauchs- und Investitionsgütern. Ausgangspunkt ist das Gleichgewichtseinkommen $Y_{nom\,1}$ = OH. Die wirksame

Nachfrage in Höhe von D_1 = OB reicht jedoch nicht aus, um die Produktionskapazität und das Arbeitspotential voll auszunutzen: Der reale Ausstoß in Höhe von Q_1 = OS ist kleiner als der reale Ausstoß Q_3 = OV, der bei voller Ausnutzung des Produktionsapparates und des Arbeitspotentials, d. h. bei Vollbeschäftigung, erreichbar wäre. Das System ist gekennzeichnet durch Gleichgewicht bei Unterbeschäftigung.

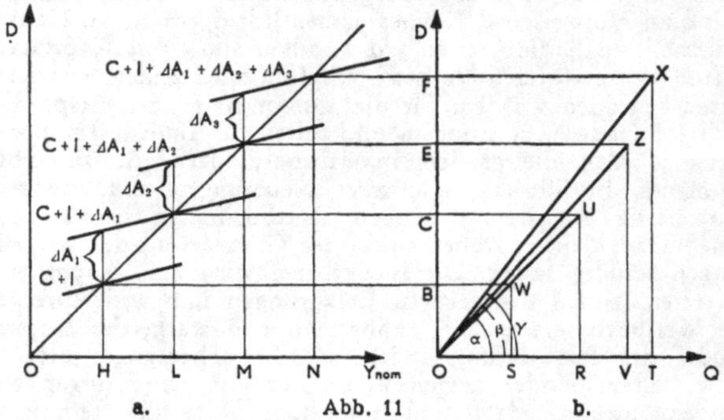

Abb. 11

Das Preisniveau wird bestimmt durch den Quotienten aus wirksamer Nachfrage und realem Ausstoß. In Abb. 11b

$$\mathrm{tg}\alpha = P_1 = \frac{D_1}{Q_1} = \frac{OB}{OS} = \frac{SW}{OS}$$

Steigt nun z. B. durch erhöhte autonome Investitions- oder Verbrauchsausgaben (ΔA) via Multiplikator die wirksame Nachfrage auf D_2 = OC, so steigt die Produktion und das Güterangebot auf Q_2 = OR. Das Preisniveau

$$P_2 = \mathrm{tg}\alpha = \frac{D_2}{Q_2} = \frac{OC}{OR} = \frac{RU}{OR}$$

bleibt konstant. Bei weiterer Erhöhung der wirksamen Nachfrage auf D_3 = OE treten Engpässe auf, die eine Erhöhung des Preisniveaus verursachen. In Abb. 11b

$$\text{tg}\beta = P_3 = \frac{D_3}{Q_3} = \frac{OE}{OV} = \frac{ZV}{OV} > \text{tg}\alpha = P_2 = P_1$$

Eine Steigerung der monetären Nachfrage auf $D_4 = OF$ verursacht inflationäre Preissteigerungen, da das Güterangebot jenseits der Vollbeschäftigungsgrenze $Q_3 = OV$ nur noch in geringem Umfang gesteigert werden kann (z. B. durch ausländische Arbeitskräfte, längere Arbeitszeiten, Überbeanspruchung des Produktionsapparates etc.). Das Preisniveau steigt auf:

$$\text{tg}\gamma = P_4 = \frac{D_4}{Q_4} = \frac{OF}{OT} = \frac{TX}{OT} > \text{tg}\beta = P_3 > \text{tg}\alpha = P_2 = P_1.$$

$Q_3 = OV$ stellt die optimale Kapazitätsgrenze dar, während $Q_4 = OT$ die maximal erreichbare Kapazitätsgrenze bezeichnet.

Die dargestellten Zusammenhänge zeigen das Problem in kurzfristiger Sicht, behalten aber auch in langfristiger Analyse ihre Gültigkeit. Im Wachstumsprozeß verschiebt sich der Punkt V ständig nach rechts, da durch Substitution von Arbeit durch Kapital und durch technischen Fortschritt ein kontinuierlich steigendes Gütervolumen erstellt werden kann; dennoch bleibt der inflationäre Druck auch langfristig bestehen, da die Zunahme der monetären Nachfrage die Zunahme der Produktion zu übersteigen tendiert.

Während die historischen Inflationen so gut wie ausnahmslos auf mißbräuchliche Anwendung der Geldschöpfungsmacht des Staates, vor allem zur Deckung von Kriegs- und Nachkriegsausgaben, zurückzuführen waren, konzentrieren sich die gegenwärtigen Erwägungen, ohne daß inflatorische Gefahren durch einen unausgeglichenen Staatshaushalt völlig übersehen werden, vor allem auf eine überhöhte monetäre „Alimentierung" der Investierungen einerseits, der Geldlöhne andererseits.

Wird im Unterschied zu den entwickelten Modellen des Harrod-Domar-Typs angenommen, daß die Investierungen sich in bestimmter Höhe realisieren und daß sie das ihnen entsprechende Sparen „erzwingen", so entscheidet die Höhe des Sparens der Haushalte die Einkommensverteilung: Der Anteil des Unternehmereinkommens am Einkommenszuwachs ist um so größer, je geringer die Sparquote der Nicht-Unternehmer ist (vgl. Bd. III, Kap. VII, § 2, Ziff. 6). Inflatorische Tendenzen treten auf, wenn die bei ungenügender Sparrate entstehenden Gewinne das Ausmaß der Neuinvestierungen bestimmen, d. h. die entstehende „Inflationslücke" die Gesamtnachfrage über das Ausmaß der Vollbeschäftigung hinaus erhöht. (Vgl. Kap. V, § 3, Ziff. 2.)

a) Werden Investierungen zunächst durch geschöpftes Geld finanziert, so tritt eine Erhöhung der monetären Nachfrage auf, der noch kein durch die Investierungen erhöhtes reales Gesamtangebot gegenübersteht. Die Wirkung ist also preissteigernd, bis das zusätzliche Güterangebot auf den Markt gelangt. Wird aber das Investitionswachstum über die Grenze der Vollbeschäftigung hinausgeführt, so wird mangels ausreichenden privaten Sparens der Prozeß durch ständig zusätzlich auftretende Gewinne in die ausgesprochene Inflation hinübergetragen werden, zumal eine fortgesetzte Preissteigerung wie eine Subventionierung aller Investierungen wirkt.

b) Von einer „Vernichtung" des Realkapitals durch Inflation kann nicht gesprochen werden, denn das bestehende Kapital bleibt erhalten und neues wird gebildet. Auch Geldersparnisse werden nicht vernichtet, da ja irgend jemand Eigentümer des Kapitals bleibt. Was vorgeht, ist vielmehr eine Umschichtung des Eigentums zugunsten der Verfügungsberechtigten über reale Güter und eine völlige Verzerrung der wirtschaftlichen Proportionen.

Während in kurzfristiger Betrachtung Sparen als Nachfrageausfall behandelt wird, muß in langfristiger Betrachtung des Wachstums die Sparrate als Voraussetzung für das Ausmaß der „stetig" durchführbaren Investierungen angesehen werden.

Literaturhinweise

zu Kap. I und II.

Anderson, Montgomery D., Employment, Investment and the Multiplier. In: Econometrica, Bd. 8. Chicago 1940

Boulding, Kenneth E., Economic Analysis. London 3. Aufl. 1955 (1941)

Dillard, Dudley, The Economics of John Maynard Keynes. London 1950 (1948)

Duesenberry, James S., Income, Saving and the Theory of Consumer Behavior. Repr. Cambridge (Mass.) 1952 (1949)

Fellner, William, Employment Theory and Business Cycles. In: Ellis, H. S. (Edit.), A Survey of Contemporary Economics, Vol. I Homewood (Ill.) 1954 (1948)

Giersch, Herbert, Einige kontroverse Fragen der Multiplikatortheorie. In: Beiträge zur Multiplikatortheorie. Schriften des Vereins für Sozialpolitik, N.F. Bd. 9. Berlin 1954

Goodwin, Richard M., The Multiplier. In: Harris, S. E. (Edit.), The New Economics. New York 1950 (1947)

Haller, Heinz, Sparen und Investieren unter einkommensanalytischem und einkommenstheoretischem Aspekt. In: Finanzarchiv, Bd. 13. Tübingen 1952

Hansen, Alvin H., Business Cycles and National Income. New York 1951

Kahn, R. F., The Relation of Home Investment to Unemployment (1931). In: Hansen und Clemence (Edit.), Readings in Business Cycles and National Income. London 1953

Keynes, John M., The General Theory of Employment, Interest, and Money. Repr. London-New York 1951 (1936). Deutsch: Allgemeine Theorie der Beschäftigung, des Zinses und des Geldes. Neudruck Berlin 1952 (1936)

Klein, Lawrence R., The Keynesian Revolution. New York 1950 (1947)

Lange, Oskar, Price Flexibility and Employment. Bloomington (Ind.)-Evanston (Ill.) 1952 (1944)

Lange, Oskar, The Theory of the Multiplier. In: Econometrica, Bd. 11. Chicago 1943

Lerner, Abba P., Saving Equals Investment. In: Harris, S. E. (Edit.), The New Economics. Repr. New York 1950 (1947)

Lerner, Abba P., Saving and Investment; Definitions, Assumptions, Objectives. In: Harris, S. E. (Edit.), The New Economics. Repr. New York 1950 (1947)

Machlup, Fritz, Essays on Economic Semantics. Englewood Cliffs, N.J. 1963

Metzler, Lloyd A., Three Lags in the Circular Flow of Income. In: Metzler, L. A. u. a. (Edit.), Income Employment und Public Policy. Essays in Honor of Alvin H. Hansen. New York 1948

Morgan, Theodore, Income and Employment. 2. Aufl. New York 1953 (1952)

Ohlin, Bertil, Some Notes on the Stockholm Theory of Savings and Investments. In: The Economic Journal, Bd. 47. London 1937

Ott, Alfred E., Einführung in die dynamische Wirtschaftstheorie. Göttingen 1963

Patinkin, Don, Price Flexibility and Full Employment (1948). In: Readings in Monetary Theory. London 1952

Paulsen, Andreas, Zins und Systemgleichgewicht. In: Weltwirtschaftliches Archiv, Bd. 73. Hamburg 1954

Paulsen, Andreas, Neue Wirtschaftslehre. 4. Aufl. Berlin-Frankfurt a. M. 1958 (1950)

Pigou, Arthur C., Employment and Equilibrium. 2. Aufl. London 1949 (1941), repr. 1952

Popper, Karl, The Logic of Scientific Discovery. London 1959.

Preiser, Erich, Sparen und Investieren (1944). In: Bildung und Verteilung des Volkseinkommens. 2. Aufl. Göttingen 1961

Preiser, Erich, Multiplikatorprozeß und dynamischer Unternehmergewinn (1955). In: Bildung und Verteilung des Volkseinkommens. 2. Aufl. Göttingen 1961

Robinson, Joan, Essays in the Theory of Employment. Repr. 2. Aufl. Oxford 1953 (1937)

Schilcher, Rudolf, Multiplikator und Akzelerator. In: Handwörterbuch der Sozialwissenschaften, Stuttgart-Tübingen-Göttingen 1953 ff

Schneider, Erich, Einführung in die Wirtschaftstheorie, 1. Teil: Theorie des Wirtschaftskreislaufs. 8. Aufl. Tübingen 1960 (1947)

Schneider, Erich, Einführung in die Wirtschaftstheorie, 3. Teil: Geld, Kredit, Volkseinkommen und Beschäftigung. 6. Aufl. Tübingen 1961 (1952)

Shackle, G. L. S., Twenty Years on: A Survey of the Theory of the Multiplier. In: The Economic Journal, Bd. 61. London 1951

Smithies, Arthur, Effective Demand and Employment. In: Harris, S. E. (Edit.), The New Economics. New York 1950 (1947)

Tinbergen, Jan, Einführung in die Ökonometrie. 1. deutsche Aufl. der 3. holländischen. Wien-Stuttgart 1952

Wicksell, Knut, Geldzins und Güterpreise. Jena 1898

Zwiedineck-Südenhorst, Otto v., Die Arbeitslosigkeit und das Gesetz der zeitlichen Einkommensfolge. In: Weltwirtschaftl. Archiv, Bd. 34. Hamburg 1931

zu Kap. III.

Colm, Gerhard, Essays in Public Finance and Fiscal Policy. New York 1955

Colm, Gerhard, Fiscal Policy. In: Harris, S. E. (Edit.) The New Economics. New York 1950 (1947)

Dalton, Hugh E., Principles of Public Finance. 4. Aufl. London 1954

Domar, Evsey D., The 'Burden of the Debt' and the National Income. In: Essays in the Theory of Economic Growth. New York 1957

Föhl, Carl, Kreislaufanalytische Untersuchung der Vermögensbildung in der Bundesrepublik und der Beeinflußbarkeit ihrer Verteilung. Tübingen 1964

Gerloff, Wilhelm, Die öffentliche Finanzwirtschaft, 2. Bd. Frankfurt 1950

Groves, Harold M., Financing Government. 3. Aufl. New York 1950 (1939)

Haavelmo, Trygve, Multiplier Effects of a Balanced Budget. In: Readings in Fiscal Policy. London 1955 (1945)

Haller, Heinz, Finanzpolitik. 2. Aufl. Tübingen-Zürich 1961

Hansen, Alvin H., Fiscal Policy and Business Cycles. New York 1941

Hansen, Alvin H., Monetary Theory and Fiscal Policy. New York-Toronto-London 1949

Hardy, Charles O., Fiscal Operations as Instruments of Economic Stabilization. In: Readings in Monetary Theory. London 1952

Hart, Albert G., Money, Debt, and Economic Activity. Englewood-Cliffs (N.J.) 1957 (1953)

Keynes, John M., The General Theory of Employment, Interest, and Money. Repr. London 1951 (1936)

Kolms, Heinz, Vollbeschäftigungspolitik und ihre Mittel in neueren Veröffentlichungen. In: Jahrbuch für Sozialwissenschaft, Bd. 1. Göttingen 1950

Kolms, Heinz, Finanzwissenschaft, Bd. I (Sammlung Göschen Bd. 148). 2. Aufl. Berlin 1963

Lerner, Abba P., Functional Finance and the Federal Debt (1943). In: Readings in Fiscal Policy. London 1955

Lerner, Abba P., Economics of Employment. New York-Toronto-London 1951

Musgrave, Richard A., and Miller, M. H., Built-in Flexibility (1948). In: Readings in Fiscal Policy. London 1955

Musgrave, Richard A., The Theory of Public Finance. A Study in Public Economy. New York-Toronto-London 1959

Neumark, Fritz, Wo steht die ‚Fiscal Policy' heute? In: Finanzarchiv, Bd. 19. Tübingen 1959

Pigou, Arthur C., A Study in Public Finance. 3. Aufl. London 1951 (1928)

Schneider, Erich, Einführung in die Wirtschaftstheorie, 3. Teil: Geld, Kredit, Volkseinkommen und Beschäftigung. 9. Aufl. Tübingen 1961 (1952)

zu Kap. IV.

Day, A. C. L., Outline of Monetary Economics Oxford 1957

Ellsworth, Paul Th., The International Economy. 2. Aufl. New York 1958 (1950)

Haberler, Gottfried, Artikel: Außenhandel. In: Handwörterbuch der Sozialwissenschaften. Stuttgart-Tübingen-Göttingen 1953 ff.

Haberler, Gottfried, Der internationale Handel. (Enzyklopädie der Rechts- und Staatswissenschaft, Abteilung Staatswissenschaft, 41.) Berlin 1933

Halm, George N., Geld, Außenhandel und Beschäftigung. 3. Aufl. München 1957 (1951)

Harris, Seymour E. (Edit.), International and Interregional Economics. New York-Toronto-London 1957

Johnson, Harry G., International Trade and Economic Growth, London 1958

Kindleberger, Charles P., International Economics. Homewood (Ill.) 1953

Kruse, Alfred, Außenwirtschaft. Berlin 1958

Letiche, John M., Balance of Payments and Economic Growth. New York 1959

Machlup, Fritz, International Trade and the National Income Multiplier. Repr. Philadelphia 1950 (1943)

Meade, James E., The Balance of Payments. (The Theory of International Economic Policy, Vol. I.) Repr. London-New York-Toronto 1954 (1951)

Metzler, Lloyd A. and Ellis, Howard S. (Edit.), Readings in the Theory of International Trade. Philadelphia-Toronto 1953 (1950)

Mosak, Jacob L., General-Equilibrium Theory in International Trade. Bloomington (Ind.) 1944

Myrdal, Gunnar, Internationale Wirtschaft. Probleme und Aussichten. Deutsch Berlin 1958 (1956)

Nurkse, Ragnar, Domestic and International Equilibrium. In: Harris, S. E. (Edit.), The New Economics. New York 1950

Ohlin, Bertil, Interregional and International Trade. (Harvard Economic Studies, Vol. 39.) Repr. Cambridge 1952 (1931)

Pedersen, Jørgen, Das Gleichgewicht der Wechselkurse und seine Bestimmungsgründe. (Kieler Vorträge, 58.) Jena 1939

Predöhl, Andreas, Außenwirtschaft. (Grundriß der Sozialwissenschaft, 17.) Göttingen 1949

Pütz, Theodor, Grundlagen der Außenwirtschaftstheorie. Jena 1944

Robinson, Joan, Essays in the Theory of Employment. 2nd Ed. repr. Oxford 1953 (1937)

Rose, Klaus, Theorie der Außenwirtschaft. Berlin-Frankfurt a.M. 1964

Taussig, Frank W., Theorie der internationalen Wirtschaftsbeziehungen. Deutsch Leipzig 1929 (1927)

Viner, Jacob, Studies in the Theory of International Trade. Repr. London 1955 (1937)

Young, John P., The International Economy. 3. Aufl. New York 1951 (1942)

zu Kap. V.

Fellner, William, Employment Theory and Business Cycles. In: Ellis, H. S. (Edit.), A Survey of Contemporary Economics. Philadelphia-Toronto 1954 (1948)

Haberler, Gottfried, Prosperity and Depression. 3. Aufl. Genf 1941 (1937). Deutsch: Prosperität und Depression. 2. Aufl. Bern 1955 (1948)

Hamberg, Daniel, Business Cycles. New York 1951

Harrod, Roy F, The Trade Cycle. Oxford 1936

Hart, Albert G., Anticipations, Uncertainty and Dynamic Planning 2. Aufl. New York 1951 (1940)

Hawtrey, Ralph G., Trade and Credit. London 1928

Hicks, John R., A Contribution to the Theory of the Trade Cycle. Oxford 1950

Hicks, John R., Gleichgewicht und Konjunktur. In: Zeitschrift für Nationalökonomie, Bd. 4, Wien 1933

Jöhr, Walter A., Theoretische Grundlagen der Wirtschaftspolitik, Bd. II: Die Konjunkturschwankungen. Tübingen-Zürich 1952

Jöhr, Walter A., Artikel: Konjunktur. In: Handwörterbuch der Sozialwissenschaften. Tübingen-Göttingen 1959

Kalecki, Michal, Essays in the Theory of Economic Fluctuations. London 1939

Katona, George, Psychological Analysis of Economic Behavior. New York-Toronto-London 1951

Kitchin, Joseph, Cycles and Trends in Economic Factors. In: Review of Economic Statistics, Bd. 5. Cambridge (Mass.) 1923

Knight, Frank A., Risk, Uncertainty and Profit. Repr. London 1933 (1921)

Lutz, Friedrich A., Das Konjunkturproblem in der Nationalökonomie. Jena 1932

Metzler, Lloyd A., Three Lags in the Circular Flow of Income. In: Metzler, L. A. (Edit.), Income, Employment and Public Policy. Essays in Honor of Alvin H. Hansen. New York 1948

Mitchell, Wesley C., Business Cycles, the Problem and its Setting. 2. Aufl New York 1927 (1913). Deutsch: Der Konjunkturzyklus. Leipzig 1931

Pigou, Arthur C., Industrial Fluctuations. 2. Aufl. London 1929 (1927)

Preiser, Erich, Grundzüge der Konjunkturtheorie. Tübingen 1933

Samuelson, Paul A., Interactions between the Multiplier Analysis and the Principle of Acceleration. In: Readings in Business Cycle Theory, London 1954 (1939)

Schumpeter, Joseph A., Business Cycles. Vol. I u. II. New York-London 1939

Spiethoff, Arthur, Die wirtschaftlichen Wechsellagen. Tübingen-Zürich 1955

Tinbergen, Jan, and Polak, Jacques, The Dynamics of Business Cycles. Chicago 1950

Wicksell, Knut, Geldzins und Güterpreise. Jena 1898

zu Kap. VI.

Akermann, Johan, Theory of Industrialism. Lund 1960

Baumol, William J., Economic Dynamics. New York 1951

Bombach, Gottfried, Zur Theorie des wirtschaftlichen Wachstums. In: Weltwirtschaftliches Archiv, Bd. 70. Hamburg 1953

Bombach, Gottfried, Quantitative und monetäre Aspekte des Wirtschaftswachstums. — In: Finanz- und währungspolitische Bedingungen stetigen Wirtschaftswachstums. (Schriften des Vereins für Socialpolitik, NF. Bd. 15.) Berlin 1959

Bombach, Gottfried, Von der Neoklassik zur modernen Wachstums- und Verteilungstheorie In: Schweizerische Zeitschrift für Volkswirtschaft und Statistik. 100. Jahrg. (1964) Nr. 3

Brand, Wilhelm, The Struggle for a Higher Standard of Living. Glencoe (Ill.) 1958

Buchanan, Norman S., and Ellis, Howard S., Approaches to Economic Development. New York 1955

Clark, Colin M. A., The Conditions of Economic Progress. 2. Aufl. London-New York 1951

Domar, Evsey D., Essays in the Theory of Economic Growth. New York 1957

Duesenberry, James, Business Cycles and Economic Growth. New York-Toronto-London 1958

Haavelmo, Trygve, A Study in the Theory of Economic Evolution. Amsterdam 1954

Hahn, F. H. and Matthews, R. C. O., The Theory of Economic Growth: A Survey. The Economic Journal. Bd. 74 (1964), Nr. 296 (Dec.).

Hamberg, Daniel, Economic Growth and Instability. New York 1956

Harrod. Roy F., Towards a Dynamic Economics. Repr. London-New York 1956 (1948)

Hicks, John R., A Contribution to the Theory of the Trade Cycle Oxford 1950

Higgins, Benjamin, Economic Development. London 1959

Hirschman, Albert, The Strategy of Economic Development New Haven 1958

Hoffmann, Walther G. (Hrsg.), Finanz- und währungspolitische Bedingungen stetigen Wirtschaftswachstums (Schriften des Vereins für Socialpolitik, NF. Bd. 15). Berlin 1959

Kalecki, Michal, Theory of Economic Dynamics. London 1954

Kindleberger, Charles P., Economic Development. New York-Toronto-London 1958

Klatt, Sigurd, Zur Theorie der Industrialisierung. Hypothesen über die Bedingungen, Wirkungen und Grenzen eines vorwiegend durch technischen Fortschritt bestimmten wirtschaftlichen Wachstums. Köln-Opladen 1959

Kraus, Willy, Wirtschaftswachstum und Gleichgewicht. Frankfurt a. M. 1955

Kurihara, Kenneth, The Keynesian Theory of Economic Development. London 1959

Leibenstein, Harvey, Economic Backwardness and Economic Growth. New York-London 1957

Lewis, Arthur W., The Theory of Economic Growth. London 1955

Lundberg, Erik, Studies in the Theory of Economic Expansion. New York 1954

Meier, Gerald M., and Baldwin, Robert E., Economic Development London 1957

Myrdal, Gunnar, Economic Theory and Under-Developed Regions. London 1957

Nurkse, Ragnar, Problems of Capital Formation in Underdeveloped Countries. Oxford 1953

Robinson, Joan, The Model of an Expanding Economy. In: The Economic Journal. Bd. 62. London 1952

Rostow, Walt W., The Process of Economic Growth. Oxford 1953

Scheele, Erwin, Einkommensverteilung und Wirtschaftswachstum. Tübingen 1965

Schumpeter, Joseph A., Theorie der wirtschaftlichen Entwicklung. Deutsch 5. Aufl. Berlin 1952 (1912)

Sweezy, Paul M., The Theory of Capitalist Development. Principles of Marxian Political Economy. 4. Aufl. New York 1950 (1942)

Tinbergen, Jan, and Hendricus C. Bos, Mathematical Models of Economic Growth. New York, San Franc., Toronto, London 1962

Youngson, Alexander J., Possibilities of Economic Progress. Cambridge 1959

Handwörterbücher

Bülow, Friedrich, Wörterbuch der Wirtschaft. 3. Aufl. Stuttgart 1958 (1954)

Handbuch der Finanzwissenschaft. 2. Aufl. Tübingen 1952-1958

Handwörterbuch der Sozialwissenschaften. Stuttgart-Tübingen-Göttingen 1953 ff.

Handwörterbuch der Staatswissenschaften. 4. Aufl. Jena 1923-1929

Staatslexikon. 6 Aufl Freiburg 1957 ff (1887)

Zeitschriften

Econometrica (Journal of the Econometric Society), Chicago

Economica (The London School of Economics and Political Science) London

Finanzarchiv (Neue Folge), Tübingen

Jahrbücher für Nationalökonomie und Statistik, Stuttgart

Konjunkturpolitik (Zeitschrift für angewandte Konjunkturforschung), Berlin

Schmollers Jahrbuch für Gesetzgebung, Verwaltung und Volkswirtschaft, Berlin

Schweizerische Zeitschrift für Volkswirtschaft und Statistik (Schweiz. Gesellschaft f. Statistik und Volkswirtschaft), Basel

The American Economic Review (American Economic Association), Menasha, Wisc

The Economic Journal, London

The Journal of Political Economy (Economics Department of the University of Chicago), Chicago

The Quarterly Journal of Economics, Cambridge, Mass.

The Review of Economic Studies, London

Vierteljahreshefte zur Wirtschaftsforschung (Deutsches Institut für Wirtschaftsforschung), Berlin

Weltwirtschaftliches Archiv (Zeitschrift des Instituts für Weltwirtschaft an der Universität Kiel), Hamburg

Wirtschaft und Statistik (Statistisches Bundesamt Wiesbaden), Stuttgart

Zeitschrift für die gesamte Staatswissenschaft, Tübingen

Zeitschrift für Nationalökonomie, Wien

(Zusammengestellt von Dipl.-Volksw. Dr. W. Wedig)

Sachregister

■ VOLKSWIRTSCHAFT

Wirtschaftswachstum

Beiträge zur ökonomischen Theorie und Politik. Herausgegeben von Rudolf Schilcher. Festschrift Andreas Paulsen. Groß-Oktav. 199 Seiten. 1964. Ganzleinen DM 28,—

LUBASCH

Die volkswirtschaftlichen Wirkungen von Geldwertsicherungsklauseln

Groß-Oktav. 97 Seiten. Mit 7 Abbildungen. 1964. DM 18,—

■ BETRIEBSWIRTSCHAFT

MELLEROWICZ

Kosten und Kostenrechnung

2 Bände. 4. Auflage. Groß-Oktav. Ganzleinen.
I. Theorie der Kosten. 533 Seiten. 1963. DM 30,—
II. Verfahren. Teil 1: Allgemeine Fragen der Kostenrechnung und Betriebsabrechnung. XVI, 534 Seiten. 1966. DM 38,—
II. Verfahren. Teil 2: Kalkulation und Auswertung der Kostenrechnung und Betriebsabrechnung. VIII, 588 Seiten. 1968. DM 48,—

HEISER

Budgetierung

Grundsätze und Praxis der betriebswirtschaftlichen Planung
Groß-Oktav. 425 Seiten. 1964. Ganzleinen DM 68,—

JONAS

Investitionsrechnung

Groß-Oktav. 153 Seiten. 1964. Ganzleinen DM 28,—

JUNCKERSTORFF

Internationaler Grundriß der wissenschaftlichen Unternehmensführung

Groß-Oktav. 283 Seiten. 1964. Ganzleinen DM 34,—

Sammlung Göschen

Gesamtverzeichnis

Jeder Band DM 3,60 · Doppelband DM 5,80
Dreifachband DM 7,80

Herbst 1967

Walter de Gruyter & Co · Berlin 30

Die Bände der **Sammlung Göschen** vermitteln in konzentrierter Form den grundlegenden Stoff für das Studium der einzelnen wissenschaftlichen Disziplinen. Sie sind nicht nur Hilfsmittel für die Arbeit an Universitäten und Hochschulen, sondern auch vorzüglich geeignet für Fachschulen, Arbeitskreise und zum Selbststudium. Die Fülle des Materials hat sich besonders für die Vorbereitung zu Examina und Prüfungen bewährt. Auch eine schnelle Orientierung geht hier niemals auf Kosten der Gründlichkeit.

Inhaltsübersicht

Geisteswissenschaften

Philosophie

Einführung in die Philosophie von H. Leisegang †. 6. Aufl. 146 S. 1966. (281)

Hauptprobleme der Philosophie von G. Simmel †. 8., unveränd. Aufl. 177 S. 1964. (500)

Geschichte der Philosophie
I: Die griechische Philosophie von W. Capelle. 1. Tl. Von Thales bis Leukippos. 3., erw. Aufl. Etwa 135 S. In Vorb. (857)
II: Die griechische Philosophie von W. Capelle. 2. Tl. Von der Sophistik bis zum Tode Platons. 3., stark erw. Aufl. Etwa 144 S. In Vorb. (858)
III: Die griechische Philosophie von W. Capelle. 3. Tl. Vom Tode Platons bis zur Alten Stoa. 2., stark erw. Aufl. 132 S. 1954. (859)
IV: Die griechische Philosophie von W. Capelle. 4. Tl. Von der Alten Stoa bis zum Eklektizismus im 1. Jh. v. Chr. 2., stark erw. Aufl. 132 S. 1954. (863)
V: Die Philosophie des Mittelalters von J. Koch. In Vorb. (826)
VI: Von der Renaissance bis Kant von K. Schilling. 234 S. 1954. (394/394a)
VII: Immanuel Kant von F. Kaulbach. In Vorb. (536)
VIII: Die Philosophie des 19. Jahrhunderts von G. Lehmann. 1. Tl. 151 S. 1953. (571)
IX: Die Philosophie des 19. Jahrhunderts von G. Lehmann. 2. Tl. 168 S. 1953. (709)
X: Die Philosophie im ersten Drittel des 20. Jahrhunderts 1. Tl. von G. Lehmann. 128 S. 1957 (845)
XI: Die Philosophie im ersten Drittel des 20. Jahrhunderts 2. Tl. von G. Lehmann. 114 S. 1960. (850)

Die geistige Situation der Zeit (1931) von K. Jaspers. 6. Abdr. der im Sommer 1932 bearb. 5. Aufl. 211 S. 1965. (1000)

Formale Logik von P. Lorenzen. 3., durchges. u. erw. Aufl. 184 S. 1967. (1176/1176a)

Philosophisches Wörterbuch von M. Apel †. 5., völl. neu bearb. Aufl. von P. Ludz. 315 S. 1958. (1031/1031a)

Philosophische Anthropologie. Menschliche Selbstdeutung in Geschichte und Gegenwart von M. Landmann. 2., durchges. Aufl. 223 S. 1964. (156/156a)

GEISTESWISSENSCHAFTEN

Pädagogik, Psychologie, Soziologie

Geschichte der Pädagogik von Herm. Weimer. 17., neubearb. Aufl. von Heinz Weimer 205 S. 1967. (145/145 a)

Therapeutische Psychologie. Ihr Weg durch die Psychoanalyse von W. M. Kranefeldt M. e. Einf. von C. G. Jung. 3. Aufl. 152 S. 1956. (1034)

Allgemeine Psychologie von Th Erismann†. 4 Bde.

I: Grundprobleme. 3. Aufl. 146 S. 1965. (831)

II: Grundarten des psychischen Geschehens. 2., neubearb. Aufl. 248 S. 1959. (832/832 a)

III: Experimentelle Psychologie und ihre Grundlagen. 1. Tl. 2., neubearb. Aufl. 112 S., 7 Abb. 1962. (833)

IV: Experimentelle Psychologie und ihre Grundlagen. 2. Tl. 2., neubearb. Aufl. 199 S. 20 Abb. 1962. (834/834 a)

Soziologie. Geschichte und Hauptprobleme von L. von Wiese. 8. Aufl. 183 S. 1967. (101/101 a)

Ideengeschichte der sozialen Bewegung des 19. und 20. Jh. von W. Hofmann. 2. Aufl. In Vorb (1205/1205 a)

Sozialpsychologie von P.R. Hofstätter. 3. Aufl. 191 S., 18 Abb. 1967. (104/104a)

Psychologie des Berufs und Wirtschaftslebens von W. Moede†. 190 S. 48 Abb. 1958. (851/851 a)

Industrie- und Betriebssoziologie von R. Dahrendorf. 4. Aufl. 142 S., 3 Fig. 1967 (103)

Wirtschaftssoziologie von F. Fürstenberg. 122 S. 1961. (1193)

Einführung in die Sozialethik von H.-D. Wendland. 144 S. 1963. (1203)

Religion

Jesus von M. Dibelius†. 4. Aufl. m. e. Nachtr. von W. G. Kümmel. 140 S. 1966. (1130)

Paulus von M. Dibelius†. Nach dem Tode des Verf. hrsg. u. zu Ende gef. von W. G. Kümmel. 3., durchges. Aufl. 156 S. 1964. (1160)

Luther von F. Lau. 2., verb. Aufl. 153 S. 1966. (1187)

Melanchthon von R. Stupperich. 139 S. 1960. (1190)

Zwingli von F. Schmidt-Clausing. 119 S. 1965. (1219)

Schleiermacher. Leben und Werk von M. Redeker. In Vorb. (1177/1177 a)

Sören Kierkegaard. Leben u. Werk von H. Gerdes. 134 S. 1966. (1221)

Einführung in die Konfessionskunde der orthodoxen Kirchen von K. Onasch. 291 S. 1962. (1197/1197 a)

Geschichte des christlichen Gottesdienstes von W. Nagel. 215 S. 1962. (1202/1202 a)

Geschichte Israels. Von den Anfängen bis zur Zerstörung des Tempels (70 n. Chr.) von E. L. Ehrlich. 2. Aufl. In Vorb. (231/231 a)

Römische Religionsgeschichte von F. Altheim. 2 Bde. 2., umgearb. Aufl.
I: Grundlagen und Grundbegriffe. 116 S. 1956. (1C35)
II: Der geschichtliche Ablauf. 164 S. 1956. (1052)

Die Religion des Buddhismus von D. Schlingloff. 2 Bde.
I: Der Heilsweg des Mönchstums. 122 S., 11 Abb., 1 Kte. 1962. (174)
II: Der Heilsweg für die Welt. 129 S., 9 Abb., 1 Kte. 1963. (770)

Musik

Musikästhetik von H. J. Moser. 180 S. M. zahlr. Notenbeisp. 1953. (344)

Systematische Modulation von R. Hernried. 2. Aufl. 136 S. M. zahlr. Notenbeisp. 1950. (1094)

Der polyphone Satz von E. Pepping. 2 Bde.
I: Der cantus-firmus-Satz. 2. Aufl. 233 S. Mit zahlr. Notenbeisp. 1950. (1148)
II: Übungen im doppelten Kontrapunkt und im Kanon. 137 S. M. zahlr. Notenbeisp. 1957. (1164/1164a)

Allgemeine Musiklehre von H. J. Moser. 2., durchges. Aufl. 155 S. M. zahlr. Notenbeisp. 1955. (220/220a)

Harmonielehre von H. J. Moser. 2 Bde.
I: 109 S. M. 120 Notenbeisp. 1954. (809)
II: In Vorb. (810)

Die Musik des 19. Jahrhunderts von W. Oehlmann. 180 S. 1953. (170)

Die Musik des 20. Jahrhunderts von W. Oehlmann. 312 S. 1961. (171/171a)

Technik der deutschen Gesangskunst von H. J. Moser. 3., durchges. u. verb. Aufl. 144 S., 5 Fig., sowie Tab. u. Notenbeisp. 1954. (576/576a)

Die Kunst des Dirigierens von H. W. von Waltershausen†. 2., verm. Aufl. 138 S. M. 19 Notenbeisp. 1954. (1147)

Die Technik des Klavierspiels aus dem Geiste des musikalischen Kunstwerkes von K. Schubert†. 3. Aufl. 110 S. M. Notenbeisp. 1954. (1045)

Kunst

Stilkunde von H. Weigert. 2 Bde.
I: Vorzeit, Antike, Mittelalter. 4. Aufl. Etwa 136 S., 94 Abb. In Vorb. (80)
II: Spätmittelalter und Neuzeit. 3., durchges. u. erg. Aufl. 150 S., 88 Abb. 1958. (781)

Archäologie von A. Rumpf. 3 Bde.
I: Einleitung, historischer Überblick. 143 S., 6 Abb., 12 Taf. 1953. (538)
II: Die Archäologensprache. Die antiken Reproduktionen. 136 S., 7 Abb., 12 Taf. 1956. (539)
III: In Vorb. (540)

Geschichte

Einführung in die Geschichtswissenschaft von P. Kirn. 5., bearb. u. erg. Aufl. von J. Leuschner. 127 S. 1968. (270/270a)

Einführung in die Zeitgeschichte von B. Scheurig. 101 S. 1962. (1204)

Zeitrechnung der römischen Kaiserzeit, des Mittelalters und der Neuzeit für die Jahre 1—2000 n. Chr. von H. Lietzmann†. 3. Aufl., durchges. von K. Aland. 130 S. 1956. (1085)

Kultur der Urzeit von F. Behn. 3 Bde. 4. Aufl. der Kultur der Urzeit Bd. 1—3 von M. Hoernes.

I: Die vormetallischen Kulturen. (Die Steinzeiten Europas. Gleichartige Kulturen in anderen Erdteilen.) 172 S., 48 Abb. 1950. (564)

II: Die älteren Metallkulturen. (Der Beginn der Metallbenutzung, Kupfer- und Bronzezeit in Europa, im Orient und in Amerika.) 160 S., 67 Abb. 1950. (565)

III: Die jüngeren Metallkulturen. (Das Eisen als Kulturmetall, Hallstatt-Latène-Kultur in Europa. Das erste Auftreten des Eisens in den anderen Weltteilen.) 149 S. 60 Abb. 1950. (566)

Vorgeschichte Europas von F. Behn. Neuaufl. In Vorb. (42)

Der Eintritt der Germanen in die Geschichte von J. Haller†. 3. Aufl., durchges. von H. Dannenbauer. 120 S. 6 Kartensk. 1957. (1117)

Von den Karolingern zu den Staufern. Die altdeutsche Kaiserzeit (900—1250) von I Haller†. 5., durchges. Aufl. von H. Dannenbauer. 142 S., 4 Ktn. 1968. In Vorb. (1065)

Von den Staufern zu den Habsburgern. Auflösung des Reichs und Emporkommen der Landesstaaten (1250—1519) von J. Haller†. 2., durchges. Aufl. von H. Dannenbauer 118 S., 6 Kartensk. 1960. (1077)

Deutsche Geschichte im Zeitalter der Reformation, der Gegenreformation und des dreißigjährigen Krieges von F. Hartung. 2., durchges. Aufl. 128 S. 1963. (1105)

Deutsche Geschichte von 1648—1740. Politischer und geistiger Wiederaufbau von W. Treue. 120 S. 1956 (35)

Deutsche Geschichte von 1713—1806. Von der Schaffung des europäischen Gleichgewichts bis zu Napoleons Herrschaft von W. Treue. 168 S. 1957. (39)

Deutsche Geschichte von 1806—1890. Vom Ende des alten bis zur Höhe des neuen Reiches von W. Treue. 128 S 1961 . (893)

Deutsche Geschichte von 1890 bis zur Gegenwart von W. Treue. In Vorb. (894)

Quellenkunde der Deutschen Geschichte im Mittelalter (bis zur Mitte des 15. Jahrhunderts) von K. Jacob† 3 Bde.

I: Einleitung Allgemeiner Teil. Die Zeit der Karolinger. 6. Aufl., bearb. von H. Hohenleutner. 127 S. 1959. (279)

II: Die Kaiserzeit (911—1250). 5. Aufl., neubearb. von H. Hohenleutner. 141 S. 1961. (280)

III: Das Spätmittelalter (vom Interregnum bis 1500). Hrsg. von F. Weden. 152 S. 1952. (284)

Geschichte Englands von H. Preller. 2 Bde.
I: bis 1815. 4., erw. Aufl. Etwa 135 S., 7 Stammtaf., 2 Ktn. 1967. (375/375a)
II: Von 1815 bis 1910. 2., völl. umgearb. Aufl. 118 S., 1 Stammtaf., 7 Ktn. 1954. (1088)

Römische Geschichte von F. Altheim. 4 Bde. 2., verb. Aufl.
I: Bis zur Schlacht bei Pydna (168 v. Chr.). 124 S. 1956. (19)
II: Bis zur Schlacht bei Actium (31 v. Chr.). 129 S. 1956. (677)
III: Bis zur Schlacht an der Milvischen Brücke (312 n. Chr.). 148 S. 1958. (679)
IV: Bis zur Schlacht am Yarmuk (636 n. Chr.). In Vorb. (684)

Geschichte der Vereinigten Staaten von Amerika von O. Graf zu Stolberg-Wernigerode. 192 S., 10 Ktn. 1956. (1051/1051a)

Deutsche Sprache und Literatur

Geschichte der deutschen Sprache von H. Sperber. 5., neubearb. Aufl. von P. von Polenz. 136 S. 1966. (915)

Deutsches Rechtschreibungswörterbuch von M. Gottschaldt†. 2., verb. Aufl. 269 S. 1953. (200/200a)

Deutsche Wortkunde. Kulturgeschichte des deutschen Wortschatzes von A. Schirmer. 5. Aufl. von W. Mitzka. 125 S. 1965. (929)

Deutsche Sprachlehre von W. Hofstaetter. 10. Aufl. Völl. Umarb. der 8. Aufl. 150 S. 1960. (20)

Stimmkunde für Beruf, Kunst und Heilzwecke von H. Biehle. 111 S. 1955. (60)

Redetechnik. Einführung in die Rhetorik von H. Biehle. 2., erw. Aufl. 151 S. 1961. (61)

Grundlagen der Sprecherziehung von J. Jesch. 93 S., 8 Abb. 1967. (1122)

Deutsches Dichten und Denken von der germanischen bis zur staufischen Zeit von H. Naumann†. (Deutsche Literaturgeschichte vom 5.—13. Jahrhundert.) 3., verb. Aufl. In Vorb. (1121)

Deutsches Dichten und Denken vom Mittelalter zur Neuzeit von G. Müller (1270 bis 1700). 3., durchges. Aufl. In Vorb. (1086)

Deutsches Dichten und Denken von der Aufklärung bis zum Realismus (Deutsche Literaturgeschichte von 1700—1890) von K. Viëtor†. 3., durchges. Aufl. 159 S. 1958. (1096)

Deutsche Heldensage von H. Schneider. 2. Aufl., bearb. von R. Wisniewski. 148 S. 1964. (32)

Der Nibelunge Nôt in Auswahl. Mit kurzem Wörterbuch hrsg. von K. Langosch. 11., durchges. Aufl. 166 S. 1966. (1)

Kudrun und Dietrich-Epen in Auswahl mit Wörterbuch von O. L. Jiriczek. 6. Aufl., bearb. von R. Wisniewski. 173 S. 1957. (10)

Wolfram von Eschenbach, Parzifal. Eine Auswahl mit Anmerkungen und Wörterbuch von H. Jantzen. 3. Aufl., bearb. von H. Kolb. 128 S. 1966. (921)

Hartmann von Aue. Der arme Heinrich nebst einer Auswahl aus der „Klage" dem „Gregorius" und den Liedern (mit einem Wörterverzeichnis) hrsg. von F. Maurer. 2. Aufl. 96 S. 1968. Im Druck. (18)

Gottfried von Straßburg. Tristan und Isolde in Auswahl hrsg. von F. Maurer. 2. Aufl. 142 S. 1965. (22)

Die deutschen Personennamen von M. Gottschald†. 2., verb. Aufl. 151 S. 1955. (422)

Althochdeutsches Elementarbuch. Grammatik und Texte von H. Naumann† u. W. Betz. 4., verb. u. verm. Aufl. 183 S. 1967. (1111/1111a)

Mittelhochdeutsche Grammatik von H. de Boor u. R. Wisniewski. 5., durchges. Aufl. 150 S. 1967. (1108)

Indogermanisch, Germanisch

Indogermanische Sprachwissenschaft von H. Krahe. 2 Bde.
I: Einleitung und Lautlehre. 5. Aufl. 110 S. 1966. (59)
II: Formenlehre. 4., neubearb. Aufl. 100 S. 1963. (64)

Sanskrit-Grammatik mit sprachvergleichenden Erläuterungen von M. Mayrhofer. 2., völl. neu bearb. Aufl. 110 S. 1965. (1158/1158a)

Altirische Grammatik von J. Pokorny. 2. Aufl. 1968. (896/896a)

Gotisches Elementarbuch. Grammatik, Texte mit Übersetzung und Erläuterungen von H. Hempel. 4., neubearb. Aufl. 169 S. 1966. (79/79a)

Altnordisches Elementarbuch. Einführung, Grammatik, Texte (zum Teil mit Übersetzung) und Wörterbuch von F. Ranke. 3., völl. umgearb. Aufl. von D. Hofmann. 205 S. 1967. (1115/1115a/1115b)

Germanische Sprachwissenschaft von H. Krahe. 3 Bde.
I: Einleitung und Lautlehre. 6. Aufl. 147 S. 1966. (238)
II: Formenlehre. 6. Aufl. 149 S. 1967. (780)
III: Wortbildungslehre von W. Meid. 270 S. 1967. (1218/1218a/1218b)

Englisch, Romanisch

Altenglisches Elementarbuch. Einführung, Grammatik, Texte mit Übersetzung und Wörterbuch von M. Lehnert. 6., verb. Aufl. 178 S. 1965. (1125)

Mittelenglisches Elementarbuch von H. Weinstock. 1967. In Vorb. (1226/1226a/1226b)

Historische neuenglische Laut- und Formenlehre von E. Ekwall. 4., verb. Aufl. 150 S. 1965. (735)

Englische Phonetik von H. Mutschmann†. 2. Aufl., bearb. von G. Scherer. 127 S. 1963. (601)

Englische Literaturgeschichte von F. Schubel. 4 Bde.
I: Die alt- und mittelenglische Periode. 2., neubearb. Aufl. 189 S. 1967. (1114/1114a)
II: Von der Renaissance bis zur Aufklärung. 160 S. 1956. (1116)
III: Romantik und Viktorianismus. 160 S. 1960. (1124)

Beowulf. Eine Auswahl mit Einführung, teilweiser Übersetzung, Anmerkungen und etymologischem Wörterbuch von M. Lehnert. 4., verb. Aufl. 135 S. 1967. (1135)

Shakespeare von P. Meißner†. 2. Aufl., neubearb. von M. Lehnert. 136 S. 1954. (1142)

Romanische Sprachwissenschaft von H. Lausberg. 4 Bde.
I: Einleitung und Vokalismus. 2., durchges. Aufl. 211 S. 1963. (128/128a)
II: Konsonantismus. 2., durchges. Aufl. 95 S. 1967. (250)
III: Formenlehre. 1. Teil. 99 S. 1962. (1199)
III: Formenlehre. 2. Teil. S. 99—260. 1962. (1200/1200a)
IV: Wortlehre. In Vorb. (1208)

Griechisch, Lateinisch

Griechische Sprachwissenschaft von W. Brandenstein. 3 Bde.
I: Einleitung, Lautsystem, Etymologie. 160 S. 1954. (117)
II: Wortbildung und Formenlehre. 192 S. 1959. (118/118a)
III: Syntax I. Einleitung. Die Flexibilien. 145 S. 1966. (924/924a)

Geschichte der griechischen Sprache. 2 Bde.
I: Bis zum Ausgang der klassischen Zeit von O. Hoffmann und A. Debrunner. 4., neubearb. Aufl. von A. Scherer. 1968. (111/111a)
II: Grundfragen und Grundzüge des nachklassischen Griechisch von A. Debrunner. 2. Aufl., bearb. von A. Scherer. 1968. (114/114a)

Geschichte der griechischen Literatur von W. Nestle. 2 Bde. 3. Aufl., bearb. von W. Liebich.
I: 144 S. 1961. (70)
II: 149 S. 1963. (557)

Grammatik der neugriechischen Volkssprache von J. Kalitsunakis. 3., wes. erw. u. verb. Aufl. 196 S. 1963. (756/756a)

Neugriechisch-deutsches Gesprächsbuch von J. Kalitsunakis. 2. Aufl., bearb. von A. Steinmetz. 99 S. 1960. (587)

Geschichte der lateinischen Sprache von F. Stolz u. A. Debrunner†. 4., stark umgearb. Aufl. von W. P. Schmid. 145 S. 1966. (492/492a)

Geschichte der römischen Literatur von L. Bieler. 2., verb. Aufl. 2 Bde.
I: Die Literatur der Republik. 160 S. 1965. (52)
II: Die Literatur der Kaiserzeit. 133 S. 1965. (866)

Orientalistik, Slavistik

Die Keilschrift von B. Meissner. 3. Aufl., neubearb. von K. Oberhuber. Etwa 150 S. 1967. (708/708a/708b)

Die Hieroglyphen von A. Erman. 3. Aufl., neu bearb. von O. Krückmann. 1968. In Vorb. (608/608a/608b)

Hebräische Grammatik von R. Meyer. 3 Bde.
I: Einleitung, Schrift- und Lautlehre. 3., neubearb. Aufl. 120 S. 1966. (763/763a/763b)
II: Formenlehre und Flexionstabellen. 3. Aufl. In Vorb. (764/764a/764b)
III: Satzlehre. In Vorb. (765/765a/765b)

Hebräisches Textbuch zu G. Beer-R. Meyer, Hebräische Grammatik von R. Meyer. 170 S. 1960. (769/769a)

Slavische Sprachwissenschaft von H. Bräuer. 2 Bde.
I: Einleitung, Lautlehre. 221 S. 1961. (1191/1191a)
II: Formenlehre. 1. Tl. 1968. (1192/1192a)

Vergleichende Geschichte der slavischen Literaturen von D. Tschižewskij. 2 Bde. In Vorb.
I: Einführung. Anfänge des slavischen Schrifttums bis zum Klassizismus. (1222/1222a)
II: Romantik bis zur Moderne. (1223/1223a)

Russische Grammatik von E. Berneker†. 6., verb. Aufl. von M. Vasmer†. 155 S. 1961. (66)

Polnische Grammatik von N. Damerau. 139 S. 1967. (942/942a)

Erd- und Länderkunde, Kartographie

Afrika von F. Jaeger. Ein geographischer Überblick. 2 Bde. 3. Aufl.
I: Der Lebensraum. 179 S., 18 Abb. In Vorb. (910)
II: Mensch und Kultur. 155 S., 6 Abb. In Vorb. (911)

Australien und Ozeanien von H. J. Krug. 176 S., 46 Sk. 1953. (319)

Kartographie von V. Heissler. 2. Aufl. 213 S., 125 Abb., 8 Anl. 1966. (30/30a)

Wirtschaft, Statistik, Publizistik

Allgemeine Betriebswirtschaftslehre von K. Mellerowicz. 4 Bde. 11. u. 12. durchges. Aufl.
I: 224 S. 1964. (1008/1008a)
II: 188 S. 1966. (1153/1153a)
III: 260 S. 1967. (1154/1154a)
IV: 209 S. 1963. (1186/1186a)

Allgemeine Volkswirtschaftslehre von A. Paulsen. 4 Bde.
I: Grundlegung, Wirtschaftskreislauf. 7. Aufl. 159 S., 11 Abb. 1966. (1169)
II: Haushalte, Unternehmungen, Marktformen. 7. Aufl. 172 S., 31 Abb. 1966. (1170)

III: Produktionsfaktoren. 5., neubearb. u. erg. Aufl. 228 S., 24 Abb. 1967. (1171/1171 a)
IV: Gesamtbeschäftigung, Konjunkturen, Wachstum. 4., neubearb. u. erg. Aufl. 188 S. 1966. (1172)

Übungsaufgaben mit Lösungen zu A. Paulsen, Allgemeine Volkswirtschaftslehre I/II von W. Wedig. 177 S. 1967. (1227/1227 a)

Geschichte der Volkswirtschaftslehre von S. Wendt. 2., neubearb. Aufl. Etwa 182 S. 1968. (1194/1194 a)

Allgemeine Volkswirtschaftspolitik von H. Ohm. 2 Bde.
I: Systematisch-Theoretische Grundlegung. 2., verb. u. erg. Aufl. 137 S., 6 Abb. 1965. (1195)
II: Der volkswirtschaftliche Gesamtorganismus als Objekt der Wirtschaftspolitik. 180 S. 1967. (1196/1196 a)

Finanzwissenschaft von H. Kolms. 4 Bde.
I: Grundlegung, Öffentliche Ausgaben. 3., verb. Aufl. 165 S. 1966. (148)
II: Erwerbseinkünfte, Gebühren und Beiträge, Allgemeine Steuerlehre. 3., verb. Aufl. 154 S. 1966. (391)
III: Besondere Steuerlehre. 2., verb. u. erg. Aufl. 205 S. 1967. (776/776 a)
IV: Öffentlicher Kredit. Öffentlicher Haushalt. Finanzausgleich. 191 S. 1964. (782/782 a)

Finanzmathematik von M. Nicolas. 2., verb. Aufl. 192 S., 11 Taf., 8 Tab. u. 72 Beisp. 1967. (1183/1183 a)

Programmierung von Datenverarbeitungsanlagen von H. J. Schneider u. D. Jurksch. 111 S., 8 Tab., 11 Abb. 1967. (1225/1225 a)

Lineare Programmierung von H. Langen. Etwa 200 S. (1206/1206 a)

Buchhaltung und Bilanz von E. Kosiol. 2., überarb. u. veränd. Aufl. 186 S. 1967. (1213/1213 a)

Industrie- und Betriebssoziologie von R. Dahrendorf. 4. Aufl. 142 S., 3 Fig. 1967. (103)

Wirtschaftssoziologie von F. Fürstenberg. 122 S. 1961. (1193)

Psychologie des Berufs- und Wirtschaftslebens von W. Moede†. 190 S. 48 Abb. 1958. (851/851 a)

Einführung in die Arbeitswissenschaft von H. H. Hilf. 169 S., 57 Abb. 1964. (1212/1212 a)

Allgemeine Methodenlehre der Statistik von J. Pfanzagl. 2 Bde.
I: Elementare Methoden unter besonderer Berücksichtigung der Anwendungen in den Wirtschafts- und Sozialwissenschaften. 4., verb. Aufl. 266 S., 51 Abb. 1967. (746/746 a)
II: Höhere Methoden unter besonderer Berücksichtigung der Anwendungen in Naturwissenschaften, Medizin und Technik. 3., verb. Aufl. 315 S., 41 Abb. 1968. (747/747 a)

Zeitungslehre von E. Dovifat. 2 Bde. 5., neubearb. Aufl.
I: Theoretische und rechtliche Grundlagen — Nachricht und Meinung —Sprache und Form. 162 S. 1967 (1039/1039 a)
II: Redaktion — Die Sparten: Verlag und Vertrieb, Wirtschaft und Technik — Sicherung der öffentlichen Aufgabe. 179 S. 1967. (1040/1040 a)

Naturwissenschaften

Mathematik

Geschichte der Mathematik von J. E. Hofmann. 4 Bde.

I: Von den Anfängen bis zum Auftreten von Fermat und Descartes. 2., verb. u. verm. Aufl. 251 S. 1963. (226/226a)

II: Von Fermat und Descartes bis zur Erfindung des Calculus und bis zum Ausbau der neuen Methoden. 109 S. 1957. (875)

III: Von den Auseinandersetzungen um den Calculus bis zur französischen Revolution. 107 S. 1957. (882)

IV: Geschichte der Mathematik der neuesten Zeit von N. Stuloff. In Vorb. (883)

Mathematische Formelsammlung von F. O. Ringleb. 8., verb. Aufl. 322 S., 40 Fig. 1967. (51/51a)

Vierstellige Tafeln und Gegentafeln für logarithmisches und trigonometrisches Rechnen in zwei Farben zusammengestellt von H. Schubert und R. Haussner. 3. neubearb. Aufl. von J. Erlebach. 158 S. 1960. (81)

Fünfstellige Logarithmen mit mehreren graphischen Rechentafeln und häufig vorkommenden Zahlenwerten von A. Adler. 4. Aufl., überarb. von J. Erlebach. 127 S., 1 Taf. 1962. (423)

Arithmetik von P. B. Fischer†. 3. Aufl. von H. Rohrbach. 152 S., 19 Abb. 1958. (47)

Höhere Algebra von H. Hasse. 2 Bde. 5., neubearb. Aufl.

I: Lineare Gleichungen. 150 S. 1963. (931)

II: Gleichungen höheren Grades. 158 S., 5 Fig. 1967. (932)

Aufgabensammlung zur höheren Algebra von H. Hasse u. W. Klobe. 3., verb. Aufl. 183 S. 1961. (1082)

Elementare und klassische Algebra vom modernen Standpunkt von W. Krull. 2 Bde.

I: 3., erw. Aufl. 148 S. 1963. (930)

II: 132 S. 1959. (933)

Algebraische Kurven und Flächen von W. Burau. 2 Bde.

I: Algebraische Kurven der Ebene. 153 S., 28 Abb. 1962. (435)

II: Algebraische Flächen 3. Grades und Raumkurven 3. und 4. Grades. 162 S., 17 Abb. 1962. (436/436a)

Einführung in die Zahlentheorie von A. Scholz†. Überarb. u. hrsg. von B. Schoeneberg. 4. Aufl. 128 S. 1966. (1131)

Formale Logik von P. Lorenzen. 3., durchges. u. erw. Aufl. 184 S. 1967. (1176/1176a)

Topologie von W. Franz. 2 Bde.
I: Allgemeine Topologie. 2., verb. Aufl. 144 S., 9 Fig. 1965. (1181)
II: Algebraische Topologie. 153 S. 1965. (1182/1182a)

Elemente der Funktionentheorie von K. Knopp†. 7. Aufl. 144 S., 23 Fig. 1966. (1109)

Funktionentheorie von K. Knopp†. 2 Bde. 11. Aufl.
I: Grundlagen der allgemeinen Theorie der analytischen Funktionen. 144 S., 8 Fig. 1965. (668)
II: Anwendungen und Weiterführung der allgemeinen Theorie. 130 S., 7 Fig. 1965. (703)

Aufgabensammlung zur Funktionentheorie von K. Knopp†. 2 Bde.
I: Aufgaben zur elementaren Funktionentheorie. 7. Aufl. 135 S. 1965. (877)
II: Aufgaben zur höheren Funktionentheorie. 6. Aufl. 151 S. 1964. (878)

Differential- und Integralrechnung von M. Barner. (Früher Witting). 4 Bde.
I: Grenzwertbegriff, Differentialrechnung. 2., durchges. Aufl. 176 S., 39 Fig. 1963. (86)

Gewöhnliche Differentialgleichungen von G. Hoheisel. 7., neubearb. u. erw. Aufl. 142 S. 1965. (920/920a)

Partielle Differentialgleichungen von G. Hoheisel. 5., durchges. Aufl. Etwa 128 S. In Vorb. (1003)

Aufgabensammlung zu den gewöhnlichen und partiellen Differentialgleichungen von G. Hoheisel. 4., neubearb. Aufl. 153 S. 1964. (1059/1059a)

Integralgleichungen von G. Hoheisel. 2., neubearb. u. erw. Aufl. 112 S. 1963. (1099)

Mengenlehre von E. Kamke. 5. Aufl. 194 S., 6 Fig. 1965. (999/999a)

Gruppentheorie von L. Baumgartner. 4., erw. Aufl. 190 S., 3 Taf. 1964. (837/837a)

Ebene und sphärische Trigonometrie von G. Hessenberg†. 5. Aufl. durchges. von H. Kneser. 172 S., 60 Fig. 1957. (99)

Darstellende Geometrie von W. Haack. 3 Bde.
I: Die wichtigsten Darstellungsmethoden. Grund- und Aufriß ebenflächiger Körper. 6. Aufl. 113 S., 120 Abb. 1967. (142)
II: Körper mit krummen Begrenzungsflächen. Kotierte Projektionen. 5., durchges. Aufl. 129 S., 86 Abb. 1967. (143)
III: Axonometrie und Perspektive. 3. Aufl. 129 S., 100 Abb. 1965. (144)

Analytische Geometrie von K. P. Grotemeyer. 3., neubearb. Aufl. 218 S., 73 Abb. 1964. (65/65a)

Nichteuklidische Geometrie. Hyperbolische Geometrie der Ebene von R. Baldus†. 4. Aufl., bearb. u. erg. von F. Löbell. 158 S., 75 Fig. 1964. (970/970a)

Differentialgeometrie von K. Strubecker. 3 Bde.
- I: Kurventheorie der Ebene und des Raumes. 2., erw. Aufl. 253 S., 45 Fig. 1964. (1113/1113a)
- II: Theorie der Flächenmetrik. 195 S., 14 Fig. 1958. (1179/1179a)
- III: Theorie der Flächenkrümmung. 254 S., 38 Fig. 1959. (1180/1180a)

Variationsrechnung von L. Koschmieder. 2 Bde. 2., neubearb. Aufl.
- I: Das freie und gebundene Extrem einfacher Grundintegrale. 128 S., 23 Fig. 1962. (1074)
- II: Anwendung klassischer Verfahren auf allgemeine Fragen des Extrems. — Neuere unmittelbare Verfahren. In Vorb. (1075)

Einführung in die konforme Abbildung von L. Bieberbach. 6., neubearb. Aufl. 184 S., 41 Zeichng. 1967. (768/768a)

Vektoren und Matrizen von S. Valentiner. 4. Aufl. (11., erw. Aufl der „Vektoranalysis"). Mit Anh.: Aufgaben zur Vektorrechnung von H. König. 206 S., 35 Fig. 1967. (354/354a)

Wahrscheinlichkeitstheorie und Grundzüge der Maßtheorie von H. Bauer. 2 Bde.
- I: 154 S. 1964. (1216/1216a)
- II: In Vorb. (1217)

Kinematik von H. R. Müller. 171 S., 75 Fig. 1963. (584/584a)

Versicherungsmathematik von F. Böhm. 2 Bde.
- I: Elemente der Versicherungsrechnung. 4. Aufl. In Vorb. (180)
- II: Lebensversicherungsmathematik. Einführung in die technischen Grundlagen der Sozialversicherung. 2., verb. u. verm. Aufl. 205 S. 1953. (917/917a)

Finanzmathematik von M. Nicolas, 2., verb. Aufl. 192 S., 11 Taf., 8 Tab. u. 72 Beisp. 1967. (1183/1183a)

Lineare Programmierung von H. Langen. Etwa 200 S. (1206/1206a)

Progammierung von Datenverarbeitungsanlagen von H. J. Schneider u. D. Jurksch. 111 S., 8 Tab., 11 Abb. 1967. (1225/1225a)

Physik

Einführung in die theoretische Physik von W. Döring. 5 Bde.
- I: Mechanik. 3., verb. Aufl. 125 S., 23 Abb. 1965. (76)
- II: Das elektromagnetische Feld. 3., umgearb. Aufl. Etwa 135 S., 15 Abb. 1968. (77/77a)
- III: Optik. 2., verb. Aufl. 117 S., 32 Abb. 1963. (78)
- IV: Thermodynamik. 2., verb. Aufl. 107 S., 9 Abb. 1964. (374)
- V: Statistische Mechanik. 2., umgearb. Aufl. 117 S., 10 Abb. 1966. (1017)

Mechanik deformierbarer Körper von M. Päsler. 199 S., 48 Abb. 1960. (1189/1189a)

Atomphysik von K. Bechert, Ch. Gerthsen† u. A. Flammersfeld. 4 Bde. 4., durchges. Aufl.
- I: Allgemeine Grundlagen. 1. Teil von A. Flammersfeld. Neuaufl. in Vorb. (1009)

II: Allgemeine Grundlagen. 2. Teil von A. Flammersfeld. Neuaufl. in Vorb. (1033)
III: Theorie des Atombaus. 1. Teil von K. Bechert. 148 S., 16 Abb. 1963. (1123/1123a)
IV: Theorie des Atombaus. 2. Teil von K. Bechert. 170 S., 14 Abb. 1963. (1165/1165a)

Differentialgleichungen der Physik von F. Sauter. 4., durchges. u. erg. Aufl. 147 S., 16 Fig. 1966. (1070)

Physikalische Formelsammlung von G. Mahler†. Fortgef. von K. Mahler. Neubearb. von E. Sohr. 12. Aufl. 167 S., 69 Fig. 1967. (136/136a)

Physikalische Aufgabensammlung mit Ergebnissen von G. Mahler†. Fortgef. von K. Mahler. Neubearb. von H. Graewe. 12. Aufl. 141 S. 1964. (243)

Chemie

Geschichte der Chemie in kurzgefaßter Darstellung von G. Lockemann. 2 Bde. 2. Aufl.
I: Vom Altertum bis zur Entdeckung des Sauerstoffs. 142 S., 4 Bildn. In Vorb. (264)
II: Von der Entdeckung des Sauerstoffs bis zur Gegenwart. 151 S., 16 Bildn. In Vorb. (265/265a)

Anorganische Chemie von W. Klemm. 14. Aufl. 255 S., 34 Abb. 1967. (37/37a)

Organische Chemie von W. Schlenk jun. 10., erw. Aufl. 273 S., 16 Abb. 1965. (38/38a)

Physikalische Methoden in der Organischen Chemie von G. Kresze. 2 Bde.
I: 119 S., 65 Abb. 1962. (44)
II: 164 S. 1962. (45/45a)

Allgemeine und physikalische Chemie von W. Schulze. 2 Bde.
I: 6., verb. Aufl. 139 S., 10 Fig. 1964. (71)
II: 6., erw. Aufl. Etwa 178 S. 49 Fig. 1968. (698/698a)

Molekülbau. Theoretische Grundlagen und Methoden der Strukturermittlung von W. Schulze. 123 S., 43 Fig. 1958. (786)

Einfache Versuche zur allgemeinen und physikalischen Chemie von E. Dehn. 371 Versuche m. 40 Abb. 272 S. 1962. (1201/1201a)

Physikalisch-chemische Rechenaufgaben von E. Asmus. 4., verb. Aufl. 96 S. 1967. (445)

Maßanalyse. Theorie und Praxis der klassischen und der elektrochemischen Titrierverfahren von G. Jander und K. F. Jahr. 11., durchges. Aufl., mitbearb. von H. Knoll. 359 S., 56 Fig. 1966. (221/221a)

Qualitative Analyse von H. Hofmann u. G. Jander. 3., durchges. u. verb. Aufl. 308 S., 5 Abb. 1967. (247/247a)

Stöchiometrische Aufgabensammlung von W. Bahrdt† u. R. Scheer. Mit den Ergebnissen. 9., durchges. Aufl. 119 S. 1967. (452/452a)

Elektrochemie von K. Vetter. 2 Bde.
I: In Vorb. (252)
II: In Vorb. (253)

Geochemie von K. H. Wedepohl. 221 S., 26 Abb., 37 Tab. 1967. (1224/1224a/1224b)

Kristallchemie von J. Zemann. 144 S., 90 Abb. 1966. (1220/1220a)

Technologie

Die Chemie der Kunststoffe von K. Hamann. 2., neu überarb. Aufl. unt. Mitarb. von W. Funke u. K. Nollen. 177 S. 1967. (1173/1173a)

Warenkunde von K. Hassak u. E. Beutel†. 2 Bde.
- I: Anorganische Waren sowie Kohle und Erdöl. 8. Aufl. Neubearb. von A. Kutzelnigg. 119 S, 18 Fig. 1958. (222)
- II: Organische Waren. 8. Aufl. Vollst. neu bearb. von A. Kutzelnigg. 157 S., 32 Fig. 1959. (223)

Die Fette und Öle von Th. Klug. 6., verb. Aufl. 143 S. 1961. (335)

Die Seifenfabrikation von K. Braun†. 3., neubearb. u. verb. Aufl. von Th. Klug 116 S., 18 Abb. 1953. (336)

Thermische Verfahrenstechnik von H. Bock. 3 Bde.
- I: Eigenschaften und Verhalten der realen Stoffe. 184 S., 28 Abb. 1963. (1209/1209a)
- II: Funktion und Berechnung der elementaren Geräte. 195 S., 54 Abb. 1964. (1210/1210a)
- III: Fließbilder, ihre Funktion und ihr Zusammenbau aus Geräten. 224 S., 67 Abb. 1965. (1211/1211a)

Textilindustrie von A. Blümcke.
- I: Spinnerei und Zwirnerei. 111 S., 43 Abb. 1954. (184)

Biologie

Einführung in die allgemeine Biologie und ihre philosophischen Grund- und Grenzfragen von M. Hartmann. 2., unveränd. Aufl. 132 S., 2 Abb. 1965. (96)

Hormone von G. Koller. 2., neubearb. u. erw. Aufl. 187 S., 60 Abb., 19 Tab. 1949. (1141)

Fortpflanzung im Tier- und Pflanzenreich von J. Hämmerling. 2., erg. Aufl. 135 S., 101 Abb. 1951. (1138)

Geschlecht und Geschlechtsbestimmung im Tier- und Pflanzenreich von M. Hartmann. 2., verb. Aufl. 116 S., 61 Abb., 7 Tab. 1951. (1127)

Symbiose der Tiere mit pflanzlichen Mikroorganismen von P. Buchner. 2., verb. u. verm. Aufl. 130 S., 121 Abb. 1949. (1128)

Grundriß der allgemeinen Mikrobiologie von W. u. A. Schwartz. 2 Bde. 2., verb. u. erg. Aufl.
- I: 147 S., 25 Abb. 1960. (1155)
- II: 142 S., 29 Abb. 1961. (1157)

Botanik

Entwicklungsgeschichte des Pflanzenreiches von H. Heil. 2. Aufl. 138 S., 94 Abb., 1 Tab. 1950. (1137)

Morphologie der Pflanzen von L. Geitler. 3., umgearb. Aufl. 126 S., 114 Abb. 1953. (141)

Pflanzengeographie von L. Diels†. 5., völl. neu bearb. Aufl. von F. Mattick. 195 S., 2 Ktn. 1958. (389/389a)

Die Laubhölzer. Kurzgefaßte Beschreibung der in Mitteleuropa gedeihenden Laubbäume und Sträucher von F. W. Neger† und E. Münch†. 3., durchges. Aufl., hrsg. von B. Huber. 143 S., 63 Fig., 7 Tab. 1950. (718)

Die Nadelhölzer (Koniferen) und übrigen Gymnospermen von F. W. Neger† und E. Münch†. 4. Aufl., durchges. u. erg. von B. Huber. 140 S., 75 Fig., 4 Tab., 3 Ktn. 1952. (355)

Pflanzenzüchtung von H. Kuckuck. 2 Bde.
- I: Grundzüge der Pflanzenzüchtung. 3., völl. umgearb. u. erw. Aufl. 132 S., 22 Abb. 1952. (1134)
- II: Spezielle gartenbauliche Pflanzenzüchtung (Züchtung von Gemüse, Obst und Blumen). 2. Aufl. In Vorb. (1178/1178a)

Zoologie

Entwicklungsphysiologie der Tiere von F. Seidel. 2 Bde. 2. Aufl.
- I: Ei und Furchung. Etwa 160 S., 61 Abb. (1162)
- II: Körpergrundgestalt und Organbildung. In Vorb. (1163)

Vergleichende Physiologie der Tiere von K. Herter. 2 Bde. 4. Aufl. der „Tierphysiologie".
- I: Stoff- und Energiewechsel. Neu bearb. von K. Urich. 158 S., 61 Abb. 1966. (972/972a)
- II: Bewegung und Reizerscheinungen. Neu bearb. von G. Birukow. In Vorb. (973/973a)

Das Tierreich
- I: Einzeller, Protozoen von E. Reichenow. 115 S., 59 Abb. 1956. (444)
- II: Schwämme und Hohltiere von H. J. Hannemann. 95 S., 80 Abb. 1956. (442)
- III: Würmer. Platt-, Hohl-, Schnurwürmer, Kamptozoen, Ringelwürmer, Protracheaten, Bärtierchen, Zungenwürmer von S. Jaeckel. 114 S., 36 Abb. 1955. (439)
- IV, 1: Krebse von H. E. Gruner und K. Deckert. 114 S., 43 Abb. 1956. (443)
- IV, 2: Spinnentiere (Trilobitomorphen, Fühlerlose) und Tausendfüßler von A. Kaestner. 96 S., 55 Abb. 1955. (1161)
- IV, 3: Insekten von H. von Lengerken. 2., neubearb. Aufl. 140 S., 59 Abb. 1966. (594)
- V: Weichtiere. Urmollusken, Schnecken, Muscheln und Kopffüßer von S. Jaeckel. 92 S., 34 Fig. 1954. (440)

VI: Stachelhäuter. Tentakulaten, Binnenatmer und Pfeilwürmer von S. Jaeckel. 100 S., 46 Abb. 1955. (441)
VII, 1: Manteltiere, Schädellose, Rundmäuler von H. Fechter. In Vorb. (448)
VII, 2: Fische von D. Lüdemann. 130 S., 65 Abb. 1955. (356)
VII, 3: Lurche (Chordatiere) von K. Herter. 143 S., 129 Abb. 1955. (847)
VII, 4: Kriechtiere (Chordatiere) von K. Herter. 200 S., 142 Abb. 1960. (447/447 a)
VII, 5: Vögel (Chordatiere) von H.-A. Freye. 156 S., 69 Fig. 1960. (869)
VII, 6: Säugetiere (Chordatiere) von Th. Haltenorth. In Vorb. (282/282a)

Land- und Forstwirtschaft

Landwirtschaftliche Tierzucht. Die Züchtung und Haltung der landwirtschaftlichen Nutztiere von H. Vogel. 139 S., 11 Abb. 1952. (228)
Kulturtechnische Bodenverbesserungen von O. Fauser. 2 Bde. 5., verb. u. verm. Aufl.
I: Allgemeines, Entwässerung. 127 S., 49 Abb. 1959. (691)
II: Bewässerung, Ödlandkultur, Flurbereinigung. 159 S., 71 Abb. 1961. (692)
Agrikulturchemie von K. Scharrer. 2 Bde.
I: Pflanzenernährung. 143 S. 1953. (329)
II: Futtermittelkunde. 192 S. 1956. (330/330a)

Geologie, Mineralogie, Kristallographie

Geologie von F. Lotze. 3., verb. Aufl. 179 S., 80 Abb. 1965. (13/13a)
Mineral- und Erzlagerstättenkunde von H. Huttenlocher†. 2 Bde. 2., neubearb. Aufl. von P. Ramdohr.
I: 137 S., 40 Abb., 2 Tab. 1965. (1014/1014a)
II: 135 S., 41 Abb. 1965. (1015/1015a)
Allgemeine Mineralogie. 12., erw. Aufl. der „Mineralogie" von R. Brauns† neubearb. von K. F. Chudoba. 152 S., 143 Textfig., 1 Taf., 3 Tab. 1968. (29/29a)
Spezielle Mineralogie. 11., erw. Aufl. der „Mineralogie" von R. Brauns†, bearb. von K. F. Chudoba. 193 S., 127 Textfig., 6 Tab. 1964. (31/31 a)
Petrographie (Gesteinskunde) von W. Bruhns†. Neubearb. von P. Ramdohr. 6., erw. Aufl. 141 S., 21 Fig. 1966. (173)
Geochemie von K. H. Wedepohl. 221 S., 26 Abb., 37 Tab. 1967. (1224/1224a/1224b)
Kristallchemie von J. Zemann. 144 S., 90 Abb. 1966. (1220/1220a)
Kristallographie von W. Bruhns†. 6. Aufl., neubearb. von P. Ramdohr. 115 S., 164 Abb. 1965. (210)
Einführung in die Kristalloptik von E. Buchwald. 5., verb. Aufl. 128 S., 117 Fig. 1963 (619/619a)
Lötrohrprobierkunde. Mineraldiagnose mit Lötrohr und Tüpfelreaktion von M. Henglein. 4., durchges. u. erw. Aufl. 108 S., 12 Fig. 1962. (483)

Technik

Graphische Darstellung in Wissenschaft und Technik von M. Pirani. 3., erw. Aufl. bearb. von J. Fischer unt. Benutzg. der von I. Runge bes. 2. Aufl. 216 S., 104 Abb. 1957. (728/728a)

Technische Tabellen und Formeln von W. Müller. 5., verb. u. erw. Aufl. von E. Schulze. 165 S., 114 Abb., 99 Taf. 1962. (579)

Einführung in die Arbeitswissenschaft von H. H. Hilf. 164 S., 57 Abb. 1964. (1212/1212a)

Grundlagen der Straßenverkehrstechnik. Theorie der Leistungsfähigkeit von E. Engel. 101 S., 55 Abb. 1962. (1198)

Elektrotechnik

Grundlagen der allgemeinen Elektrotechnik von O. Mohr. 3. Aufl. 260 S., 136 Bild., 14 Taf. 1965. (196/196a)

Die Gleichstrommaschine von K. Humburg. 2 Bde. 3. Aufl.
I: Etwa 102 S., 59 Abb. In Vorb. (257)
II: Etwa 101 S., 38 Abb. In Vorb. (881)

Die Synchronmaschine von W. Putz. 92 S., 64 Bild. 1962. (1146)

Induktionsmaschinen von F. Unger. 3. Aufl. In Vorb. (1140)

Die komplexe Berechnung von Wechselstromschaltungen von H. H. Meinke. 3., neubearb. Aufl. 185 S., 126 Abb. 1965. (1156/1156a)

Theoretische Grundlagen zur Berechnung der Schaltgeräte von F. Kesselring. 4. Aufl. 1968. (711/711a/711b)

Einführung in die Technik selbsttätiger Regelungen von W. zur Megede. 3., überarb. u. erw. Aufl. Etwa 180 S., 86 Abb. 1968. In Vorb. (714/714a)

Elektromotorische Antriebe von W. Meyer. 223 S., 113 Abb. 1967. (827/827a/827b)

Überspannungen und Überspannungsschutz von G. Frühauf. Durchges. Neudr. 122 S., 98 Abb. 1950. (1132)

Elektrische Höchstspannungs-Schaltanlagen. Für Freiluft und Innenanordnung von G. Meiners u. K.-H. Wiesenewsky. 138 S., 58 Abb. 1964. (796/796a)

Transformatoren von W. Schäfer. 5., überarb. u. erg. Aufl. 130 S., 73 Abb. 1967. (952/952a)

Maschinenbau

Thermische Verfahrenstechnik von H. Bock. 3 Bde.
I: Eigenschaften und Verhalten der realen Stoffe. 184 S., 28 Abb. 1963. (1209/1209 a)
II: Funktion und Berechnung der elementaren Geräte. 195 S., 54 Abb. 1964. (1210/1210a)
III: Fließbilder, ihre Funktion und ihr Zusammenbau aus Geräten. 224 S., 67 Abb. 1965. (1211/1211 a)

Technische Thermodynamik von U. Grigull. 171 S., 74 Abb. 1966. (1084/1084 a)

Metallkunde von H. Borchers. 3 Bde.
I: Aufbau der Metalle und Legierungen. 6. Aufl. 120 S., 90 Abb., 2 Tab. 1964. (432)
II: Eigenschaften, Grundzüge der Form- und Zustandsgebung. 5., erg. u. durchges. Aufl. 182 S., 107 Abb., 10 Tab. 1963. (433/433 a)
III: Die metallkundlichen Untersuchungsmethoden von E. Hanke. In Vorb. (434)

Die Werkstoffe des Maschinenbaues von A. Thum† und C. M. v. Meysenbug. 2 Bde.
I: Einführung in die Werkstoffprüfung. 3. Aufl. In Vorb. (476)
II: Die Konstruktionswerkstoffe. 132 S., 40 Abb. 1959. (936)

Dynamik von W. Müller. 2 Bde. 2., verb. Aufl.
I: Dynamik des Einzelkörpers. 128 S., 48 Fig 1952. (902)
II: Systeme von starren Körpern. 102 S., 41 Fig. 1952. (903)

Technische Schwingungslehre von L. Zipperer. 2 Bde. 2., neubearb. Aufl.
I: Allgemeine Schwingungsgleichungen, einfache Schwinger. 120 S., 101 Abb. 1953. (953)
II: Torsionsschwingungen in Maschinenanlagen. 102 S., 59 Abb. 1955. (961/961 a)

Werkzeugmaschinen für Metallbearbeitung von K. P. Matthes. 2 Bde.
I: 100 S., 27 Abb., 11 Zahlentaf., 1 Tafelanh. 1954. (561)
II: Fertigungstechnische Grundlagen der neuzeitlichen Metallbearbeitung. 101 S., 30 Abb., 5 Taf. 1955. (562)

Das Maschinenzeichnen mit Einführung in das Konstruieren von W. Tochtermann. 2 Bde. 4. Aufl.
I: Das Maschinenzeichnen. 156 S., 75 Taf. 1950 (589)
II: Ausgeführte Konstruktionsbeispiele. 130 S., 58 Taf. 1950. (590)

Die Maschinenelemente von E. A. vom Ende†. 4., überarb. Aufl. 184 S., 179 Fig., 11 Taf. 1963. (3/3a)

Die Maschinen der Eisenhüttenwerke von L. Engel. 156 S., 95 Abb. 1957. (583/583a)

Walzwerke von H. Sedlaczek†. 3., neubearb. Aufl. In Vorb. (580/580a)

Getriebelehre von P. Grodzinski†. 2 Bde. 3., neubearb. Aufl. von G. Lechner.
I: Geometrische Grundlagen. 164 S., 131 Fig. 1960. (1061)
II: Angewandte Getriebelehre. In Vorb. (1062)

Kinematik von H. R. Müller. 171 S., 75 Fig. 1963. (584/584a)

Gießereitechnik von H. Jungbluth. 2 Bde.
I. Eisengießerei. 126 S., 44 Abb. 1951. (1159)

Die Dampfkessel einschließlich Feuerungen und Hilfseinrichtungen. Physikalische und chemische Grundlagen, Berechnung und Konstruktion, Vorschriften und Beispiele von W. Marcard. 3., neubearb. Aufl. von G. Beyer 2 Bde.
I: Physikalische und chemische Grundlagen, Wärmelehre, Wärmeübertragung, Verbrennung. 133 S., 35 Bild., 26 Tab. 1964. (9/9a)
II: Berechnung und Konstruktion. Dampfkessel, Hilfseinrichtungen. Feuerungen, Berechnung. 108 S., 45 Bild. 1966. (521/521 a)

Die Dampfturbinen. Ihre Wirkungsweise, Berechnung und Konstruktion von C. Zietemann. 3 Bde.
I: Theorie der Dampfturbinen. 4. Aufl. 139 S., 48 Abb. In Vorb. (274)
II: Die Berechnung der Dampfturbinen und die Konstruktion der Einzelteile. 4., verb. Aufl. 132 S. 111 Abb. In Vorb. (715)
III: Die Regelung der Dampfturbinen, die Bauarten, Turbinen für Sonderzwecke, Kondensationsanlagen. 3., verb. Aufl. 126 S., 90 Abb. 1956. (716)

Verbrennungsmotoren von W. Endres. 3 Bde.
I: Überblick. Motor-Brennstoffe, Verbrennung im Motor allgemein, im Otto- und Diesel-Motor. 2. Aufl. In Vorb. (1076/1076a)
II: Gaswechselvorgang. Aufladen, Leistung, mittl. Druck. Reibung, Wirkungsgrade und Kraftstoffverbrauch. 152 S., 62 Abb. 1966. (1184/1184a)
III: Die Einzelteile des Verbrennungsmotors. In Vorb. (1185/1185a)

Autogenes Schweißen und Schneiden von H. Niese. 5. Aufl., neubearb. von A. Küchler. 136 S., 71 Fig. 1953. (499)

Die elektrischen Schweißverfahren von H. Niese. 2. Aufl., neubearb. von H. Dienst. 136 S., 58 Abb. 1955. (1020)

Die Hebezeuge. Entwurf von Winden und Kranen von G. Tafel. 2., verb. Aufl. 176 S., 230 Fig. 1954. (414/414a)

Vermessungswesen

Vermessungskunde von W. Großmann. 3 Bde.
I: Stückvermessung und Nivellieren. 12., verb. Aufl. 156 S., 122 Fig. 1965., (468)
II: Horizontalaufnahmen und ebene Rechnungen. 10., verb. Aufl. 149 S., 101 Fig. 1967. (469/469a)
III: Trigonometrische und barometrische Höhenmessung. Tachymetrie und Absteckungen. 8., verb. Aufl. 140 S., 102 Fig. 1965. (862)

Kartographie von V. Heissler. 2. Aufl. 213 S., 125 Abb., 8 Anl. 1966. (30/30a)

Photogrammetrie von G. Lehmann. 2., neubearb. Aufl. 205 S., 136 Abb. 1966. (1188/1188a)

Wasserbau

Wasserkraftanlagen von A. Ludin unt. Mitarb. von W. Borkenstein. 2 Bde.
I: Planung, Grundlagen und Grundzüge. 124 S., 60 Abb. 1955. (665)
II: Anordnung und Ausbildung der Hauptbauwerke. 184 S., 91 Abb. 1958. (666/666a)

Verkehrswasserbau von H. Dehnert. 3 Bde.
I: Entwurfsgrundlagen, Flußregelungen 103 S., 53 Abb. 1950. (585)
II: Flußkanalisierung und Schiffahrtskanäle. 94 S., 60 Abb. 1950. (597)
III: Schleusen und Hebewerke. 98 S., 70 Abb. 1950 (1152)

Wehr- und Stauanlagen von H. Dehnert. 134 S., 90 Abb. 1952. (965)

Talsperren von F. Tölke. 122 S., 70 Abb. 1953. (1044)

Hoch- und Tiefbau

Die wichtigsten Baustoffe des Hoch- und Tiefbaus von O. Graf†. 4., verb. Aufl. 131 S., 63 Abb. 1953. (984)

Baustoffverarbeitung und Baustellenprüfung des Betons von A. Kleinlogel. 2., neubearb. u. erw. Aufl. 126 S., 35 Abb. 1951. (978)

Festigkeitslehre. 2 Bde.
I: Elastizität, Plastizität und Festigkeit der Baustoffe und Bauteile von W. Gehler† u. W. Herberg. Durchges. u. erw. Neudr. 159 S., 118 Abb. 1952. (1144)
II: Formänderung, Platten, Stabilität und Bruchhypothesen von W. Herberg und N. Dimitrov. 187 S., 94 Abb. 1955. (1145/1145a)

Grundlagen des Stahlbetonbaues von A. Troche. 2., neubearb. u. erw. Aufl. 208 S., 75 Abb., 17 Bemessungstaf., 20 Rechenbeisp. 1953. (1078)

Statik der Baukonstruktionen von A. Teichmann 3 Bde.
I: Grundlagen. 101 S., 51 Abb., 8 Formeltaf. 1956. (119)
II: Statisch bestimmte Stabwerke. 107 S., 52 Abb., 7 Taf. 1957 (120)
III: Statisch unbestimmte Systeme. 112 S., 34 Abb., 7 Formeltaf. 1958. (122)

Fenster, Türen, Tore aus Holz und Metall. Eine Anleitung zu ihrer guten Gestaltung, wirtschaftlichen Bemessung und handwerksgerechten Konstruktion von W. Wickop†. 5. Aufl. In Vorb. (1092)

Heizung und Lüftung von W. Körting. 2 Bde., neubearb. Aufl.
I: Das Wesen und die Berechnung der Heizungs- und Lüftungsanlagen. 171 S., 29 Abb., 36 Zahlentaf. 1962. (342/342a)
II: Die Ausführung der Heizungs- und Lüftungsanlagen. In Vorb. (343)

Industrielle Kraft- und Wärmewirtschaft von F. A. F. Schmidt u. A. Beckers. 167 S., 73 Abb. 1957. (318/318a)

Sammlung Göschen / Bandnummernfolge

1 Langosch, Der Nibelunge Nôt
3/3a v. Ende, Maschinenelemente
9/9a Marcard-Beyer, Dampfkessel I
10 Jiriczek-Wisniewski, Kudrun und Dietrich-Epen
13/13a Lotze, Geologie
18 Maurer, Hartmann von Aue, Der arme Heinrich
19 Altheim, Römische Geschichte I
20 Hofstaetter, Dt. Sprachlehre
22 Maurer, Gottfried von Strassburg
29/29a Brauns-Chudoba, Allgemeine Mineralogie
30/30a Heissler, Kartographie
31/31a Brauns-Chudoba, Spezielle Mineralogie
32 Schneider-Wisniewski, Deutsche Heldensage
35 Treue, Dt. Geschichte von 1648 bis 1740
37/37a Klemm, Anorgan. Chemie
38/38a Schlenk, Organische Chemie
39 Treue, Dt. Geschichte von 1713 bis 1806
42 Behn-Hoernes, Vorgeschichte Europas
44 Kresze, Physikal. Meth. in der Organ. Chemie I
45/45a Kresze, Physikal. Meth. in der Organ. Chemie II
47 Fischer-Rohrbach, Arithmetik
51/51a Ringleb, Mathem. Formelsammlung
52 Bieler, Röm. Literaturgesch. I
59 Krahe, Indogerm. Sprachwiss. I
60 Biehle, Stimmkunde
61 Biehle, Redetechnik
64 Krahe, Indogerm. Sprachwiss. II
65/65a Grotemeyer, Analyt. Geometrie
66 Berneker-Vasmer, Russische Grammatik
70 Nestle-Liebich, Gesch. d. griechischen Literatur I
71 Schulze, Allgemeine und physikalische Chemie I
76 Döring, Einf. i. d. th. Physik I
77/77a Döring, Einf. i. d. th. Physik II
78 Döring, Einf. i. d. th. Physik III
79/79a Hempel, Got. Elementarbuch
80 Weigert, Stilkunde I
81 Schubert-Haussner-Erlebach, Vierstell. Logarithmentafeln
86 Barner, Differential- u. Integralrechnung I
96 Hartmann, Einf. in die allgem. Biologie
99 Hessenberg-Kneser, Ebene und sphär. Trigonometrie
101/101a Wiese, Soziologie
103 Dahrendorf, Industrie- und Betriebssoziologie
104/104a Hofstätter, Sozialpsychologie
111/111a Hoffmann-Debrunner-Scherer, Gesch. d. griechischen Sprache I
114/114a Debrunner-Scherer, Gesch. der griechischen Sprache II
117 Brandenstein, Griechische Sprachwissenschaft I
118/118a Brandenstein, Griechische Sprachwissenschaft II
119 Teichmann, Statik der Baukonstruktionen I
120 Teichmann, Statik der Baukonstruktionen II
122 Teichmann, Statik der Baukonstruktionen III

128/128 a Lausberg, Romanische Sprachwissenschaft I
136/136 a Mahler-Sohr, Physikal. Formelsammlung
141 Geitler, Morphologie der Pflanzen
142 Haack, Darst. Geometrie I
143 Haack, Darst. Geometrie II
144 Haack, Darst. Geometrie III
145/145 a Weimer, Gesch. der Pädagogik
148 Kolms, Finanzwissenschaft I
156/156 a Landmann, Philosophische Anthropologie
170 Oehlmann, Musik des 19. Jhs.
171/171 a Oehlmann, Musik des 20. Jhs.
173 Bruhns-Ramdohr, Petrographie
174 Schlingloff, Religion des Buddhismus I
180 Böhm, Versicherungsmathem. I
184 Blümcke, Textilindustrie I
196/196 a Mohr, Grundlagen der allgem. Elektrotechnik
200/200 a Gottschald, Dt. Rechtschreibungswörterbuch
210 Bruhns-Ramdohr, Kristallographie
220/220 a Moser, Allg. Musiklehre
221/221 a Jander-Jahr-Knoll, Maßanalyse
222 Hassak-Beutel-Kutzelnigg, Warenkunde I
223 Hassak-Beutel-Kutzelnigg, Warenkunde II
226/226 a Hofmann, Gesch. der Mathematik I
228 Vogel, Landw. Tierzucht
231/231 a Ehrlich, Geschichte Israels
233 Krahe, German. Sprachwiss. I
243 Mahler-Graewe, Physikal. Aufgabensammlung
247/247 a Hofmann-Jander, Qualitative Analyse
250 Lausberg, Romanische Sprachwissenschaft II
252 Vetter, Elektrochemie I
253 Vetter, Elektrochemie II
257 Humburg, Gleichstrommaschine I
264 Lockemann, Gesch. der Chemie I
265/265 a Lockemann, Geschichte der Chemie II
270/270 a Kirn-Leuschner, Einführung in die Geschichtswissenschaft
274 Zietemann, Dampfturbinen I
279 Jacob-Hohenleutner, Quellenkunde der deutschen Geschichte I
280 Jacob-Hohenleutner, Quellenkunde der deutschen Geschichte II
281 Leisegang, Einführung in die Philosophie
282/282 a Haltenorth, Säugetiere
284 Jacob-Weden, Quellenkunde der deutschen Geschichte III
318/318 a Schmidt-Beckers, Industrielle Kraft- u. Wärmewirtschaft
319 Krug, Australien und Ozeanien
329 Scharrer, Agrikulturchemie I
330/330 a Scharrer, Agrikulturchemie II
335 Klug, Fette und Öle
336 Braun-Klug, Seifenfabrikation
342/342 a Körting, Heizung und Lüftung I
343 Körting, Heizung und Lüftung II
344 Moser, Musikästhetik
354/354 a Valentiner-König, Vektoren und Matrizen
355 Neger-Münch-Huber, Nadelhölzer
356 Lüdemann, Fische
374 Döring, Einf. i. d. th. Physik IV
375/375 a Preller, Geschichte Englands I
389/389 a Diels-Mattick, Pflanzengeographie
391 Kolms, Finanzwissenschaft II
394/394 a Schilling, Von der Renaissance bis Kant
414/414 a Tafel, Hebezeuge
422 Gottschald, Dt. Personennamen
423 Adler-Erlebach, Fünfstellige Logarithmen
432 Borchers, Metallkunde I
433/433 a Borchers, Metallkunde II
434 Borchers-Hanke, Metallkunde III
435 Burau, Algebr. Kurven und Flächen I
436/436 a Burau, Algebr. Kurven und Flächen II
439 Jaeckel, Würmer
440 Jaeckel, Weichtiere
441 Jaeckel, Stachelhäuter

442 Hannemann, Schwämme und Hohltiere
443 Gruner-Deckert, Krebse
444 Reichenow, Einzeller
445 Asmus, Physikal.-chem. Rechenaufgaben
447/447 a Herter, Kriechtiere
448 Fechter, Manteltiere
452/452 a Bahrdt-Scheer, Stöchiometr. Aufgabenslg.
468 Großmann, Vermessungskunde I
469/469 a Großmann, Vermessungskunde II
476 Thum-Meysenbug, Werkstoffe des Maschinenbaues I
483 Henglein, Lötrohrprobierkunde
492/492 a Stolz-Debrunner-Schmid, Geschichte der lateinischen Sprache
499 Niese-Küchler, Autogenes Schweißen
500 Simmel, Hauptprobleme der Philosophie
521/521 a Marcard-Beyer, Dampfkessel II
536 Lehmann, Kant
538 Rumpf, Archäologie I
539 Rumpf, Archäologie II
540 Rumpf, Archäologie III
557 Nestle-Liebich, Gesch. der griech. Literatur II
561 Matthes, Werkzeugmaschinen I
562 Matthes, Werkzeugmaschinen II
564 Behn-Hoernes, Kultur der Urzeit I
565 Behn-Hoernes, Kultur d. Urzeit II
566 Behn-Hoernes, Kultur d. Urzeit III
571 Lehmann, Philosophie des 19. Jahrhunderts I
576/576 a Moser, Gesangskunst
579 Müller-Schulze, Techn. Tabellen
580/580 a Sedlaczek, Walzwerke
583/583 a Engel, Maschinen der Eisenhüttenwerke
584/584 a Müller, Kinematik
585 Dehnert, Verkehrswasserbau I
587 Kalitsunakis-Steinmetz, Neugriech.-dt. Gesprächsbuch
589 Tochtermann, Maschinenzeichnen I
590 Tochtermann, Maschinenzeichnen II
594 Lengerken, Insekten
597 Dehnert, Verkehrswasserbau II
601 Mutschmann-Scherer, Engl. Phonetik
608/608 a/608 b Erman-Krückmann, Hieroglyphen
619/619 a Buchwald, Kristalloptik
665 Ludin-Borkenstein, Wasserkraftanlagen I
666/666 a Ludin-Borkenstein, Wasserkraftanlagen II
668 Knopp, Funktionentheorie I
677 Altheim, Röm. Geschichte II
679 Altheim, Röm. Geschichte III
684 Altheim, Röm. Geschichte IV
691 Fauser, Kulturtechn. Bodenverbesserungen I
692 Fauser, Kulturtechn. Bodenverbesserungen II
698/698 a Schulze, Allgemeine u. physikalische Chemie II
703 Knopp, Funktionentheorie II
708/708 a/708 b Meissner-Oberhuber, Keilschrift
709 Lehmann, Philosophie des 19. Jahrhunderts II
711/711 a/711 b Kesselring, Berechnung der Schaltgeräte
714/714 a zur Megede, Technik selbsttätiger Regelungen
715 Zietemann, Dampfturbinen II
716 Zietemann, Dampfturbinen III
718 Neger-Münch-Huber, Laubhölzer
728/728 a Pirani-Fischer-Runge, Graph. Darstellung in Wissenschaft u. Technik
735 Ekwall, Historische neuengl. Laut- und Formenlehre
746/746 a Pfanzagl, Allg. Methodenlehre der Statistik I
747/747 a Pfanzagl, Allg. Methodenlehre der Statistik II
756/756 a Kalitsunakis, Gramm. d. Neugriech. Volksspr.
763/763 a/763 b Meyer, Hebräische Grammatik I
764/764 a/764 b Meyer, Hebräische Grammatik II
765/765 a/765 b Meyer, Hebräische Grammatik III
768/768 a Bieberbach, Einführung in die konforme Abbildung

769/769a Beer-Meyer, Hebräisches Textbuch
770 Schlingloff, Religion des Buddhismus II
776/776a Kolms, Finanzwissenschaft III
780 Krahe, German. Sprachwiss. II
781 Weigert, Stilkunde II
782/782a Kolms, Finanzwissenschaft IV
786 Schulze, Molekülbau
796/796a Meiners-Wiesenewsky, Elektr. Höchstspannungs-Schaltanlagen
809 Moser, Harmonielehre I
810 Moser, Harmonielehre II
826 Koch, Philosophie d. Mittelalters
827/827a/827b Meyer, Elektromotorische Antriebe
831 Erismann, Allg. Psychologie I
832/832a Erismann, Allg. Psychologie II
833 Erismann, Allg. Psychologie III
834/834a Erismann, Allg. Psychologie IV
837/837a Baumgartner, Gruppentheorie
845 Lehmann, Philosophie im ersten Drittel des 20. Jhs. I
847 Herter, Lurche
850 Lehmann, Philosophie im ersten Drittel des 20. Jhs. II
851/851a Moede, Psychologie des Berufs- und Wirtschaftslebens
857 Capelle, Griech. Philosophie I
858 Capelle, Griech. Philos. II
859 Capelle, Griech. Philos. III
862 Großmann, Vermessungskunde III
863 Capelle, Griech. Philos. IV
866 Bieler, Röm. Literaturgeschichte II
869 Freye, Vögel
875 Hofmann, Geschichte der Mathematik II
877 Knopp, Aufgabensammlung zur Funktionentheorie I
878 Knopp, Aufgabensammlung zur Funktionentheorie II
881 Humburg, Gleichstrommaschine II
882 Hofmann, Geschichte der Mathematik III
883 Stuloff, Mathematik der neuesten Zeit
893 Treue, Dt. Geschichte von 1806 bis 1890
894 Treue, Dt. Geschichte von 1890 bis zur Gegenwart
896/896a Pokorny, Altirische Gramm.
902 Müller, Dynamik I
903 Müller, Dynamik II
910 Jaeger, Afrika I
911 Jaeger, Afrika II
915 Sperber-Polenz, Gesch. der Deutschen Sprache
917/917a Böhm, Versicherungsmathematik II
920/920a Hoheisel, Gewöhnliche Differentialgleichungen
921 Jantzen-Kolb, W. v. Eschenbach, Parzival
924/924a Brandenstein, Griechische Sprachwissenschaft III
929 Schirmer-Mitzka, Dt. Wortkunde
930 Krull, Elementare und klassische Algebra I
931 Hasse, Höhere Algebra I
932 Hasse, Höhere Algebra II
933 Krull, Elementare und klassische Algebra II
936 Thum-Meysenbug, Werkstoffe d. Maschinenbaues II
942/942a Damerau, Polnische Grammatik
952/952a Schäfer, Transformatoren
953 Zipperer, Techn. Schwingungslehre I
961/961a Zipperer, Techn. Schwingungslehre II
965 Dehnert, Wehr- und Stauanlagen
970/970a Baldus-Löbell, Nichteuklidische Geometrie
972/972a Herter-Urich, Vergleichende Physiologie der Tiere I
973/973a Herter-Birukow, Vergleichende Physiologie der Tiere II
978 Kleinlogel, Baustoffverarbeitung und Baustellenprüfung d. Betons
984 Graf, Baustoffe des Hoch- und Tiefbaus
999/999a Kamke, Mengenlehre
1000 Jaspers, Geistige Situat. der Zeit

1003 Hoheisel, Partielle Differentialgleichungen
1008/1008a Mellerowicz, Allgem. Betriebswirtschaftslehre I
1009 Bechert-Gerthsen-Flammersfeld, Atomphysik I
1014/1014a Huttenlocher-Ramdohr, Mineral- und Erzlagerstättenkunde I
1015/1015a Huttenlocher-Ramdohr, Mineral- und Erzlagerstättenkunde II
1017 Döring, Einf. i. d. th. Physik V
1020 Niese-Dienst, Elektrische Schweißverfahren
1031/1031a Apel-Ludz, Philosophisches Wörterbuch
1033 Bechert-Gerthsen-Flammersfeld, Atomphysik II
1034 Kranefeldt-Jung, Therapeutische Psychologie
1035 Altheim, Röm. Religionsgeschichte I
1039/1039a Dovifat, Zeitungslehre I
1040/1040a Dovifat, Zeitungslehre II
1044 Tölke, Talsperren
1045 Schubert, Technik des Klavierspiels
1051/1051a Stolberg-Wernigerode, Gesch. d. Vereinigten Staaten
1052 Altheim, Röm. Religionsgeschichte II
1059/1059a Hoheisel, Aufgabenslg. z. d. gew. u. part. Differentialgleichungen
1061 Grodzinski-Lechner, Getriebelehre I
1062 Grodzinski-Lechner, Getriebelehre II
1065 Haller-Dannenbauer, Von d. Karolingern zu den Staufern
1070 Sauter, Differentialgleichungen der Physik
1074 Koschmieder, Variationsrechnung I
1075 Koschmieder, Variationsrechnung II
1076/1076a Endres, Verbrennungsmotoren I
1077 Haller-Dannenbauer, Von den Staufern zu den Habsburgern
1078 Troche, Stahlbetonbau
1082 Hasse-Klobe, Aufgabensammlung zur höheren Algebra
1084/1084a Grigull, Techn. Thermodynamik
1085 Lietzmann-Aland, Zeitrechnung
1086 Müller, Dt. Dichten und Denken
1088 Preller, Gesch. Englands II
1092 Wickop, Fenster, Türen, Tore
1094 Hernried, System, Modulation
1096 Viëtor, Dt. Dichten und Denken
1099 Hoheisel, Integralgleichungen
1105 Hartung, Dt. Geschichte im Zeitalter der Reformation
1108 de Boor-Wisniewski, Mittelhochdeutsche Grammatik
1109 Knopp, Elemente der Funktionentheorie
1111/1111a Naumann-Betz, Althochdt. Elementarbuch
1113/1113a Strubecker, Differentialgeometrie I
1114/1114a Schubel, Engl. Literaturgeschichte I
1115/1115a/1115b Ranke-Hofmann, Altnord Elementarbuch
1116 Schubel, Engl. Literaturgeschichte II
1117 Haller-Dannenbauer, Eintritt der Germanen in die Geschichte
1121 Naumann, Dt. Dichten u. Denken
1122 Jesch, Sprecherziehung
1123/1123a Bechert-Gerthsen-Flammersfeld, Atomphysik III
1124 Schubel, Engl. Literaturgeschichte III
1125 Lehnert, Altengl. Elementarbuch
1127 Hartmann, Geschlecht u. Geschlechtsbestimmung im Tier- und Pflanzenreich
1128 Buchner, Symbiose d. Tiere
1130 Dibelius-Kümmel, Jesus
1131 Scholz-Schoeneberg, Einführung in die Zahlentheorie
1132 Frühauf, Überspannungen
1134 Kuckuck, Pflanzenzüchtung I
1135 Lehnert, Beowulf
1137 Heil, Entwicklungsgesch. Pflanzenreiches
1138 Hämmerling, Fortpflanzung im Tier- und Pflanzenreich
1140 Unger, Induktionsmaschinen
1141 Koller, Hormone

1142 Meissner-Lehnert, Shakespeare
1144 Gehler-Herberg, Festigkeitslehre I
1145/1145a Herberg-Dimitrov, Festigkeitslehre II
1146 Putz, Synchronmaschine
1147 Waltershausen, Kunst d. Dirigierens
1148 Pepping, Der polyphone Satz I
1152 Dehnert, Verkehrswasserbau III
1153/1153a Mellerowicz, Allgem. Betriebswirtschaftslehre II
1154/1154a Mellerowicz, Allgem. Betriebswirtschaftslehre III
1155 Schwartz, Mikrobiologie I
1156/1156a Meinke, Komplexe Berechnungen v. Wechselstromschaltungen
1157 Schwartz, Mikrobiologie II
1158/1158a Mayrhofer, Sanskrit-Grammatik
1159 Jungbluth, Gießereitechnik I
1160 Dibelius-Kümmel, Paulus
1161 Kaestner, Spinnentiere
1162 Seidel Entwicklungsphysiologie der Tiere I
1163 Seidel, Entwicklungsphysiologie der Tiere II
1164/1164a Pepping, Der polyphone Satz II
1165/1165a Bechert-Gerthsen-Flammersfeld, Atomphysik IV
Paulsen, Allgemeine Volkswirtschaftslehre I
1170 Paulsen, Allgemeine Volkswirtschaftslehre II
1171/1171a Paulsen, Allgemeine Volkswirtschaftslehre III
1172 Paulsen, Allgemeine Volkswirtschaftslehre IV
1173/1173a Hamann-Funke-Nollen, Chemie der Kunststoffe
1176/1176a Lorenzen, Form. Logik
1177/1177a Redeker, Schleiermacher
1178/1178a Kuckuck, Pflanzenzüchtung II
1179/1179a Strubecker, Differentialgeometrie II
1180/1180a Strubecker, Differentialgeometrie III
1181 Franz, Topologie I
1182/1182a Franz, Topologie II
1183/1183a Nicolas, Finanzmathematik
1184/1184a Endres, Verbrennungsmotoren II
1185/1185a Endres, Verbrennungsmotoren III
1186/1186a Mellerowicz, Allgem. Betriebswirtschaftslehre IV
1187 Lau, Luther
1188/1188a Lehmann, Photogrammetrie
1189/1189a Päsler, Mechanik
1190 Stupperich, Melanchthon
1191/1191a Bräuer, Slav. Sprachwissenschaft I
1192/1192a Bräuer, Slav. Sprachwissenschaft II
1193 Fürstenberg, Wirtschaftssoziologie
1194/1194a Wendt, Gesch. d. Volkswirtschaftslehre
1195 Ohm, Allgem. Volkswirtschaftspolitik I
1196/1196a Ohm, Allgem. Volkswirtschaftspolitik II
1197/1197a Onasch, Konfessionskunde der orthod. Kirchen
1198 Engel, Straßenverkehrstechnik
1199 Lausberg, Romanische Sprachwissenschaft III, 1. Teil
1200/1200a Lausberg, Romanische Sprachwissenschaft III, 2. Teil
1201/1201a Dehn, Versuche zur allgem. u. phys. Chemie
1202/1202a Nagel, Gesch. des christl. Gottesdienstes
1203 Wendland, Sozialethik
1204 Scheurig, Zeitgeschichte
1205/1205a Hofmann, Ideengeschichte d. soz. Bewegung
1206/1206a Langen, Lineare Programmierung
1208 Lausberg, Romanische Sprachwissenschaft IV
1209/1209a Bock, Therm. Verfahrenstechnik I
1210/1210a Bock, Therm. Verfahrenstechnik II
1211/1211a Bock, Therm. Verfahrenstechnik III
1212/1212a Hilf, Arbeitswissenschaft
1213/1213a Kosiol, Buchhaltung und Bilanz

Autorenregister

FSC
www.fsc.org
MIX
Papier | Fördert gute Waldnutzung
FSC® C083411

Kolibri 360 GmbH
Ferdinand-Jühlke-Straße 7
99095 Erfurt, Deutschland
produktsicherheit@kolibri360.de